1856

La Guéronnière, Arthur vicomte de

des etportraits politiques contemporains

Empereur Napoélon III, L'Empereur Nicolas Ier, Le Roi
old, Le Comte de Chambord, Le Prince de Joinville, M.
Thiers, Le Comte de Morny, Le Général Cavaignac

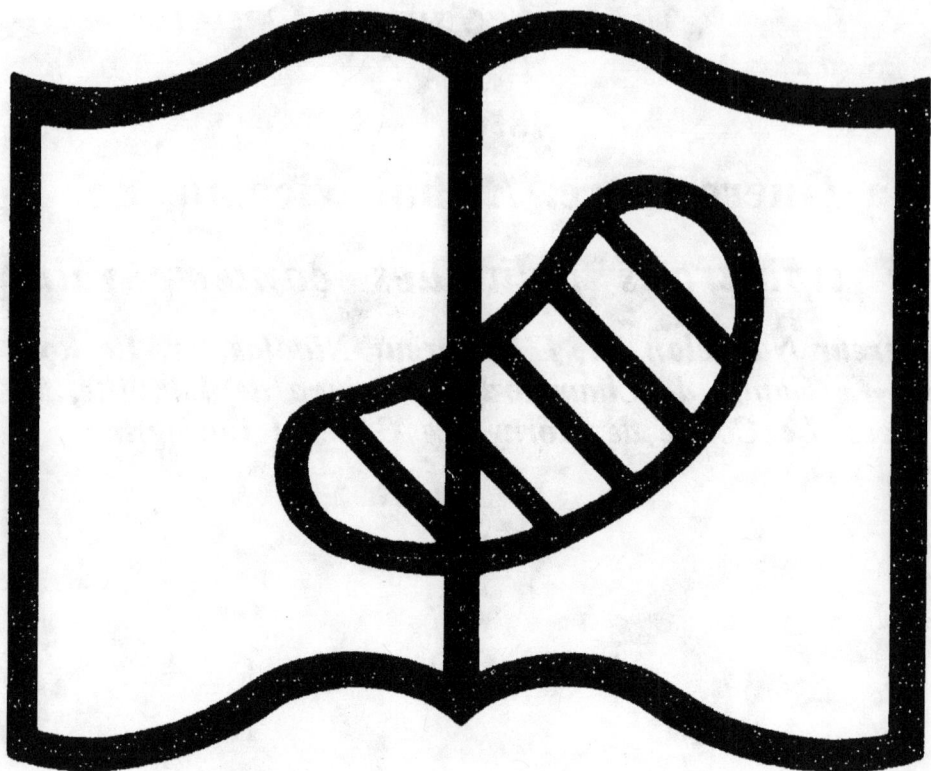

Symbole applicable
pour tout, ou partie
des documents microfilmés

Original illisible

NF Z 43-120-10

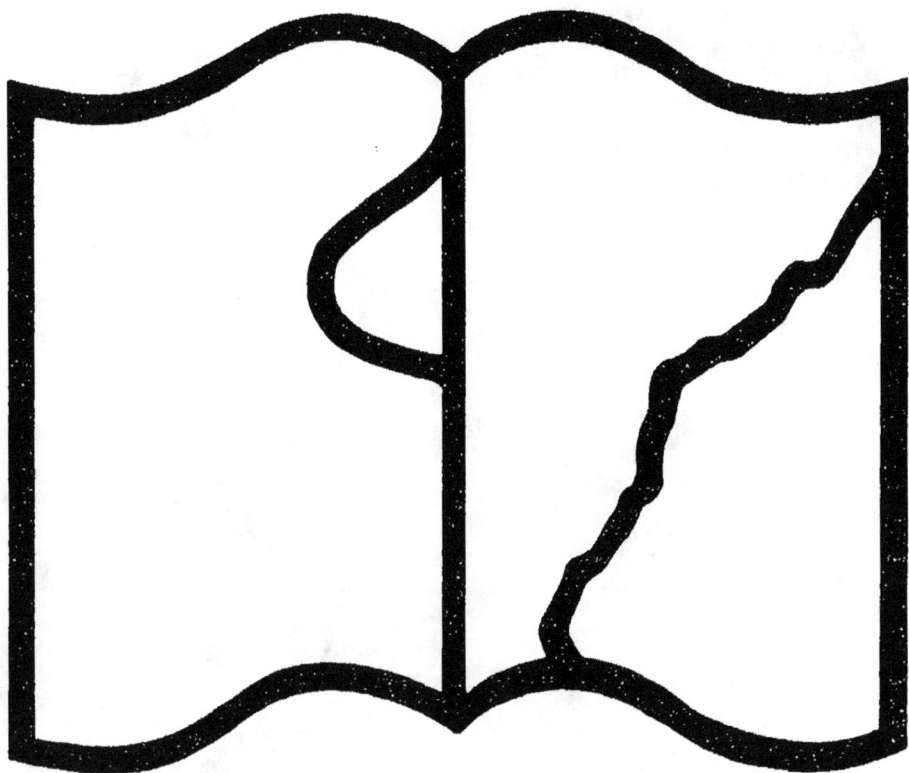

Symbole applicable
pour tout, ou partie
des documents microfilmés

Texte détérioré — reliure défectueuse

NF Z 43-120-11

HENRI PLON, ÉDITEUR,
RUE GARANCIÈRE, N° 8, A PARIS.

ÉTUDES

ET

PORTRAITS POLITIQUES

CONTEMPORAINS

PAR LE VICOMTE

A. DE LA GUÉRONNIÈRE.

PROSPECTUS.

MAGNIFIQUE VOLUME GRAND IN-8° SUR CAVALIER IMPÉRIAL.

CONTENANT HUIT ÉTUDES SUR LES PERSONNAGES SUIVANTS :

L'EMPEREUR NAPOLÉON III.	LE PRINCE DE JOINVILLE.
L'EMPEREUR NICOLAS Ier.	M. THIERS.
LE ROI LÉOPOLD Ier.	LE COMTE DE MORNY.
LE COMTE DE CHAMBORD.	LE GÉNÉRAL CAVAIGNAC.

Ces huit études, dont quelques pages éparses livrées à la publicité ont élevé si haut la réputation de leur auteur, forment aujourd'hui un ouvrage complet où se retrouvent toutes les qualités du penseur, de l'écrivain, du coloriste et de l'homme d'État. Dans ces études, qui ont toutes pour objet des souverains, des chefs de parti ou d'opinion, M. de la Guéronnière a fait plus que des portraits: il a fait avec l'impartialité la plus élevée l'histoire des événements contemporains les plus importants. Son livre est le tableau aussi intéressant que grandiose des luttes politiques et du mouvement des idées et des faits dont les personnages qu'il apprécie ont été les principaux acteurs. Pour en faire connaître l'esprit, le plan et le but, nous publions l'introduction que l'éloquent auteur a placée lui-même en tête de l'ouvrage que nous venons d'éditer.

INTRODUCTION
AUX ÉTUDES ET PORTRAITS POLITIQUES CONTEMPORAINS,

————

Quelques-unes de ces études ont été publiées à une époque déjà éloignée, et se retrouvent dans ce livre avec des modifications qui, sans en altérer le caractère, changent seulement ce que le temps a rectifié. D'autres ont été faites plus récemment. Toutes ont été inspirées par le même esprit d'équité et d'impartialité. Je les livre aujourd'hui au jugement du public, comme les aspects divers et multiples d'un seul et même tableau. Ces études touchent en effet à beaucoup de situations en Europe. C'est une esquisse d'histoire contemporaine par la mise en scène des hommes qui en ont été les principaux acteurs. Tous les partis qui ont divisé notre pays revivent dans ces physionomies, qui en sont l'expression vivante et le résumé. Deux souverains dont le rôle a été bien différent, l'empereur Nicolas et le roi des Belges, figurent également dans ce tableau, pour en agrandir les perspectives, et y reproduire l'une des faces les plus intéressantes du mouvement européen. Mais ce travail présente néanmoins dans son ensemble une certaine unité qui est celle du grand drame de la vie des peuples, des événements qui s'y déroulent, des rôles qui s'y dessinent, et des individualités qui en surgissent.

Il est périlleux, sans doute, de toucher à des sujets qui sont encore dans l'actualité de l'opinion, à des noms qui se trouvent mêlés aux luttes de notre temps, à des idées et à des passions dont le choc nous a tous si profondément émus ou entraînés; mais il y a un moyen d'éviter ce péril;

c'est de s'élever au-dessus des impressions de la veille par l'impartialité du lendemain ; c'est de dominer les préventions qui obscurcissent et faussent le jugement, par la modération qui est la force de la conscience et la règle de l'histoire. Ce moyen nous a paru facile, nous le dirons franchement, avec plus de modestie que de vanité, surtout aujourd'hui. Le siècle dont nous sommes, et qui, arrivé à la moitié de sa carrière, a vu déjà tant de choses extraordinaires, a épuisé tant d'émotions, de surprises, de grandeurs, de gloires et d'infortunes, ce siècle si fécond et si agité n'eut jamais plus de calme et moins d'inquiétude qu'à l'heure présente. C'est le moment de se recueillir, de regarder en arrière de soi, de voir de près les hommes et les choses, et de chercher dans la trame des événements, dans l'appréciation des mobiles et des passions de la vie des chefs de gouvernement et de partis, les enseignements et les vérités dont chaque génération qui passe et chaque révolution qui s'accomplit, doivent compte à l'humanité.

La modération et l'impartialité me seront d'ailleurs d'autant plus faciles, que parmi les figures contemporaines je n'en ai choisi que de nobles. S'il y a malheureusement, dans tous les partis, des hommes qui en personnifient les mauvais côtés, l'exagération et l'impossible, ceux-là n'ont pas droit d'entrer dans cette galerie. Je veux honorer mon pays, mon siècle, et non les dégrader : quand on fait de l'histoire sérieuse, non pour l'heure éphémère de la passion, mais pour l'heure éternelle de la vérité, il ne faut pas la rapetisser aux proportions des acteurs odieux ou ridicules qui ont pu passer sur sa grande scène ; il faut la prendre dans son sens réel, et choisir, pour en reproduire le mouvement et la vie, les rôles illustres et importants dans lesquels elle se développe avec la puissance et la dignité qui sont dans sa nature.

C'est par cette raison décisive que, voulant étudier les différents partis de mon pays, j'ai peint les princes et les hommes d'État qui en ont été la personnification la plus complète, par leur naissance ou par leur génie. Je me suis efforcé de les peindre sans les flatter et sans les diminuer, dans la vérité de leurs actes, dans la lumière des événements auxquels ils ont été mêlés. Il n'y a pas un mot de ce livre qui ne soit convaincu. Les appréciations qu'il contient pourront, peut-être, ne pas sembler également justes, mais je crois sincèrement qu'elles paraîtront au moins consciencieuses.

Je donne ce livre au public, à mes anciens lecteurs, comme le résumé et le testament de ma vie militante de publiciste. J'ai traversé la presse à une époque bien agitée. J'y ai touché à des situations diverses. J'ai cherché ma voie, comme tant d'autres, dans l'obscurité de la lutte, à travers les ruines du passé et les incertitudes de l'avenir. Mais il y a une boussole qui m'a toujours guidé : c'est la modération. Mon instinct, ma nature, mon éducation, me l'avaient fait deviner, avant que ma raison me l'eût apprise ; il n'y a pas de force plus grande dans la vie publique que l'énergie de la modération. Publiciste, lutteur de chaque jour, chercheur d'idées, ouvrier de ma renommée, j'ai été modéré. C'est là mon honneur ! Homme de gouvernement, membre des assemblées politiques de ce régime, je serai encore et toujours modéré. Ce sera la meilleure justification de la confiance de mon souverain et de l'estime de mon pays.

Que ce livre, impartial pour tous les caractères, respectueux pour toutes les infortunes, juste pour tous les services, soit le témoignage de cette politique de modération, supérieure à toutes les autres parce qu'elle est le résultat de l'alliance de l'intelligence et du caractère, de la volonté et de la bonne foi, du patriotisme et de la raison !

A. DE LA GUÉRONNIÈRE.

Paris. — Septembre 1856.

PARIS. — TYPOGRAPHIE DE HENRI PLON,
IMPRIMEUR DE L'EMPEREUR, 8, RUE GARANCIÈRE.

ÉTUDES

ET

PORTRAITS POLITIQUES

CONTEMPORAINS.

PARIS. — TYPOGRAPHIE DE HENRI PLON,
IMPRIMEUR DE L'EMPEREUR,
RUE GARANCIÈRE, 8.

ÉTUDES

ET

PORTRAITS POLITIQUES

CONTEMPORAINS

PAR LE VICOMTE

A. DE LA GUÉRONNIÈRE.

PARIS

HENRI PLON, ÉDITEUR,

8 RUE GARANCIÈRE

—

1856

INTRODUCTION.

Quelques-unes de ces études ont été publiées à une époque déjà éloignée, et se retrouvent dans ce livre avec des modifications qui, sans en altérer le caractère, changent seulement ce que le temps a rectifié. D'autres ont été faites plus récemment. Toutes ont été inspirées par le même esprit d'équité et d'impartialité. Je les livre aujourd'hui au jugement du public, comme les aspects divers et multiples d'un seul et même tableau. Ces études touchent en effet à beaucoup de situations en Europe. C'est une esquisse d'histoire contemporaine par la mise en scène des hommes qui en ont été les principaux acteurs. Tous les partis qui ont divisé notre pays revivent dans ces physionomies, qui en sont l'expression vivante et le résumé. Deux souverains dont le rôle a été bien différent, l'empereur Nicolas et le roi des Belges, figurent également dans ce tableau, pour en agrandir les perspectives, et y reproduire l'une des faces les plus intéressantes du mouvement européen. Mais ce travail présente néanmoins dans son ensemble une certaine unité qui est celle du grand drame de la vie des peuples, des événements qui s'y déroulent, des rôles qui s'y dessinent, et des individualités qui en surgissent.

Il est périlleux, sans doute, de toucher à des sujets qui sont encore dans l'actualité de l'opinion, à des noms qui se trouvent mêlés aux luttes de notre temps, à des idées et à des passions dont le choc nous a tous si profondément émus ou entraînés; mais il y a un moyen d'éviter ce péril : c'est de s'élever au-dessus des impressions de la veille par l'impartialité du lendemain; c'est de dominer les préventions qui obscurcissent et faussent le jugement, par la modération qui est la force de la conscience et la règle de l'histoire. Ce moyen nous a paru facile, nous le dirons franchement, avec plus de modestie que de vanité, surtout aujourd'hui. Le siècle dont nous sommes, et qui, arrivé à la moitié de sa carrière, a vu déjà tant de choses extraordinaires, a épuisé tant d'émotions, de surprises, de grandeurs, de gloires et d'infortunes, ce siècle si fécond et si agité n'eut jamais plus de calme et moins d'inquiétude qu'à l'heure présente. C'est le moment de se recueillir, de regarder en arrière de soi, de voir de près les hommes et les choses, et de chercher dans la trame des événements, dans l'appréciation des mobiles et des passions de la vie des chefs de gouvernement et de partis, les enseignements et les vérités dont chaque génération qui passe et chaque révolution qui s'accomplit, doivent compte à l'humanité.

La modération et l'impartialité me seront d'ailleurs d'autant plus faciles, que parmi les figures contemporaines je n'en ai choisi que de nobles. S'il y a malheureusement, dans tous les partis, des hommes qui en personnifient les mauvais côtés, l'exagération et l'impossible, ceux-là n'ont pas droit d'entrer dans cette galerie. Je veux honorer mon pays, mon siècle, et non les dégrader : quand on fait de l'histoire sérieuse, non pour l'heure éphémère de la passion, mais pour l'heure éternelle de la vérité, il ne faut pas la rapetisser aux proportions des acteurs odieux ou ridicules qui ont pu passer sur sa grande scène ; il faut la prendre dans son sens réel, et choisir, pour en reproduire le mouvement et la vie, les rôles illustres et importants dans lesquels elle se développe avec la puissance et la dignité qui sont dans sa nature.

C'est par cette raison décisive que, voulant étudier les différents partis de mon pays, j'ai peint les princes et les hommes d'État qui en ont été la personnification la plus complète, par leur naissance ou par leur génie. Je me suis efforcé de les peindre sans les flatter et sans les diminuer, dans la vérité de leurs actes, dans la lumière des événements auxquels ils ont été mêlés. Il n'y a pas un mot de ce livre qui ne soit convaincu. Les appréciations qu'il contient pourront, peut-être, ne pas sembler également justes, mais je crois sincèrement qu'elles paraîtront au moins consciencieuses.

Je donne ce livre au public, à mes anciens lecteurs, comme le résumé et le testament de ma vie militante de publiciste. J'ai traversé la presse à une époque bien agitée. J'y ai touché à des situations diverses. J'ai cherché ma voie, comme tant d'autres, dans l'obscurité de la lutte, à travers les ruines du passé et les incertitudes de l'avenir. Mais il y a une boussole qui m'a toujours guidé : c'est la modération. Mon instinct, ma

nature, mon éducation, me l'avaient fait deviner, avant
que ma raison me l'eût apprise; il n'y a pas de force
plus grande dans la vie publique que l'énergie de la
modération. Publiciste, lutteur de chaque jour, chercheur d'idées, ouvrier de ma renommée, j'ai été modéré.
C'est là mon honneur! Homme de gouvernement, membre des assemblées politiques de ce régime, je serai
encore et toujours modéré. Ce sera la meilleure justification de la confiance de mon souverain et de l'estime
de mon pays.

Que ce livre, impartial pour tous les caractères, respectueux pour toutes les infortunes, juste pour tous
les services, soit le témoignage de cette politique de
modération, supérieure à toutes les autres parce qu'elle
est le résultat de l'alliance de l'intelligence et du caractère, de la volonté et de la bonne foi, du patriotisme
et de la raison!

A. DE LA GUÉRONNIÈRE.

Paris. — Septembre 1856.

Je place en tête de ce volume l'étude que j'ai écrite, plusieurs mois avant le 2 décembre, sur Louis-Napoléon Bonaparte, président de la république française, aujourd'hui l'Empereur.

Si cette étude a un mérite, c'est sa date. Écrite à une époque où l'opinion n'avait encore ni compris ni saisi la figure imposante et mystérieuse que j'entreprenais de peindre, elle a devancé de plusieurs mois les événements immenses qui devaient si vite en justifier les appréciations. J'avais vu clair dans cette nature enveloppée d'ombre. Ma clairvoyance ne fut que l'effet de mon impartialité. En m'élevant à la vérité, j'arrivai à la lumière, et en faisant une œuvre juste, je fis une œuvre vraie.

Cette œuvre soulèvera beaucoup plus de bruit que je n'en attendais. Elle fut discutée, exaltée, calomniée, comme tout ce qui touche aux passions humaines. Il semblait qu'en montrant un homme dans un nom, je venais de faire une révélation. Une vie extraordinaire, trois années de pouvoir, des entreprises impossibles tentées avec une audace sans égale, des difficultés immenses vaincues avec autant de fermeté que de prudence, des piéges évités, des intrigues déjouées, des

situations perdues en apparence, reprises à force de
persévérance et d'habileté, révélaient assez la nature
et le caractère de mon modèle. Il n'y avait qu'à regarder d'un peu près pour bien voir. Devant cette figure
que j'essayai de mettre dans son jour, il y eut d'abord
de l'étonnement et de l'émotion, et dans cette émotion
comme un pressentiment des destinées dont elle était
l'énigme vivante. L'acteur donne souvent l'idée du
rôle. En expliquant l'homme, j'avais laissé entrevoir le
dénoûment du drame.

Ce dénoûment, qui a éclaté depuis, a complétement
dégagé de tous ses faux tons cette figure devenue tout
à coup historique. Après le deux décembre, l'Empereur
était arrivé à ce point culminant de sa vie qui ne permettait plus les erreurs d'opinion sur son compte.

Indépendamment des grandes choses qui ont marqué
son règne, Napoléon III empruntera aux événements
qui l'ont précédé une individualité que l'avenir ne
pourra pas détruire. C'est du point de vue de ces événements, moins glorieux sans doute, mais plus extraordinaires que ceux qui les ont suivis, que cette étude
est faite. Je n'en ai modifié que quelques nuances prises
dans des impressions et des circonstances que le temps
a rectifiées.

Ce volume contient également deux études sur M. le
comte de Chambord et M. le prince de Joinville, écrites
et publiées il y a six ans. L'intérêt historique qu'elles
présentent a survécu aux circonstances qui ont donné
à l'auteur l'idée de ce travail. Le sentiment qui a guidé
ses jugements ne laisse d'ailleurs aucun embarras, au-

cun regret à sa situation actuelle. Il a parlé des gouvernements qui ne sont plus et des princes qui les rappellent dans l'exil, comme il convient à la dignité et à l'impartialité de l'histoire. Libre envers eux, étranger par son âge à leur passé, n'ayant jamais eu l'honneur de les servir, attaché par la conscience et par le cœur au pouvoir national qui a sauvé la France, la justice était d'autant plus facile à sa plume qu'elle était complétement désintéressée. Il n'a donc rien à désavouer de ces pages d'un autre temps, qui concilient l'indépendance de la vérité avec le respect du malheur.

Le plan de cet ouvrage devait être plus complet. Il devait embrasser d'abord tous les hommes d'État de l'Europe actuelle. Mais les convenances et les devoirs de la vie publique ne me permettent pas de réaliser ce vaste plan. Je le regrette. J'aurais été heureux d'accomplir cette œuvre de patriotisme. Parmi les figures que je m'étais promis de peindre, il y en avait surtout auxquelles j'aurais aimé à donner la grandeur que leur donnera l'histoire. Tels sont, par exemple, Pie IX, qui a rehaussé la majesté de la tiare par le charme de la bonté; M. Guizot, dont la mauvaise fortune si noblement supportée a élevé la renommée au-dessus des passions de parti; lord Palmerston, qui résume si bien le génie de la politique anglaise; enfin M. de Lamartine, auquel j'ai voué depuis longtemps un respect et une admiration que lui accordera la justice de la postérité.

PORTRAITS

POLITIQUES CONTEMPORAINS.

——◆——

L'EMPEREUR NAPOLÉON III.

I.

La première figure qui doit prendre place dans cette galerie est celle du président de la république française. Cette figure, sur laquelle sont fixés en ce moment les regards du monde entier, résume le mouvement politique de notre temps, et semble porter en elle le secret de l'avenir. Un jour peut-être elle sera plus complète et sans doute plus imposante, mais elle n'aura jamais plus d'intérêt et d'originalité. Louis-Napoléon Bonaparte a trouvé dans la grandeur de son nom le génie de sa race et le sentiment de sa mission. Né près d'un trône, bercé sur les genoux d'un empereur, marqué pour l'éventualité du plus lourd et du plus magnifique héritage qui ait jamais été promis à un berceau royal,

1

élevé dans le culte napoléonien et dans la religion de
son sang, renversé et ballotté par toutes les vicissitudes qui semblent l'apanage des dynasties anciennes
et nouvelles, le fils du roi de Hollande et de la reine
Hortense présente l'une de ces destinées étranges,
mystérieuses, profondes, dont la trame, nouée et
dénouée par la fatalité, échappe à toute analyse. Le
drame humain tout entier se déroule dans cette destinée. Voilà un enfant qui n'ouvre les yeux à la lumière
que pour être ébloui de la gloire de sa race. Les
premiers sons qui le frappent sont les échos de victoires qui feront retentir son nom jusqu'aux extrémités du monde et de la postérité. La vie, pour lui,
n'est qu'un enchantement et un éblouissement. Tout
à coup la scène change : un empire s'ébranle. L'Europe, vaincue et humiliée, se redresse derrière un
million de soldats; elle s'avance en colonnes serrées
par toutes les issues de cet immense territoire agrandi
de récentes conquêtes qui ont reculé la frontière
française; elle envahit le sol de la patrie; elle triomphe de l'héroïsme et du génie par le nombre ; elle
dégrade cette dynastie de la guerre et des batailles
qui la faisait trembler jusque sur les bords de la
Vistule et de la Néra. L'Empereur abdique et s'exile ;
sa famille, qu'il avait distribuée sur les trônes, se disperse sur la terre étrangère. La reine Hortense, cette
femme charmante, aussi dévouée qu'aimée, emporte
ses fils dans sa modeste retraite d'Arenemberg, sur le
bord du lac de Constance. La femme s'oublie et les
sensibilités de sa nature se transforment, s'épurent et

s'ennoblissent dans les tendresses exquises et dans les affections exaltées de la mère. La rude éducation de l'exil succède à l'éducation facile et douce des palais. Le prince qui devait apprendre à être roi apprend à être homme. Il essaye de devenir soldat en se mêlant aux exercices des jeunes officiers suisses réunis au camp de Thoun. La révolution de juillet le réveille et l'exalte. Il échange les tristesses du proscrit pour les aventures du conspirateur, et se jette en Romagne avec son frère aîné, pour marcher sur Rome à la tête des insurgés. Entraîné dans la déroute de cette armée indisciplinée, qui se disperse au premier choc des escadrons autrichiens, il n'échappe à la mort que pour assister à l'agonie de son frère, Charles-Napoléon, dont il reçoit le dernier soupir. Épuisé de souffrances et de fatigues, abîmé de douleur, traqué par la police, il est sauvé par sa mère, qui le rejoint à Ancône, lui fait traverser la France, d'où un ordre du gouvernement l'expulse presque aussitôt, et le ramène en Angleterre et en Suisse. Alors commence une autre phase de cette existence si tourmentée. Le fils de Napoléon meurt; son neveu devient son héritier; l'insurgé de la Romagne se fait prétendant; il refuse dédaigneusement un trône en Portugal; il prépare l'entreprise de Strasbourg. Le gouvernement ne le juge pas et le déporte en Amérique; il en revient pour aller échouer à Boulogne. Vaincu, il est traité en victime. La prison de Ham se referme sur lui. Il en sort en fugitif pour rentrer en France, après l'avénement de la république, en faveur du peuple. Six millions de voix l'élèvent à la présidence. L'homme d'État va se mettre à l'œuvre. Voilà cette vie. Je reviendrai à ses épisodes les plus curieux. Voyons l'homme !

II.

Quel est ce problème qui se pose devant mon pinceau? Je cherche une lumière sur cette figure, et je n'y trouve que de l'ombre. Sous la réflexion et la gravité qui la voilent, le regard le plus pénétrant ne devine rien de la pensée qui l'anime. En l'examinant, nous nous reportons involontairement à l'effigie de ce jeune homme dont la physionomie froide, méditative et résolue inspirait déjà une sorte de confiance superstitieuse avant même que son génie et sa gloire eussent commandé l'admiration du monde. Ce jeune homme était le vainqueur d'Égypte et d'Italie, bientôt après le premier consul. Qui donc aurait pu deviner, en l'an IV de la république, le fondateur de l'empire, le chef d'une dynastie, dans le protecteur de la convention et dans le sauveur de la patrie! Sur son vaste front, il y avait aussi l'ombre d'un problème. Tout le monde sentait sa force, mais personne ne comprenait sa destinée. Il fallut l'éclat de Marengo pour illuminer cette physionomie, pour la placer dans son vrai jour et faire apparaître en elle le signe de la puissance universelle, dont elle devait être l'image immortelle.

De même, à l'époque où cette étude est écrite, nous ne pouvons encore comprendre l'homme qui est devant nous. Cet homme, d'ailleurs, ne peut être expliqué que par la comparaison des rapports intimes qui unissent sa nature morale et sa nature physique. Cette figure est douce et calme, mais elle n'est que le masque d'une vie intérieure forte et puissante. Ces yeux sont voilés, mais ils sont profonds comme la pensée dans laquelle ils plongent, et qui remonte par instant de l'âme à leur orbite, comme la flamme monte du foyer où elle s'allume. Ce front est sombre, mais il est vaste et plein de conceptions. Ces lèvres sont froides, mais elles sont fines, délicates, parfois railleuses, et leur discrétion ne rend que plus sensible l'expression brève et précise d'une volonté réfléchie et arrêtée. Cette parole est indolente, mais elle est sûre d'elle, et son indifférence apparente n'est que le signe d'une confiance qu'aucune émotion ne trouble, qu'aucune difficulté ne décourage; la fermeté du caractère tempérée par la bonté du cœur; la finesse cachée par la simplicité; le calme inspiré par une conscience qui n'hésite jamais et par une résolution qui persiste toujours; le courage simple, naturel, sans éclat, sans bruit, sans orgueil; le tact d'un esprit qui saisit toutes les pensées, toutes les impressions dans leurs nuances les plus imperceptibles; la pénétration qui devine et qui observe sans paraître regarder; la patience que l'attente la plus longue, même celle de l'exil ou de la prison de Ham, ne peut ni fatiguer ni tromper; l'à-propos le plus exact dans toutes les choses de la vie pour agir, pour avancer à temps, pour atteindre le but et ne pas le dépasser; par-dessus tout, la magnanimité qui permet de concevoir les grandes choses, et la décision

qui permet de les accomplir : tel apparaît Louis-Napoléon Bonaparte.

Ce portrait esquissé d'après nature explique l'homme
tout entier. Ainsi se justifient également les jugements
si divers portés sur lui. On comprend en effet comment les uns ont pu contester de très-bonne foi la supériorité politique de Louis-Napoléon Bonaparte, et
comment les autres l'exaltent avec enthousiasme. Louis-
Napoléon est un homme supérieur, mais de cette supériorité qui se cache sous des dehors modestes. Sa vie
est tout intérieure ; sa parole ne trahit pas son inspiration ; son geste ne traduit pas son audace ; son regard
ne reflète pas son ardeur ; sa démarche ne révèle pas
sa résolution. Toute sa nature morale est contenue en
quelque sorte par sa nature physique. Il pense, et il ne
discute pas ; il décide, et il ne délibère pas ; il agit, et il
ne s'agite pas ; il prononce, et il ne raisonne pas. Ses
meilleurs amis l'ignorent. Il commande la confiance, et
il ne la demande jamais. La veille de l'expédition de
Boulogne, le général Montholon lui avait promis de le
suivre sans savoir où il allait. Chaque jour, il préside
silencieusement son conseil des ministres ; il écoute
tout, parle peu, et ne cède rien. D'un mot bref et net
comme un ordre du jour, il tranche les questions les
plus controversées. C'est ce qui explique pourquoi un
ministère parlementaire a été impossible à côté de lui.
Un ministère parlementaire aurait voulu gouverner, et
lui ne voudrait jamais abdiquer, même à la condition
de régner.

Avec cette inflexibilité de volonté, rien de tranchant

ni d'absolu dans la forme. Il domine sans humilier. La reine Hortense l'appelait son *doux entêté*. Ce jugement maternel est complétement vrai. Louis-Napoléon Bonaparte a cette bonté de cœur qui tempère et qui souvent dissimule les allures de l'esprit. Sa roideur un peu anglaise, dans sa personne, dans ses manières et jusque dans sa démarche, s'efface sous l'affabilité, qui n'est chez lui que la grâce du sentiment. Au fond, il se possède complétement; il est absolument maître de lui, et ses meilleures inspirations n'entrent dans ses actions que selon la mesure qu'il détermine. Facile à passionner, impossible à entraîner, il calcule tout, même ses enthousiasmes et ses audaces. Son cœur n'est que le vassal de sa tête.

III.

Deux choses sont nécessaires pour faire un grand homme d'État : le bon sens d'abord, qui est le sens exact et pratique du vrai et du juste; la magnanimité ensuite, qui est l'inspiration d'en haut et la lumière de l'âme dans la raison et la volonté. C'est la réunion de ces deux choses, si rarement réunies dans les organisations les plus privilégiées, qui forme ce que l'on appelle le génie politique ou l'esprit de gouvernement. Combien peu d'hommes sensés qui soient magnanimes ! et combien peu d'hommes magnanimes qui soient sensés !

Il semble, en vérité, que Dieu ait voulu créer une sorte d'incompatibilité entre la raison qui ne s'attache qu'à ce qui est possible et l'imagination qui ne s'attache qu'à ce qui est beau. La raison toute seule ne forme que des hommes d'affaires, qu'il ne faut pas toujours confondre avec les hommes d'État. L'imagination toute seule ne forme que des poëtes qui ont quelquefois la seconde vue, mais qui souvent manquent de la première.

Les natures d'élite sont celles qui, par un rare privilége, peuvent s'élever à ce qui est beau sans s'écarter de ce qui est possible. Elles seules sont capables de concevoir et de réaliser le progrès en s'arrêtant à la limite qui le sépare de l'utopie. Le bon sens les retient en même temps que l'imagination les entraîne et que la magnanimité les élève.

Louis-Napoléon Bonaparte est capable de tout ce qui est grand, et incapable de tout ce qui ne serait pas sensé. Son audace elle-même n'est chez lui que le résultat d'un profond calcul. Sa magnanimité est aussi calme que sa raison. Il s'élève aux plus hautes conceptions, sans effort et sans travail. Il ferait les plus belles actions d'éclat sans orgueil, en restant froid et simple. Il est sensé parce qu'il est réfléchi. Il est magnanime parce qu'il est noble et généreux. La grandeur est mêlée dans sa nature à toutes les forces du bon sens.

Ce double caractère ne se trouve pas seulement dans les actions de Louis-Napoléon Bonaparte, on le retrouve aussi dans ses écrits. Le style de l'écrivain ressemble à la politique de l'homme d'État. Sa précision est presque toujours rehaussée par sa puissance. Sous un mot vrai on sent une grande idée. L'expression exacte, dans sa nuance la plus délicate, ne fait jamais défaut à la pensée. On reconnaît à chaque phrase tombée de cette plume un esprit qui a tout à la fois la boussole du bon sens pour le diriger et l'inspiration de la grandeur d'âme pour l'élever.

IV.

Voici un fait caractéristique et curieux : Un représentant avait proposé un amendement à la constitution pour exclure de la présidence de la république tous les membres des familles ayant régné sur la France. C'était un nouveau genre d'indignité. On demandait à la patrie de ne pas reconnaître ses fils dans le sang des rois et des héros qui lui avaient donné le plus de gloire et d'éclat. Cette sottise paraissait tout simplement de la logique à cette époque. L'auteur de l'amendement ne croyait même pas avoir besoin de se mettre en frais d'éloquence pour faire triompher sa proposition, tant elle lui paraissait naturelle, républicaine et juste. « Je ne suis pas monté à cette tribune, s'écria-t-il dans la séance du 9 octobre 1848, pour vous donner de longs développements, car il est des devoirs impérieux dont le sentiment est dans la conscience de tous. D'ailleurs, je ne veux pas faire aux prétendants l'honneur de m'occuper longtemps de leur personne. »

Louis-Napoléon Bonaparte, impassible à son banc de représentant, écoutait sans émotion toutes ces défiances à son nom et toutes ces allusions à sa personne. Après avoir tout entendu et tout subi, il demande la parole et se rend à la tribune. Je le vois encore traversant l'hémicycle d'un pas mesuré, calme sous les regards malveillants qui le suivent, absorbé en lui-même dans cette force intérieure que ne trahit aucun signe. Les rumeurs qui l'accueillent ne le troublent ni ne l'indignent. Tel il est en face de cette assemblée hostile, tel il serait en face des triomphes les plus éclatants de la popularité. Quand le silence fut rétabli, Louis-Napoléon Bonaparte sort de sa poche un petit morceau de papier qui contenait trois phrases seulement. A chaque mot, il est interrompu par les exclamations les plus grossières, par les rires les plus outrageants. Il ne s'émeut pas un seul instant; il ne s'irrite pas; il replie tranquillement son papier, il redescend de la tribune comme il y était monté, et il va s'asseoir à sa place sans paraître se douter ou se soucier de ce qui s'est passé. Son impassibilité ne s'est point démentie. Voilà l'homme !

Qu'était-ce donc que cette impassibilité si étrange et si nouvelle? Beaucoup s'y trompaient. « C'est une tête de bois, » disait M. Thiers, et ce mauvais bon mot faisait fortune dans les coulisses de l'assemblée. Mais des esprits plus pénétrants, parce qu'ils étaient plus libres, commençaient déjà à voir clair dans cette mystérieuse nature : ils y reconnaissaient cette puissance invincible de volonté qui apprend à un homme à gouverner les autres par l'empire de sa raison sur lui-même, et par le sang-froid qui est l'héroïsme des hommes de guerre et la grandeur des hommes d'État.

V.

Louis-Napoléon Bonaparte est aujourd'hui le chef incontesté et libre du gouvernement; il sera quand il le voudra le chef de l'esprit public. Il a derrière lui déjà beaucoup de souvenirs que passionne son nom, beaucoup d'enthousiasmes que réveille son sang, beaucoup de sympathies qu'attire son caractère, beaucoup d'intérêts que rassure son pouvoir. Mais il n'a pas encore soulevé ces grands courants d'opinions que les hommes véritablement forts soulèvent et dirigent, et qui portent leur fortune avec celle de la patrie.

Louis-Napoléon Bonaparte n'a qu'à prendre résolûment le pas de l'avenir et de la démocratie pour entraîner la nation. Il est sûr de rallier autant d'âmes que son oncle rallia de soldats dans sa marche triomphale de Grenoble à Paris. Il ne laissera en dehors de lui que quelques débris de partis, quelques lambeaux de drapeaux et quelques convictions honorables et généreuses que retient la fidélité et que désarme le patriotisme [1].

Pour que cela soit encore à faire à l'heure où j'écris ces lignes, qu'a-t-il manqué à Louis-Napoléon Bonaparte? Il lui a manqué l'initiative. Sa volonté active, si puissante quand elle se produit, n'a pas été permanente; on dirait qu'il ne la retrouve qu'en certains jours et dans certaines circonstances. Il se jettera par

---

[1] Il n'est pas inutile de rappeler que ce passage, écrit cinq mois avant le DEUX DÉCEMBRE, est l'un de ceux qui donnèrent lieu aux polémiques les plus ardentes dans la presse politique de cette époque.

(Note de l'éditeur.)

calcul en même temps que par inspiration dans une
entreprise pleine de hasards; il marchera à la frontière
contre un gouvernement défendu par quatre cent
mille soldats, à la tête de dix de ses braves; il descen-
dra sur la côte, en face de Boulogne, avec un drapeau
et un aigle; il jouera héroïquement sa tête, en embras-
sant cette colonne héroïque qui domine la mer. Il écrira
le message du 31 octobre contre les influences parlementaires qui l'oppriment; il destituera un général en
chef pour lequel les historiens de Charles II s'amusent
à tailler le rôle de Monk. Dans toutes ces occasions
graves et décisives, sa volonté se révèle; mais elle se
révèle sans bruit, sans orage, sans éclat, sans suite
apparente; puis elle se repose. On sent bien qu'elle
n'abdiquera pas; mais on dirait qu'elle dort.

Ce manque apparent d'initiative n'est peut-être que
de la prudence. Le président de la république, enfermé
dans les lignes d'attaque que les partis tracent autour
de lui, ne pourrait avancer sans s'exposer. Il recule
souvent; mais qu'on ne s'y trompe pas, c'est pour
mieux avancer.

Reculer pour avancer, c'est, en deux mots, toute
la tactique de Louis-Napoléon dans la lutte des partis
qu'il soutient avec tant d'énergie et de tact. Par ces
deux mots, on comprend l'homme, non-seulement
dans sa nature un peu orientale, qui enveloppe la volonté de langueur, et qui retient l'élan sans altérer
l'audace, mais aussi dans toute sa conduite, dans ses
actes contradictoires en apparence, et dans les évolutions si diverses de sa politique.

Qu'on le remarque bien, en effet, ce n'est qu'en reculant que le président de la république a pu avancer depuis trois ans. Un obstacle s'est-il montré sur sa route, il ne l'a pas brisé. Il a reculé devant lui, mais pour le franchir. Il a fait un pas en arrière pour en faire deux en avant, d'un seul bond, imprévu comme une surprise et rapide comme un éclair.

C'est ainsi que, sous la commission exécutive, qui voulait le proscrire, il refuse le mandat du département de l'Yonne qui l'avait élu. Son refus désarme le gouvernement et l'assemblée. Deux mois après il revient par la force et le droit d'une quadruple élection, dont l'une le fait représentant de Paris.

C'est ainsi qu'après son élection il donne satisfaction au sentiment libéral et républicain de l'assemblée, en choisissant un ministère dont M. Odilon Barrot est le chef. Il se sert bientôt de ce ministère pour obtenir de cette assemblée le vote de sa propre abdication.

C'est ainsi qu'un jour il laisse désavouer en pleine tribune, par M. Odilon Barrot et par M. de Tocqueville, sa lettre au colonel Edgard Ney. Un peu plus tard, il renvoie son ministère, et fait du message du 31 octobre le congé définitif des influences parlementaires.

C'est ainsi que, pendant la prorogation de 1850, il sacrifie le général d'Hautpoul, qui avait déplu à la majorité et au général Changarnier. Le lendemain il destitue le général Changarnier.

C'est ainsi qu'il laisse silencieusement passer l'ordre du jour du commandant en chef de l'armée de Paris, qui était une leçon et un défi à sa responsabilité. Le 10 janvier, il brise le commandement du général Changarnier.

C'est ainsi encore qu'il accepte le vote de défiance du 18 janvier, laisse tomber son ministère et donne une satisfaction apparente à l'assemblée ; le 24 du même mois, il écrit un message napoléonien qui rejette les torts au pouvoir législatif, et qui met la majorité en pénitence par l'épreuve d'un ministère extra-parlementaire.

Louis-Napoléon Bonaparte a donc toujours reculé pour avancer. Je garantis qu'il n'est pas de ceux qui avanceront jamais pour reculer.

VI.

Pour bien comprendre une nature, il faut en étudier tous les côtés et en sonder en quelque sorte les détails les plus intimes. J'ai dit que Louis-Napoléon Bonaparte avait la bonté du cœur. Je dois ajouter qu'il n'a pas au même degré l'émotion de l'âme. Par exemple, il comprend surtout l'art et la poésie par la révélation de la puissance de création dont ils portent l'empreinte. Il sent la grandeur d'une œuvre, mais il la saisit bien plus facilement dans son ensemble que dans les beautés de détail qu'elle renferme. Son esprit ne s'arrête pas au rhythme et ne se berce pas dans l'harmonie. La nature elle-même, dans ses spectacles les plus grandioses et les plus sublimes, ne l'impressionne que faiblement.

Cependant Louis-Napoléon, qui a l'enthousiasme de tout ce qui est grand et beau, ne peut être indifférent ni à l'art ni à la poésie. Schiller était le poëte favori de sa jeunesse. Il aimait sa grâce, sa tristesse et sa profondeur. Le goût de la musique n'est pas vulgaire chez lui, mais il n'en est pas moins sérieux, et il apprécie très-haut les œuvres de nos grands maîtres. C'est une intelligence positive qui mesure tout avec un compas et qui pèse tout avec une balance, une de ces fortes et larges intelligences qui pensent et qui créent quand elles ne rêvent pas.

Il y a près de Windsor, en Angleterre, une admirable forêt dont tous les arbres eurent la tête coupée le même jour qui vit tomber celle du roi Charles Ier sous la hache du bourreau. Comme si la nature avait voulu protester contre cette décapitation de la royauté, ces arbres, mutilés comme elle, se redressèrent dans leur séve avec une vigueur qui leur donna bientôt toute la majesté des siècles. Une femme charmante, dont l'âme était ouverte à toutes les nobles émotions, et qui vivait dans l'intimité du prince Louis-Napoléon Bonaparte, le décida à visiter cette forêt comme une des choses les plus curieuses du temps. Il en revint en raillant poliment et spirituellement ce qu'il appelait le sentimentalisme poétique de sa noble amie. Ce tableau avait frappé son esprit, qui se frappe de tout ce qui est beau, mais il n'avait ni ému ni entraîné son imagination.

VII.

Je crois pouvoir placer ici un autre fait qui rendra
la lumière plus claire et plus vive sur cette figure, que
je voudrais esquisser complétement avant de raconter
et d'apprécier la vie qui est l'objet de cette étude.
C'était au mois d'octobre 1848. Le prince Louis-Napoléon Bonaparte préparait sa candidature à la présidence
de la république. Il cherchait à rallier les partis sans
se livrer à eux ; il recevait tout le monde ; il écoutait
tous les conseils ; il accueillait toutes les idées sans
énoncer ni engager les siennes. Un manifeste était nécessaire. Le général Cavaignac avait écrit le sien avec
la pointe de son épée dans les actes de sa dictature
militaire. Quel serait celui de son redoutable con-
current ?

La France l'attendait. Louis-Napoléon Bonaparte le
rédige avec cette netteté de pensée et de style qui est
le cachet de tous ses écrits. Par déférence plus que par
goût, il croit devoir consulter un homme d'État éminent, M. Thiers, qui s'était rallié à sa candidature,
dans l'espérance de devenir le nouveau maire du palais
de celui qu'il considérait comme un nouveau roi fai-
néant.

M. Thiers trouva que le manifeste de Louis-Napoléon
n'avait pas le sens commun, et le lendemain il s'em-
pressa d'en remettre un autre, que le futur président
lut avec une attention pleine de politesse. « Permettez-
moi de rester moi-même, » dit-il à M. Thiers en lui
rendant son manuscrit. M. Thiers un peu surpris,

cacha son dépit, et dut comprendre que le temps était passé où il parlait à la France et à l'Europe derrière la couronne d'un roi résigné à régner sans gouverner

VIII.

Abnégation ou persévérance! s'écriait un jour le président de la république en s'adressant aux habitants de Lyon. Quel est le genre d'abnégation que promettait Louis-Napoléon Bonaparte en prononçant ce noble mot? Comme je trace un portrait, j'ai le devoir d'être sincère. Je ne crois pas que le neveu de l'Empereur veuille ou puisse quitter le pouvoir auquel il est arrivé par un concours si merveilleux d'événements imprévus. Est-ce donc qu'il serait capable de l'usurper en mettant sa prétention et sa volonté à la place du droit et de la volonté de la France! Je réponds hardiment du contraire : il n'usurpera pas le pouvoir, mais il est sincèrement convaincu que la France le lui donnera. Est-ce une ambition vulgaire de sa part? Non! C'est quelque chose de plus noble, je me hâte de le dire : c'est une religion. Il croit à son nom. Il est convaincu que l'empire a laissé dans le sol des racines si profondes et si vivaces que la tige napoléonienne n'a qu'à s'élancer pleine de sève et de force pour porter tous les fruits de la révolution française et de la démocratie nouvelle, et pour abriter la société contre tous les orages. Telle est sa pensée. Noble pensée après tout, qui atteste une grande âme dans une grande ambition!

2

J'ai dans les mains une lettre bien curieuse et bien belle, adressée de Ham à une femme illustre de l'Angleterre. Quoique cette correspondance soit inédite, je puis la publier, car elle est historique, et d'ailleurs elle est tout à l'honneur du nom dont elle est signée. Je dois cette précieuse communication à un homme dans lequel le président de la république française reconnaîtra facilement un ami de son exil, qui n'est point un courtisan de sa fortune. Le comte d'Orsay a vu de près Louis-Napoléon Bonaparte. Il a vécu avec lui dans les relations les plus intimes du cœur : nul ne lui fut plus sincèrement dévoué, et s'il s'est éloigné de sa grandeur, il ne s'est pas éloigné de son souvenir. Le comte d'Orsay, en voulant me convaincre des sentiments élevés et généreux du neveu de Napoléon, m'a remis cette lettre comme le témoignage et la justification de ses sympathies et de la chaleureuse adhésion qu'il donna en 1848 à sa candidature. Ce témoignage, je le dois à la vérité. Le voici :

« Ham, 13 janvier 1841.

» MILADY,

» Je reçois seulement aujourd'hui votre lettre du 1ᵉʳ janvier, parce qu'étant en anglais, il a fallu qu'elle fût envoyée au ministère, à Paris, afin qu'elle y fût lue. Je suis bien sensible à votre bon souvenir, et c'est avec douleur que je pense que jamais auparavant vos lettres ne m'étaient parvenues. Je n'ai reçu de Gon-House qu'une lettre du comte d'Orsay, auquel je me suis empressé de répondre lorsque j'étais à la Concier-

gerie ; je regrette vivement qu'on l'ait interceptée, car
je lui témoignais toute ma reconnaissance de l'intérêt
qu'il prenait à mes malheurs. Je ne vous ferai pas le
récit de tout ce que j'ai souffert. Votre âme poétique
et votre noble cœur ont deviné tout ce qu'a de cruel
une position où la défense a des limites infranchissables
et la justification des réserves obligées. Dans ce cas,
la seule consolation contre toutes les calomnies et
contre les rigueurs du sort, c'est de sentir dans le fond
de son cœur une voix qui vous absout ; c'est de recevoir des témoignages de sympathie de la part de ces
natures exceptionnelles qui, comme vous, madame,
se séparent de la foule par l'élévation de leurs sentiments, par l'indépendance de leur caractère, et
ne font pas dépendre leurs affections et leurs jugements des caprices de la fortune et de la fatalité du
sort.

» Je suis depuis trois mois au fort de Ham avec le
général Montholon et le docteur Conneau, mais toute
communication avec l'extérieur est défendue : personne
encore n'a pu obtenir de venir me voir. Je vous enver-
rai un de ces jours la vue de la citadelle, que j'ai faite
d'après une petite lithographie, car vous pensez bien
que je ne connais pas le fort vu en dehors.

» Ma pensée se reporte souvent sur les lieux que
vous habitez, et je me rappelle avec plaisir les moments que j'ai passés dans votre aimable société, que
le comte d'Orsay embellit encore par sa spirituelle et
franche gaieté. Cependant je ne désire pas sortir des
lieux où je suis, car ici je suis à ma place : *avec le nom*

2.

que je porte, il me faut l'ombre d'un cachot ou la lumière du pouvoir.

» Si vous daignez, madame, m'écrire quelquefois et me donner des détails de la société de Londres et d'un pays où j'ai été trop heureux pour ne pas l'aimer, vous me ferez le plus grand plaisir, etc., etc.

» NAPOLÉON-LOUIS. »

Il y a dans cette lettre, aussi touchante qu'importante, une phrase qui mérite d'être peut-être entièrement retenue, c'est celle-ci :

« CEPENDANT JE NE DÉSIRE PAS SORTIR DES LIEUX OU JE SUIS, CAR ICI JE SUIS A MA PLACE : AVEC LE NOM QUE JE PORTE, IL ME FAUT L'OMBRE D'UN CACHOT OU LA LUMIÈRE DU POUVOIR. »

Cette clarté qui vient d'un cachot va éclairer toute la suite de ce travail.

IX.

L'empire semblait avoir disparu pour toujours. En 1836, qui donc songeait à la famille de l'Empereur? La dernière lueur de cette époque merveilleuse venait de s'éteindre dans le palais de Schœnbrunn. Il ne restait du fondateur de cette dynastie, sacrée par l'enthousiasme entre deux victoires, que des collatéraux semés et dispersés dans toutes les parties de l'Europe, séparés de la France, qui ne se souvenait plus que de la gloire de leur nom.

Une femme que nous avons déjà nommée, la reine Hortense, avait conservé dans les cœurs cette popularité de la grâce et du sentiment que le temps respecte et que le malheur rehausse. Elle n'avait pas été oubliée, parce qu'elle avait été aimée. L'Empereur, qui avait vaincu l'Europe, humilié les rois, subjugué la révolution, pouvait laisser, même après lui, des consciences pour l'accuser, des ressentiments pour le poursuivre, et des ambitions pour le haïr; la femme charmante et tendre, la mère passionnée, ne pouvait trouver que des cœurs pour la plaindre. Son ombre attristée passait dans les souvenirs de cette époque comme l'image de l'amour, de la bonté et de la charité, au milieu des images de carnage, de deuil et de mort. Du fond de son exil, elle jetait encore sur cet empire renversé le charme de son malheur, de sa résignation et de son héroïsme, comme elle avait jeté sur l'empire debout, éblouissant et puissant, le prestige de sa grâce. C'est près de cette femme et de cette mère, dans la retraite modeste qu'elle s'était choisie, que devait se préparer la mise en scène de ce drame dont les péripéties si étranges et si diverses se sont successivement déroulées sous nos yeux depuis quinze ans, et dont le dénoûment définitif est encore le mystère de l'avenir et le secret de Dieu.

La dynastie de juillet n'avait que six ans de date. C'était peu pour son pouvoir mal affermi; c'était trop pour sa popularité déjà évanouie. L'esprit public se retirait de sa fortune. Les partis combattaient; les factions conspiraient; les assassins construisaient, dans l'ombre de leurs sinistres vengeances, des machines infernales qui éclataient au milieu des parades et décimaient les cortéges officiels. Alibaud venait de succéder à Fieschi dans l'odieuse famille des régicides. L'Europe se défiait, et regardait avec inquiétude cette royauté de hasard qui humiliait et qui menaçait les trônes par son élévation. C'était une de ces époques de doute et de transition qui laissent à tous des espérances ou des craintes, et qui semblent promettre un lendemain à toutes les ambitions en ouvrant une perspective à toutes les prétentions.

Le neveu de l'Empereur, devenu son héritier par la mort du duc de Reichstadt, suivait avec une attention inquiète toutes les phases de cette situation. Il interrogeait toutes les pulsations de l'esprit public. Il penchait son oreille pour saisir tous les bruits que lui apportait le vent de la patrie. Il provoquait les rapports qui pouvaient le rapprocher des hommes éminents que leur caractère ou leur talent plaçait à la tête de l'opinion. Il ménageait des intelligences dans l'armée en envoyant son souvenir et son nom aux vieux généraux dont la fortune avait été liée à celle de son oncle. En un mot, il se disposait au rôle qu'il se croyait fatalement appelé à remplir, n'attendant que des circonstances l'heure de l'accomplissement des destins.

Déjà, en 1833, le jeune Bonaparte avait eu de longues et sérieuses conversations avec un homme considérable, qui l'avait encouragé dans ses espérances. Lafayette, cruellement désappointé de ses illusions de l'hôtel de ville, put croire, en effet, que ce nom, qu'il avait proscrit lui-même en 1815, serait sa vengeance et celle de la patrie. Carrel reçut aussi des ouvertures de la part du prince. Il y avait dans le républicanisme de Carrel quelque chose d'inflexible et d'absolu qui devait le rendre sympathique à ce nom. Sa nature, sa foi, sa vie, ses études lui montraient dans la démocratie bien plus une forme qu'un dogme. Enthousiaste de nationalité, c'est à peine si son regard daignait s'étendre au delà de l'horizon de la patrie pour entrevoir l'humanité et le progrès infini comme elle. Son patriotisme absorbait son libéralisme. Son style était correct, précis, vigoureux comme le pas d'un régiment. On ne sentait pas passer dans sa phrase le souffle des grandes inspirations. Plus éminent par le caractère que par le génie, il s'imposait bien plus par son autorité que par sa supériorité. Sa vie était une lutte. C'était un héros antique égaré dans le forum de la liberté moderne.

Carrel ne se montra donc pas absolument hostile à l'éventualité d'un rôle possible pour le neveu de l'Empereur au jour du triomphe de la démocratie. Interrogé à ce sujet par un ami du prince, il répondit en ces termes : « Les ouvrages politiques et militaires de Louis-Napoléon Bonaparte annoncent une forte tête et un noble caractère. Le nom qu'il porte est le plus grand des temps modernes. C'est le seul qui puisse exciter fortement les sympathies du peuple français. Si ce jeune homme sait comprendre les nouveaux intérêts de la France ; s'il sait oublier ses droits de légitimité impériale, pour ne se souvenir que de la souveraineté du peuple, il peut être appelé un jour à jouer un grand rôle.

Carrel fut prophète. La légitimité impériale n'a valu

à celui qui en était le représentant qu'un double échec à Strasbourg et à Boulogne, et une prison à Ham. La souveraineté du peuple lui a donné la première place à la tête d'un pays libre.

X.

En pénétrant les mobiles qui ont poussé Louis-Napoléon Bonaparte à précipiter sa destinée, j'en trouve deux qu'il importe de signaler. Il était convaincu d'abord que le bonapartisme existait en France à l'état latent, et qu'il suffisait d'une étincelle pour en déterminer l'explosion. Il croyait en outre que sa naissance et son nom ne lui permettaient pas de rester dans l'oisiveté et la résignation de l'exil, et, comme il l'a écrit depuis dans la lettre si curieuse que j'ai publiée, il pensait qu'il n'avait qu'à choisir ENTRE L'OMBRE D'UN CACHOT OU LA LUMIÈRE DU POUVOIR.

Cette double impulsion était si irrésistible, qu'il crut de bonne foi n'avoir qu'à se montrer à la frontière pour soulever et entraîner la France. Il comptait sur un second retour de l'île d'Elbe; il ne pouvait pas supposer que l'armée hésitât entre ses serments et ses souvenirs. Dans sa pensée, la restauration et la monarchie de juillet n'étaient que des accidents. L'ordre logique, naturel et nécessaire de la société nouvelle, c'était l'empire. 1814 avait ouvert la parenthèse, 1836 devait la fermer.

Au mois de juillet 1836, Louis-Napoléon Bonaparte se rendit à Bade afin d'être plus près de la France et

de se tenir à la portée des événements pour en profiter.
C'est là qu'il rencontra pour la première fois le colonel Vaudrey, qui commandait le 4ᵉ régiment d'artillerie,
en garnison à Strasbourg. Ce régiment était précisément celui dans lequel l'Empereur avait fait ses premières armes au siége de Toulon, et qui, plus tard,
fier de ce souvenir, l'accueillit avec transport à Grenoble et fit cortége à sa marche triomphale sur Paris. Le
colonel Vaudrey avait été héroïque à Waterloo; il avait
conservé dans son cœur le ressentiment de cette défaite
et le culte de son drapeau. Homme du monde, de manières élégantes, de relations faciles, ses impressions
étaient promptes, rapides, ses sentiments élevés, quelquefois légers, jamais intéressés, égoïstes ni cupides.
Plus téméraire qu'audacieux, sa témérité n'était que
l'élan de son dévouement. Il ne calculait pas les chances de succès; il écoutait ses souvenirs, ses affections,
ses enthousiasmes, et en oubliant la discipline il
croyait encore servir la patrie. Il ne conspirait pas, il
combattait. Il ne s'illusionnait pas, il se dévouait. Le
devoir pour lui n'était pas dans son serment, mais
dans sa foi. Un tel homme avait un rôle marqué dans
les événements qui se préparaient à Strasbourg. Bonaparte le vit et le captiva; il l'associa bientôt à ses
vœux, à ses espérances et à ses plans.

Un auxiliaire plus important, quoique moins marquant, était acquis à Louis-Napoléon Bonaparte: c'était
M. de Persigny. Esprit fin, profond et pénétrant, caractère énergique et audacieux, volonté pleine de ressources, cœur chevaleresque, M. de Persigny était en

même temps la conception et l'exécution, l'intelligence et la main de l'entreprise à laquelle il s'était voué. Diplomate d'instinct, il nouait les fils du complot avec une habileté consommée et de manière à rester le maître de lui imprimer la direction qu'il jugerait la meilleure. Impassible et froid devant le péril, aucun obstacle ne pouvait ni l'effrayer, ni l'arrêter. La prévoyance qui combine tout, l'audace qui ne redoute rien, tel était M. de Persigny. Depuis, l'approche du pouvoir l'a modifié sans doute. Je prends les hommes non pas tels qu'ils peuvent être en dehors des événements que je raconte, mais tels qu'ils apparaissent dans la lumière de ces événements.

D'autres acteurs plus secondaires se groupaient autour de ces premiers rôles. Il faut citer le commandant Parquin, type militaire de l'époque impériale, bref, résolu, décidé, vieux soldat endormi dans son drapeau et croyant l'empire éternel parce que l'Empereur est immortel; le lieutenant Laity, jeune officier plein d'ardeur et d'enthousiasme, qui avait emporté de l'école polytechnique l'esprit républicain, et qui rattachait les espérances de la démocratie aux souvenirs de gloire que réveillait le nom de Napoléon; le comte de Gricour, M. de Quérelles et M. de Bruc, officiers en disponibilité, jouant noblement leur vie dans ces hasards, pour conquérir l'avenir; enfin une femme jeune et belle, madame Gordon, qui mêlait à toute cette action l'élément indispensable dans les combinaisons des passions humaines, et pour qui ces aventures avaient tout l'attrait du roman.

XI.

STRASBOURG et BOULOGNE ! Deux noms qui font trembler la main et frémir la conscience, deux faits qui ne peuvent être pesés avec équité et jugés avec autorité que par l'infaillible histoire ! Est-ce grandeur ou folie ? Est-ce héroïsme ou caprice ? Est-ce prévoyance ou désespoir ? Est-ce vertu ou crime ? Est-ce abnégation ou ambition ? La morale éternelle, l'opinion, la société, la loi répondent d'une manière. Le sort, la fortune, la réalité répondent autrement. Voilà un homme qui, par deux fois, a conspiré contre un gouvernement établi et a déployé à quatre ans de distance le drapeau de la guerre civile sur une frontière et sur un rivage de sa patrie ; cet homme veut être empereur. Il entre sur le continent, où il débarque sur la côte en prétendant ; il provoque des trahisons et des défections ; il engage une lutte impossible et succombe presque aussitôt dans l'impuissance de sa propre cause ; il est insulté, jugé, condamné, presque oublié en Amérique et dans le donjon de Ham. On voit en lui pendant quinze ans plutôt un maniaque qu'un héros. Et cependant c'est cet homme qui, quelques années plus tard, devient d'abord le favori de la popularité, pour devenir bientôt après l'élu du peuple ! A peine son nom est-il jeté sur la place publique, qu'il est murmuré sur toutes les lèvres comme un souvenir et une espérance. Le murmure court dans la rue ; il franchit la barrière ; il s'étend aux campagnes ; il retentit jusque dans les plus humbles villages du territoire ; il monte comme la vague de l'Océan, jusqu'à ce qu'il se transforme en un grand mouvement d'opinion et qu'il se traduise par six millions de suffrages, jetés dans l'urne, sans motif, sans calcul, et comme par un élan irrésistible et spontané de la nation.

Oui, cela est étrange, et cependant cela est vrai. Strasbourg et Boulogne ont fait l'élection du 10 décembre. Si Louis-Napoléon Bonaparte ne s'était pas posé en prétendant à l'empire, il n'eût pas été peut-être président de la république française.

Que la raison s'humilie devant un pareil résultat!... Oui, que la raison s'humilie, mais que la conscience n'abdique pas! Le sort, la fortune, le caprice de la popularité, le hasard des événements n'y font rien. Il faut que les desseins de Dieu s'accomplissent. Leur mystère n'est que le secret de leur grandeur. Ce qui paraît insensé ou coupable n'est souvent, dans les desseins providentiels, qu'un moyen de vaincre la logique en déconcertant toutes les prévisions.

Maintenant, que venait faire Louis-Napoléon à Strasbourg et à Boulogne? Venait-il renverser simplement un gouvernement pour prendre sa place? Venait-il, comme Charles-Édouard, à la tête de ses partisans, jouer comme lui son droit et son sceptre dans le hasard d'une bataille? Venait-il enfin vider une prétention de parti à parti dans un duel suprême au bord du Rhin et sur la plage d'un océan? Non! Louis-Napoléon n'était pas un conspirateur ordinaire. Si l'on veut même que je dise toute ma pensée, je n'hésiterai pas à ajouter que son caractère, ses mœurs, ses idées, son éducation, sa nature, devaient le faire répugner profondément à tout projet de conspiration. Ce qui le prouve, c'est la témérité même et l'impossibilité absolue de réussite qui apparaît au plus simple examen des combinaisons sur lesquelles reposaient les deux expéditions de Strasbourg et de Boulogne. En effet, le héros de ces entreprises ne s'inquiète pas de savoir s'il a des partisans en France. Il ne prépare rien; il n'organise rien. Ses plans ne correspondent à aucune stratégie. Ses efforts ne se renouent à aucune affiliation. Il n'est sûr que de quelques officiers secondaires qui lui livrent leur épée et leur serment. Ce n'est pas à Paris, au centre du territoire, qu'il porte son action pour la faire rayonner de là sur toute la France. Il apparaît tout à coup comme son oncle sur un coin du territoire, et il croit que la marche va s'ouvrir pour lui triomphante, victorieuse et populaire. Quelques proclamations et une constitution, voilà ses munitions de guerre! Son nom, voilà son prestige! Une douzaine d'amis résignés à partager son sort, voilà son armée!

On a dit, je le sais, que l'entreprise de Strasbourg en particulier se reliait à une organisation formidable qui englobait toutes les villes frontières de l'est, leurs populations et leurs garnisons. On a dit encore que plusieurs généraux n'attendaient qu'un succès sérieux pour se prononcer et pour engager leur fortune dans une cause où ils retrouvaient les souvenirs et les enthousiasmes de leur jeunesse. La procédure si complète et si minutieuse qui a été faite par la magistrature et par la cour des pairs, les débats qui ont porté

la lumière dans tous les détails et dans tous les replis
de la conspiration, n'ont pu relever un seul indice de
ces complicités supposées. J'ai tout vu et tout lu. Le
temps, qui a changé le cours des circonstances, et qui
a fait un titre de faveur de ce qui eût été une cause
de dégradation, n'a montré aucune de ces trahisons
secrètes qui se cachent dans la défaite et qui se redres-
sent impudemment le lendemain du triomphe pour
réclamer ou pour recevoir leur récompense.

Un vieux soldat de l'empire, dont le cœur pouvait
se laisser séduire, mais dont la conscience ne pouvait
se laisser fléchir, le général Excelmans, avait reçu des
ouvertures directes du prince. Il les repoussa avec l'inflexibilité du devoir et avec la douleur de la prévision
certaine d'un grand échec pour un nom qu'il aimait.
Louis-Napoléon, devenu président de la république
française, ne s'est pas souvenu de ce refus, ou, pour
mieux dire, si, il s'en est souvenu, et il a donné le
bâton de maréchal à celui qui, sacrifiant la religion
de ses sentiments à la religion de ses serments,
refusa noblement de lui livrer son honneur et son
épée.

Ainsi Louis-Napoléon n'a pas conspiré, car toute
conspiration suppose une action et une organisation,
et il n'y en avait pas de sérieuses ni à Strasbourg ni à
Boulogne. Ce n'est pas la défection de quelques officiers et le dévouement de quelques amis qui pouvaient
lui assurer des moyens matériels assez puissants pour
s'imposer. Au fond, il ne comptait que sur sa force
morale. C'est une révolution d'opinion qu'il venait pro-

voquer en se montrant inopinément sur la frontière
avec un drapeau et un aigle.

Cela résulte bien clairement d'une conversation curieuse et authentique qu'il avait, quelques jours avant
sa première tentative, avec le colonel Vaudrey dans un
hôtel de Bade. « Si le gouvernement, disait-il alors, a
commis assez de fautes pour rendre une révolution
encore désirable au peuple, si la cause napoléonienne
a laissé d'assez profonds souvenirs dans les cœurs français, il me suffira de me montrer seul aux soldats et de
leur rappeler les griefs récents et la gloire passée, pour
qu'on accoure sous mon drapeau. Si je réussis à entraîner un régiment, si des soldats qui ne me connaissent pas s'enflamment à la vue de l'aigle impériale,
alors toutes les chances seront pour moi. Ma cause sera
gagnée, quand même des obstacles accidentels vien-
draient à la faire échouer. »

Obéir au destin, suivre son étoile, sonder la France
avec l'épée de Napoléon pour y trouver le bonapartisme
et l'empire, appeler le peuple à manifester ses vœux
pour un régime qu'il croyait celui de ses préférences
et de ses enthousiasmes, voilà très-sincèrement et très-
impartialement ce que croyait et ce que voulait faire
Louis-Napoléon Bonaparte en entrant à main armée à
Strasbourg, le 30 octobre 1836, comme en débarquant à
Boulogne le 6 août 1840.

XII.

Aussi voyez ce qui arrive : il part d'Arenemberg le
25 octobre 1836; il quitte sa mère sans un trouble et

sans une émotion, et la clairvoyance maternelle, qui devine tout parce qu'elle vient du cœur, ne soupçonne absolument rien. Il arrive impassible et indifférent à Strasbourg, dans une voiture attelée de quatre chevaux, comme pour une fête : il passe une nuit calme et tranquille comme une nuit sans crainte et sans remords ; il sort à six heures du matin pour aller rejoindre le colonel Vaudrey à la caserne d'Austerlitz, absolument comme s'il allait passer une revue ; il parle aux soldats comme s'il revenait d'Égypte ; il propose au général Voirol, qui commandait à Strasbourg, de lui vouer son épée, comme il proposerait aujourd'hui à un général en disponibilité de reprendre du service : il est repoussé au quartier de Finckmatt, et se soumet sans lutte, sans résistance et sans protestation. La responsabilité de son acte ne lui pèse pas. Il ne la sent pas. La perspective de l'expiation ne l'effraye pas un seul instant. « Je suis prisonnier, s'écrie-t-il, tant mieux, je ne mourrai pas dans l'exil ! »

Mis au secret, conduit à Paris, déporté en Amérique, il reste impassible et inflexible dans sa superstition. Son étoile le ramène à Boulogne. Là, même imprévoyance, ou, pour mieux dire, absence complète de moyens d'action. Quelques amis dévoués comme à Strasbourg, à peu près les mêmes, et quelques-uns de plus, ardents, exaltés et courageux comme les autres, tels que M. Bataille, M. Conneau, M. Aladenise, M. Ornano, M. Forestier, M. Voisin, M. Mesonnan, M. de Laborde, M. de Montauban, M. Bacciocchi, M. Lombard, ayant à leur tête M. le général Montholon, forment

toute son escorte. Le succès est impossible. L'entreprise est insensée. Qu'importe ! Louis-Napoléon Bonaparte descend d'une barque à la pointe du jour. MM. Bataille et Aladenise, qui veillaient sur la côte avec toute
la sollicitude du dévouement, le reçoivent. On se prépare ; on se met en marche ; on échoue ; on se disperse ; on se jette à la nage. L'empire tombe à la mer.
On le ramène au rivage non pour le sacrer, mais pour
le dégrader. Le prétendant n'est plus qu'un prisonnier.
Le prisonnier devient un accusé et un condamné. La
porte de Ham se referme sur lui, et cependant il ne
doute pas, et, à peine entré dans ce sombre donjon,
la première pensée qui lui échappe n'est ni un regret,
ni un remords, ni une plainte. « Ici, je suis à ma place, »
s'écrie-t-il. Voilà l'homme et voilà le drame !

XIII.

Il m'est impossible de ne pas rappeler ici les paroles
mémorables que M. Berryer fit retentir à la barre de la
cour des pairs en présentant la défense de son illustre
client. M. Berryer connaissait ce tribunal suprême.
Lorsqu'il n'était encore qu'un avocat, il avait eu l'honneur d'y défendre le maréchal Ney, à côté de M. Dupin.
Le grand avocat était devenu le grand orateur, et sa
voix, qui s'était élevée vingt-cinq ans plus tôt en faveur de l'un des héros les plus glorieux de cette époque,
s'élevait encore dans la même enceinte pour protéger
le neveu de l'Empereur et pour montrer l'excuse de
ses audacieuses entreprises dans les superstitions que

3

son nom avait dû imposer à son âme. M. Berryer fut sublime quand, sondant les consciences de ses juges jusque dans leurs replis les plus secrets, il leur demanda ce qu'ils auraient fait si son client avait réussi : « Et ici, s'écria-t-il, je ne crois pas que le droit au nom duquel était tenté le projet puisse tomber devant le dédain des paroles de M. le procureur général. Vous faites allusion à la faiblesse des moyens, à la pauvreté de l'entreprise, au ridicule de l'espérance du succès; eh bien ! si le succès fait tout, vous qui êtes des hommes, qui êtes même les premiers de l'État, qui êtes les membres d'un grand corps politique, je vous dirai : Il y a un arbitre inévitable, éternel, entre tout juge et tout accusé; avant de juger, devant cet arbitre et à la face du pays qui entendra vos arrêts, dites-vous, sans avoir égard à la faiblesse des moyens, le droit, les lois, la constitution devant les yeux, la main sur la conscience, devant Dieu et devant nous qui vous connaissons, dites : S'il eût réussi, s'il eût triomphé, ce droit, je l'aurais nié, j'aurais refusé toute participation à ce pouvoir, je l'aurais méconnu, je l'aurais repoussé. — Moi, j'accepte cet arbitrage suprême, et quiconque d'entre vous, devant Dieu, devant le pays, me dira : S'il eût réussi, j'aurais nié ce droit! — celui-là je l'accepte pour juge. »

Le condamné de la cour des pairs sentit la grandeur de cette défense, et il y mesura la grandeur de sa reconnaissance. Il était difficile de remercier l'avocat sans offenser l'orateur et sans embarrasser le chef de parti; il était difficile de parler de l'avenir à un homme

qui avait sa religion, son espérance, son esprit et son
cœur dans le passé. Louis-Napoléon Bonaparte écrivit
à M. Berryer une lettre où tous ces écueils étaient évités avec autant de tact que de bonheur. Cette lettre,
que je puis publier sans scrupule, parce qu'elle est
tout à la fois à l'honneur du défenseur et du client, la
voici :

« Paris, le 5 octobre 1840.

» Mon cher monsieur Berryer,

» Je ne veux pas quitter ma prison de Paris sans vous
renouveler tous mes remercîments pour les nobles services que vous m'avez rendus pendant mon procès. Dès
que j'ai su que je serais traduit devant la cour des pairs,
j'ai eu l'idée de vous demander de me défendre, parce
que je savais que l'indépendance de votre caractère
vous mettait au-dessus des petites susceptibilités de
parti, et que votre cœur était ouvert à toutes les infortunes comme votre esprit était apte à comprendre toutes
les grandes pensées, tous les nobles sentiments. Je
vous ai donc pris par estime, maintenant je vous quitte
avec reconnaissance et amitié. J'ignore ce que le sort
me réserve; j'ignore si jamais je serai dans le cas de
vous prouver ma reconnaissance; *j'ignore si jamais
vous voudrez en accepter des preuves;* mais, quelles
que soient nos positions réciproques, en dehors de la
politique et de ses désolantes obligations, nous pouvons toujours avoir de l'estime et de l'amitié l'un pour
l'autre; et je vous avoue que, si mon procès ne devait
avoir eu d'autres résultats que de m'attirer votre ami-

3.

tié, je croirais encore avoir immensément gagné, et je ne me plaindrais pas du sort.

» Adieu, mon cher monsieur Berryer; recevez l'assurance de mes sentiments d'estime et de reconnaissance.

» LOUIS-NAPOLÉON BONAPARTE. »

Un autre homme politique, également illustre, M. de Cormenin, eut un rôle moins éclatant que celui de M. Berryer, mais curieux à connaître aujourd'hui. M. de Cormenin était un des chefs de l'école libérale et démocratique. Il se souvenait cependant de l'empire avec orgueil, et il avait conservé pour cette grande époque de sa jeunesse une prédilection qui se révélait parfois dans ses écrits. C'est que l'empire représentait à ses yeux le principe de l'autorité dans le droit de la souveraineté du peuple. M. de Cormenin était autant un homme de pouvoir que de liberté. Esprit dogmatique, il allait à la source des choses, et au milieu des phases diverses de ce siècle, il restait l'amant fidèle et passionné de la logique.

M. de Cormenin, à la prière de quelques amis du prince, fit la note qu'on va lire. Il profita de l'occasion pour y traiter la question de son point de vue personnel sur le principe, l'obligation et les effets de la souveraineté du peuple et du suffrage universel, dont il n'a pas cessé d'être, depuis 1830 jusqu'à nos jours, le plus persévérant et le plus éclatant défenseur.

Voici ce morceau, que personne ne connaît :

« La puissance vient du peuple; lui seul est souverain, lui seul est légitime. Ce qui lui appartient, il peut le donner; ce qu'il a donné, il peut le reprendre. Empereurs, rois, magistrats, généraux, législateurs, nous ne sommes, nous ne pouvons être que ses serviteurs et ses délégués.

» Je suis venu non pour le contraindre, mais pour le consulter. Je suis venu pour rompre l'oppression de son silence et pour frayer par l'épée une issue à l'exercice de la souveraineté nationale.

» J'ai échoué. Le hasard fait le succès; les principes font le droit.

» Si vous voulez compter les suffrages, j'en ai *trois millions cinq cent mille* et vous *deux cent dix-neuf.*

» Si vous voulez les peser, les miens émanent du peuple, et les vôtres d'une assemblée sans plénitude constituante, sans mandat spécial et sans ratification.

» Si vous dites que l'empereur Napoléon était légitime, il ne l'était qu'en vertu des constitutions de l'empire! alors comment se ferait-il que moi, son héritier, je ne le fusse pas en vertu des mêmes constitutions?

» Si le peuple a voulu changer les constitutions de l'empire, où est l'acte de sa volonté? S'il ne l'a pas fait et qu'il puisse le faire, je ne le nie pas, mais c'est pour cela qu'il faut le consulter afin de savoir par lui-même ce qu'il veut.

» Dans ce cas, il ne devrait même pas y avoir guerre entre nous, mais armistice.

» Il appartient au peuple, je le reconnais, de prendre vous ou moi, ou de nous laisser tous les deux!

» De mon côté, j'apporterai mon nom, et un cœur

aussi haut que ce nom. De votre côté, qu'apporterez-vous? Le peuple choisira. Que sa volonté soit faite!

» Vous m'avez interdit par la force la terre et le soleil de ma patrie. Je suis venu, avec mes nobles compagnons, reprendre par la force les biens de l'homme et du citoyen.

» Vous avez abattu ma personne, mais vous n'avez pas abattu mon droit.

» Vous m'avez mis hors de votre loi, comment votre loi pourrait-elle me juger? Proscrit, je parle à des Français. Accusé, je ne vous reconnaîtrais pour un tribunal compétent que si vous étiez le peuple ou délégués du peuple. Vaincu, je ne suis pas votre justiciable, je ne suis que votre prisonnier.

» Empereur ou citoyen, j'aurais versé avec joie mon sang sur le champ de bataille pour la gloire et pour la liberté du peuple français. Persécuté, condamné, exilé, je fais ce que je dois à mon nom, à mon droit, à mon épée, et j'aurai le courage de mes revers. »

Chose remarquable! cette défense chevaleresque écrite il y a quinze ans, pendant que le prince était proscrit et prisonnier, est l'expression exacte de ce qui se passe aujourd'hui. On dirait qu'en écrivant ces lignes, M. de Cormenin prévoyait l'avenir.

XIV.

Une prison en France! tel était le dénoûment de ces entreprises téméraires et chimériques! tel était le réveil de ce rêve impérial! Le nouveau prisonnier accepta son sort avec dignité : pas une plainte ne lui échappa; il semblait suivre sa destinée. Le donjon de Ham, loin de l'effrayer ou de l'attrister, lui apparaissait comme une des fatalités de sa vie, et peut-être aussi comme une des étapes de sa fortune. C'était un décor qui surgissait à l'heure marquée et au coup de sifflet du grand machiniste, sur la scène de l'histoire vivante, et qui devait concourir à la déduction des combinaisons mystérieuses et des péripéties diverses du drame dont il était le héros. Ham était pour lui sur le chemin de l'Élysée. Cet intérieur de prison était sombre et silencieux comme l'aspect extérieur du donjon. Le prince Louis-Napoléon Bonaparte habitait l'intérieur du fort avec un ami fidèle et dévoué de son malheur, le docteur Conneau, qui est aujourd'hui un ami sincère et désintéressé de sa fortune. Le docteur Conneau était une de ces natures délicates et élevées que la science agrandit et vivifie au lieu de les dessécher; il s'était attaché à cette cause sans ambition, sans prétentions, sans passion, par le seul entraînement de ses préférences et par la seule impulsion de ses idées; il veillait nuit et jour sur le fils de la reine Hortense, avec cette sollicitude tendre et infatigable que le cœur seul inspire et qui est plutôt un sentiment qu'un devoir; il était plus qu'un compagnon de captivité et plus qu'un médecin : il était un ami. C'est lui qui, plus tard, prépara et seconda le plan d'évasion qui réussit si complétement. Traduit devant la justice pour cette noble faute, il fut excusé par elle, parce qu'il était absous d'avance par la conscience et par le cœur de ses juges.

Rien ne fera mieux connaître la prison de Ham que les échos qui s'en échappaient à de rares intervalles. Louis-Napoléon Bonaparte entretenait quelques correspondances intimes. J'ai puisé à pleines mains dans l'une de ces correspondances; j'ai détaché quelques extraits qui serviront mieux que toute autre chose à caractériser l'homme.

Voici une lettre qui commence comme une élégie. Mais la plainte est bientôt étouffée dans le stoïcisme :

« Ham, le 14 août 1841.

» .... Ma vie se passe ici d'une manière bien monotone, car les rigueurs de l'autorité sont toujours les mêmes; cependant je ne puis pas dire que je m'ennuie, parce que je me suis créé des occupations qui m'intéressent : j'écris des réflexions sur l'histoire d'Angleterre, et puis j'ai planté un petit jardin dans un coin de mon réduit. Mais tout cela remplit le temps sans remplir le cœur, et quelquefois on le trouve bien vide de sentiments.

» Je suis bien sensible à ce que vous me dites sur la bonne opinion que j'ai laissée de moi en Angleterre, mais je ne partage pas votre espoir sur la possibilité de revoir bientôt ce pays, et malgré tout le bonheur que j'éprouvais à m'y trouver, je ne me plains nullement de la position que je me suis faite, et je m'y résigne complétement.

» LOUIS-NAPOLÉON BONAPARTE. »

Toujours le même sentiment de résignation et la

même impassibilité de conscience ! « Je ne me plains nullement, » dit-il; telle est en effet sa foi en sa destinée, que prisonnier à Ham, il s'applaudit de son sort, même quand le sort l'a trahi. « Ici, je suis à ma place ! » avait-il écrit à une femme dont le cœur plaignait son infortune. Aussi quelle sérénité d'esprit ! A peine sent-on quelquefois une émotion de sa captivité dans les confidences de son âme.

Il venait de lire dans un livre de M. Saintine l'histoire intime d'un prisonnier. Cela le ramenait à sa situation. Loin d'en être troublé, il n'en est que plus calme et plus stoïque. Qu'on en juge :

        « Ham, le 22 mai 1841.

» .... J'ai lu le livre *Picciola*, dont vous me parlez, et j'ai été enchanté de ce style si simple et si élégant qui diffère tant des ouvrages du jour. C'est qu'en effet la littérature n'est que la voix de la société, et lorsque la société a des convulsions et des quintes de toux, sa voix doit s'en ressentir.

» Je suis cependant plus heureux que le prisonnier héros de l'auteur de *Picciola*, et on respecte mes fleurs soigneusement. Je pourrais déjà cueillir un bouquet digne du jardin de lady.... Je me vante peut-être un peu, mais c'est que je vois mes oignons avec des yeux paternels....

            » LOUIS-NAPOLÉON BONAPARTE. »

Le temps marchait cependant, et le poids des jours s'accumulait sur cette destinée. C'est en vain que l'âme

est forte. Elle ne résiste pas à cette uniformité désespérante qui l'étouffe. Il n'y a pour les caractères les
mieux trempés qu'une somme de courage et de patience. Ce capital s'épuise vite quand il n'est pas renouvelé par la vie active, par ses bonheurs, par ses exci-
tations, par ses désirs, par ses espérances et par ses
illusions. Après cinq années d'isolement, d'inaction de
l'esprit et du corps, de jours sans soleil et de repos sans
calme, Louis-Napoléon Bonaparte laisse échapper une
plainte. Pour la première fois, sa nature est vaincue
par le sort. Il n'existe plus que par l'étude. L'avenir,
pour lui, n'a plus d'horizon ni de lumière. « J'étouffe ! »
s'écrie-t-il. Écoutons :

« Ham, 26 janvier 1845. »

« Les années s'écoulent avec une désespérante uniformité, et ce n'est que dans ma conscience et mon cœur
que je trouve la force de résister à cette atmosphère de
plomb qui m'entoure et m'étouffe. Cependant l'espoir
d'un meilleur avenir ne m'abandonne pas, et j'espère
qu'un jour je pourrai encore vous revoir et vous renouveler, avec mes remerciments pour votre bonne amitié,
l'assurance de mon tendre et respectueux attachement.

» LOUIS-NAPOLÉON BONAPARTE. »

XV.

Le 26 mai 1846, un homme aux traits accentués,
au front pensif et sombre, au regard profond, voilé
et réfléchi, à la démarche roide, vêtu d'une blouse,
portant une planche sur son dos, descendait l'escalier

du fort, traversait d'un pas calme et mesuré les cours
du donjon, à travers les rangs des soldats qui les rem-
plissaient, passait devant les sentinelles et s'éloignait
rapidement en pleine campagne dans la direction de
Saint-Quentin. Cet homme, c'était Louis-Napoléon Bonaparte, le neveu de l'Empereur et le futur président
de la république française !

Le 24 février 1848, un autre homme sortait furtive-
ment aussi, non plus d'une prison, mais d'un palais,
pour monter en fiacre sur la place de la Révolution, à
peu près au même endroit où Louis XVI était monté
sur un échafaud, et pour s'en aller errant et fugitif,
sous un déguisement semblable à celui qui avait servi
au prisonnier de Ham, attendre une humble barque
qui le transportât en Angleterre ; cet homme, c'était
Louis-Philippe d'Orléans, roi des Français !

Quelles dérisions du sort ! quelles surprises de fortune ! quels caprices du destin, ou, pour mieux dire,
quelles leçons de Dieu ! Inclinons-nous et humilions-
nous ! Reconnaissons dans ces coups de la Providence
quelque chose de plus que le hasard ! Comment n'y
reconnaîtrions-nous pas cet enchaînement mystérieux
et providentiel des effets et des causes qui montre la
souveraineté éternelle du droit et de la justice jusque
dans les accidents les plus inattendus et les révolutions
les plus imprévues? Ces événements, qui se succèdent
si rapides et si confus, étonnent la raison d'abord et
déconcertent la logique humaine; mais, en y regardant
de près, on y retrouve toujours la trame éternelle de
la civilisation, de la liberté et du progrès. C'est la

main de Dieu qui en noue les mailles ; la main du
temps ne saurait les rompre.

Personne, excepté le docteur Conneau et le valet de
chambre du prince, ne connaissait le projet d'évasion.
La veille, le prince était entré dans la chambre du général Montholon, vieil ami de son nom et compagnon
de son infortune, voué à son expiation après s'être dévoué à ses témérités. Il l'avait embrassé avec effusion,
ainsi que madame la comtesse de Montholon, noble et
généreuse compagne volontaire de la captivité de son
mari, comme l'avait été avant elle dans le même lieu
une autre femme héroïque, madame la princesse de
Polignac. Cette effusion n'était pas habituelle à Louis-
Napoléon Bonaparte. Le général Montholon et sa femme
en firent la remarque. Ils eurent un soupçon vague ; le
lendemain, quand ils apprirent l'évasion, le prisonnier
de Ham avait franchi la frontière française et se dirigeait vers l'Angleterre par la Belgique.

Le caractère que j'étudie se dessine encore dans
une lettre extrêmement curieuse dont j'ai reçu communication. Évadé de Ham et réfugié en Angleterre,
Louis-Napoléon ne se considère pas comme un fugitif.
C'est un prétendant qui désarme. Il offre *la paix* au
gouvernement français. Il déclare que son intention
n'est pas de recommencer *la guerre*. Voici comment il
s'exprime en s'adressant à M. de Saint-Aulaire, alors
ambassadeur à Londres :

. Londres, 19 mars 1846.

» MONSIEUR LE COMTE,

» Je viens déclarer avec franchise à l'homme qui fut l'ami de ma mère que si j'ai quitté ma prison, ce n'était point pour recommencer contre le gouvernement français une guerre qui a été désastreuse pour moi, mais uniquement pour pouvoir aller soigner mon vieux père.

» Avant de prendre cette détermination, j'ai fait tous mes efforts pour obtenir du gouvernement la permission d'aller à Florence, et j'ai offert toutes les garanties que mon honneur me permettait de donner ; mais enfin, voyant que mes démarches étaient infructueuses, j'ai eu recours à ces moyens extrêmes que déjà, sous Henri IV, le duc de Nemours et le duc de Guise surent employer dans des circonstances semblables.

» Je vous prie, monsieur le comte, d'informer le gouvernement français de mes intentions pacifiques ; et j'espère que cette assurance que je viens de mon plein gré vous donner hâtera la délivrance des amis que j'ai laissés en prison.

» LOUIS-NAPOLÉON BONAPARTE. »

Puisque j'ai cité des correspondances inédites du prisonnier de Ham, je veux encore faire connaître une admirable page dont la date est plus ancienne que celle des lettres que je viens de publier, mais qui n'a pas besoin d'être récente pour être toujours actuelle comme la noblesse des sentiments qu'elle exprime. Cette lettre a été adressée de New-York au colonel Vaudrey, après l'expédition de Strasbourg, dans laquelle cet officier avait pris une part si active. Elle est admirable d'élévation, de loyauté, de stoïcisme. Elle avait été jusqu'à présent retenue comme une confidence. Il suffit de la publier pour qu'elle devienne immédiatement historique.

« New-York, le 15 avril 1837.

» Mon cher colonel,

» Vous ne sauriez vous imaginer combien j'ai été heureux en apprenant votre acquittement en débarquant aux États-Unis; pendant quatre mois et demi je n'ai cessé un moment d'être péniblement préoccupé de votre sort. Dès le moment où j'ai été mis en prison jusqu'à mon départ de France, je n'ai cessé de faire tout ce qui dépendait de moi pour alléger la position de mes compagnons d'infortune, et, tout en intercédant en leur faveur, je n'ai rien fait, comme vous pouvez le croire, qui soit contraire à la dignité du nom que je porte. Avant de m'embarquer, je vous ai écrit en adressant ma lettre au procureur général Rossé; il ne vous l'a pas remise, car elle aurait pu être utile à votre défense. Quelle infamie! — Quant à moi, on m'a bien fait voyager pour m'empêcher de communiquer avec vous avant la fin du procès; mais je ne m'en plains pas; j'étais sur un vaisseau français, c'est une patrie flottante... Et voyez la bizarrerie des sentiments humains : dans ma malheureuse entreprise, deux fois seulement mes larmes ont trahi ma douleur; c'est lorsque, entraîné loin de vous, je sus que je ne serais pas jugé, et lorsqu'en quittant la frégate, j'allais recouvrer ma liberté.

» La lettre que vous m'avez écrite m'a fait le plus grand plaisir ; je suis heureux de penser que tout ce que vous avez souffert n'a pas altéré l'amitié que vous me portiez et à laquelle j'attache un si haut prix.

» Pendant deux mois j'ai navigué entre les tropiques, sous le vent de Sainte-Hélène. Hélas ! je n'ai pas pu apercevoir le rocher historique ; mais il me semblait toujours que les airs me rapportaient ces dernières paroles que l'Empereur mourant adressait à ses compagnons d'infortune... « J'ai sanctionné tous les principes » de la révolution, je les ai infusés dans mes lois, dans » mes actes ; il n'y en a pas un seul que je n'aie con- » sacré ; malheureusement les circonstances étaient » graves... La France me juge avec indulgence, elle me » tient compte de mes intentions, elle chérit mon nom, » mes victoires : imitez-la, *soyez fidèles aux opinions* » *que nous avons défendues*, à la gloire que nous avons » acquise ; il n'y a hors de là que honte et confusion ! »

» Ces belles paroles, colonel, vous les aviez bien comprises !

» Me voilà donc en Amérique, loin de tout ce qui m'est cher ; j'ignore encore ce que j'y ferai et combien de temps j'y resterai. Dans tous les cas, colonel, et dans quelque pays que je me trouve, vous aurez toujours en moi un ami sur lequel vous pouvez compter, et qui sera fier de vous donner des preuves de ses sentiments.

» Adieu, colonel, servez encore la France ; moi, je ne puis plus faire que des vœux pour elle. Adieu, ne m'oubliez pas.

» Votre ami,   NAPOLÉON-LOUIS BONAPARTE.

» *P. S.* Je n'ai pas besoin de me laver à vos yeux des calomnies dont j'ai été l'objet ; on ne pouvait me faire souscrire à aucun engagement, puisque je demandais à rester en prison ; d'ailleurs on n'a pas même tenté de le faire. On m'accuse d'avoir *intrigué* ; mais M. Thiers me défendra, lui qui dit, vol. II, page 119 : « Tout parti obligé d'agir dans l'ombre est réduit à des » démarches qu'on appelle *intrigues* quand elles ne » sont pas heureuses. »

» On maudit mon entreprise ; mais M. Thiers me défendra, lui qui, en parlant des honneurs rendus au cercueil de Marat, s'exprime ainsi : — « Et si l'histoire » rappelle de pareilles scènes, c'est pour apprendre » aux hommes à réfléchir sur l'effet des préoccupa-» tions du moment, et pour les engager à bien s'exami-» ner eux-mêmes lorsqu'ils pleurent les puissants ou » maudissent les vaincus du jour. » (Tome V, page 87, 4e édition de l'*Histoire de la Révolution.*)

» Quand l'avenir fuit devant vous, c'est dans le passé qu'on *trouve* des consolations ! Adieu ! adieu ! »

XVI.

Après son évasion de la prison de Ham, le prince Louis-Napoléon s'était rendu en Angleterre ; c'est dans

ce pays, dont il aimait les mœurs et les habitudes,
qu'il attendait avec une patience calme et une foi inaltérable les retours de sa destinée. La captivité ne
l'avait pas changé. Elle n'avait altéré ni la force de son
âme ni la bonté de son cœur. Il sortait de cette douloureuse épreuve tel qu'il était, sans haines, sans
rancunes, n'accusant jamais les hommes et ne doutant
jamais de Dieu. Cette attitude de Louis-Napoléon n'avait
rien d'affecté ni rien de nouveau. En se montrant ainsi,
il se montrait semblable à lui-même. Ce qu'il était en
Angleterre après sa captivité, il l'avait été dans la so-
litude d'Arenemberg, dans ses hasards de Strasbourg,
en Amérique, à Boulogne, sur les bancs de la cour des
pairs, dans la prison de Ham. Sa foi en sa fortune ne
l'avait jamais abandonné.

Peu de jours après son arrivée en Angleterre, il était
allé voir sa cousine lady Douglas, duchesse d'Hamil-
ton, fille de la grande-duchesse Stéphanie de Bade.
« Enfin, vous êtes libre, lui dit la jeune princesse;
vous résignerez-vous au repos? Renoncerez-vous à ces
illusions qui vous ont coûté si cher, et dont les cruelles
déceptions ont été si vivement ressenties de ceux qui
vous aiment? — Ma cousine, répondit l'ancien prisonnier de Ham, je ne m'appartiens pas; j'appartiens à
mon nom et à mon pays. Parce que la fortune m'a trahi
deux fois, ma destinée ne s'en accomplira que plus
sûrement. Je l'attends. »

Cela faisait sourire. L'étoile de Louis-Napoléon était
cachée à tous les regards, même à ceux de ses parents
qui l'aimaient le plus; lui seul la voyait et la suivait.

4

Survint la nouvelle de la révolution de février. Le nom d'un Bonaparte n'avait retenti dans cette révolution que pour subir l'outrage d'un ostracisme. *Pas de bonapartisme*, avait dit le gouvernement provisoire dans l'une de ses proclamations de l'hôtel de ville. Louis-Napoléon vit tout de suite la portée et le résultat de ce grand mouvement. En apprenant le renversement de Louis-Philippe, il dit à sa cousine, lady Douglas : « Avant un an je serai à la tête du gouvernement de la France. »

Le 10 décembre 1848, cette prédiction était réalisée. Ce jour-là la France lui donnait six millions de suffrages, et l'assemblée constituante, qui avait voulu exclure Louis-Napoléon Bonaparte et qui ne lui avait ouvert ses rangs que pour l'étouffer dans ses dédains, le proclamait président de la république française.

Il était entré dans cette assemblée quelques mois avant, simple représentant, suspect à tous, inconnu de tous, seul ou presque seul au milieu des partis qui le repoussaient ou qui le redoutaient, et il en sortait chef du gouvernement, avec une majorité populaire formidable, mais avec une minorité parlementaire évidente.

L'élection du 10 décembre avait été unanime et magnifique comme un élan du peuple. Mais la situation qu'elle créait n'en était pas moins menaçante et terrible. Louis-Napoléon, sorti du scrutin populaire avec une sorte de dictature morale, l'avait loyalement abdiquée en prêtant serment à la constitution. Au lieu de se présenter en maître le 20 décembre, comme on l'y poussait, il s'était présenté comme l'homme de la légalité, et il renonçait à la force qu'il avait contre elle, pour se résigner à la faiblesse et à l'impuissance qu'il trouvait en elle.

La constitution de 1848 avait été combinée comme si le conflit des deux pouvoirs qu'elle organisait était inévitable. Elle avait traité le pouvoir exécutif comme un suspect. Elle avait dressé la sellette pour l'accusation ; elle avait institué les juges pour la condamnation. La porte entr'ouverte de Vincennes apparaissait à travers les voiles dont elle avait couvert ses défiances. Un 10 août ou un 18 brumaire était écrit dans ces articles qui ressemblaient plutôt à un plan de guerre qu'à une table de la loi.

Il y avait donc à choisir pour le président de la république entre la révolte et la servitude. En se révoltant, il compromettait tout ; en se soumettant, il ne réservait rien. L'une et l'autre de ces extrémités étaient également impossibles.

A cette époque, Louis-Napoléon n'avait que la force de son nom. L'armée humiliée par le 24 février, travaillée par l'esprit de désordre et d'indiscipline, n'avait pas encore repris, sous le commandement de ses chefs, ce sentiment du devoir qui l'a rendue héroïque. Les soldats recevaient les journaux après avoir fait l'exercice. Le club avait envahi les casernes. Les caporaux, au lieu de mériter de devenir sergents, ambitionnaient de devenir des législateurs. Rattier et Boichot allaient faire concurrence au maréchal Bugeaud pour les élections de la Seine.

Ainsi, il y avait tout à faire pour l'élu du 10 décembre, et la constitution qu'il avait jurée ne lui laissait que l'impuissance. Il y avait l'armée à discipliner, l'autorité à reconstruire, la religion à défendre, le socialisme à écraser, la révolution à contenir, les partis à dominer, l'assemblée à vaincre, l'opinion à entraîner, et la France à sauver.

Tâche immense et glorieuse qu'aucun homme n'aurait pu accomplir avec la force de son génie, sans le secours de cette Providence des peuples qui est le génie immortel du droit, de la justice et du progrès !

XVII.

Louis-Napoléon Bonaparte avait trouvé six millions de voix dans l'urne du suffrage universel. Il avait un peuple pour son nom, mais il n'avait même pas un parti pour son œuvre et pour ses desseins. Le parti bonapartiste n'existait pas, ou s'il existait, il n'était encore qu'une force latente dans la nation. Il ne devait surgir que plus tard dans la combinaison des événements.

La France aime la gloire, surtout quand elle la voit de loin. On ne se rappelait déjà plus ce qu'avaient coûté de larmes et de sang ces victoires qui ne sont plus que des souvenirs immortels coulés dans le bronze et dans l'airain, et des titres imprescriptibles de la souveraineté française sur le monde. La douleur des mères pleurant leurs fils ensevelis dans les neiges de Moscou, la tristesse des campagnes privées des bras qui fécondent le sol, le poids, toujours si lourd à porter, de la dictature

militaire, même quand cette dictature s'appelle Napoléon, tout cela s'était effacé de la mémoire du peuple.
Pour tous il ne restait que le grand Empereur, le héros
de cent batailles chanté par Béranger, et dont l'image
enluminée appendue aux murailles les plus humbles
forme le musée de chaque chaumière. Louis-Napoléon
apparaissait comme une légende vivante. Ce sentiment
si profond, si vrai, si naïf, qui était l'orgueil de notre
génération, après avoir été la passion de la génération
précédente, ce sentiment est remonté à son nom et à
sa personne, et l'a fait choisir entre tous et de préférence à tous.

Il y avait autre chose encore dans l'élection du 10 décembre; il y avait une protestation contre ce que la
révolution de février avait produit de stérile, de néga-
tif et de violent, et un instinct vague, mais irrésistible
et puissant vers le principe d'autorité, une sorte de
pressentiment de la force dans la gloire.

Un souvenir et un instinct : le souvenir de l'Empereur; l'instinct de quelque chose de grand et de fort,
par un gouvernement qui s'appellerait Bonaparte, voilà
le 10 décembre!

En résumé, Louis-Napoléon Bonaparte n'arrivait au
pouvoir qu'avec la force d'un nom. Il devait bientôt s'y
montrer avec le génie d'un homme.

XVIII.

Une première question se présente. Je l'aborderai
franchement et je la résoudrai sérieusement.

Louis-Napoléon était-il sincère dans le serment qu'il prêtait à la constitution de 1848? Oui, il était sincère, toutes ses paroles, tous ses actes le prouvent. Sans doute il trouvait cette constitution mauvaise. Il l'acceptait. Il ne l'approuvait pas. Il se réservait d'en préparer la modification. Il comptait sur les enseignements de l'expérience, sur le patriotisme et le bon sens du peuple français. Il y trouvait d'ailleurs un principe supérieur qui le dominait, et qui au besoin devait être l'instrument de salut du pays : ce principe était celui de la souveraineté de la nation.

Cette souveraineté dont il était la tête et le cœur lui laissait l'avenir. Il n'avait pas besoin d'usurper, il n'avait besoin que d'invoquer le droit de la France dans un moment suprême.

Respecter la constitution, se servir d'elle contre les partis, attendre patiemment l'heure de sa révision légale, se soumettre à la volonté de la France, et au besoin en provoquer la manifestation par une initiative de salut public : voilà tout ce qu'il y avait dans la conscience du président de la république à l'heure solennelle où il a prêté serment devant Dieu et devant les hommes.

Y a-t-il eu autre chose dans ses actes?

Louis-Napoléon a beaucoup étudié la politique italienne; il y a en lui du Médicis, plus la bonté du cœur et la probité de l'esprit. Quoique sa nature soit pleine de décision, et sa vie pleine d'événements, sa conduite n'est jamais que le résultat de combinaisons profondément étudiées. Tout est étudié chez lui, même l'audace qui ne calcule rien. Il a dans sa tête les lignes de

sa stratégie. Il les place et les déplace selon les circonstances; il prend et quitte les hommes aux heures
marquées pour telle ou telle situation. Il sait où il va,
et il marche avec une inflexible fermeté vers son but,
l'œil calme, mais l'esprit ouvert et ferme.

Il y avait incompatibilité absolue entre les deux pouvoirs qui se trouvèrent en présence après l'élection du
10 décembre. Ces deux pouvoirs ne pouvaient vivre
que dans la lutte sourde ou ouverte. L'un était la condamnation de l'autre. Louis-Napoléon élevé au fauteuil
de la présidence par l'immense majorité de la nation,
l'assemblée constituante tombait immédiatement en
minorité. Qu'allait faire l'élu du peuple? L'assemblée
était souveraine, même vis-à-vis de lui. Elle pouvait
l'accuser. Allait-il, de son côté, l'humilier et l'opprimer? Enverrait-il sur les bancs ministériels des hommes antipathiques à son esprit, non pour les rallier,
mais pour les défier aux résolutions extrêmes? La pente
était périlleuse. Louis-Napoléon sut s'y tenir sans y
glisser. Il sut triompher sans lutter. L'Assemblée constituante abdiqua elle-même, et elle abdiqua après
avoir voté l'expédition de Rome.

Pour atteindre un pareil résultat, le président avait employé un procédé habile. Il s'était servi de la main d'un
ministère libéral, modéré, presque républicain, et que
la république ne pouvait suspecter sans outrage, ni repousser sans injustice. M. Odilon Barrot, qui présidait
et personnifiait le cabinet du 10 décembre, semblait
précisément l'une de ces arches du pont sur lequel la
France devait passer de la monarchie à la démocratie.

Royer-Collard l'avait un jour appelé Pétion. M. Odilon Barrot valait mieux que cela. Pétion, hésitant sans cesse entre le devoir et la popularité, n'eut de décision que lorsqu'il fallut choisir entre le déshonneur et la mort. Il choisit la mort. M. Odilon Barrot a plus que le patriotisme de l'échafaud ou de l'agonie, qui n'est qu'un patriotisme de parade sur un théâtre devant la postérité. Il a eu, dans plus d'une occasion, celui de la modération, de la prudence et du péril public : il l'a montré. Ce n'est pas l'heure de l'oublier.

M. Odilon Barrot rassura l'opinion et les républicains modérés. Son talent et sa probité rendirent la lutte possible contre la majorité des républicains exclusifs de l'assemblée constituante. Cette majorité avait l'aspect d'une citadelle imprenable. Louis-Napoléon se garda bien d'en forcer les portes. Il fit mieux : il amena la garnison à lui en livrer les clefs et à se retirer en pleine campagne électorale, où elle devait être infailliblement écrasée. C'est ce qui arriva.

Les républicains de la veille étaient vaincus. La majorité de l'assemblée législative était renouvelée et changée. Le président avait atteint son but; il avait réduit ses ennemis à l'état de minorité dans la représentation nationale. Il avait mené à bonne fin l'expédition de Rome, offerte comme un gage à l'Europe monarchique et à la France catholique. Il avait triomphé, le 13 juin, d'une tentative d'insurrection sans une goutte de sang versé et sans une amorce brûlée. M. Ledru-Rollin était allé rejoindre à Londres MM. Caussidière et Louis Blanc, et la montagne s'était écroulée dans le ridicule avant d'avoir lancé ses foudres et ses vengeances. C'était beaucoup que tout cela. Était-ce tout?

Non! Ce n'était que la première étape. Louis-Napoléon Bonaparte, affranchi de ses ennemis, devenait aussitôt suspect à ses alliés. Il y a des trames secrètes qu'il n'est pas encore permis de découvrir. Ma plume recule devant l'ombre d'un scandale ou d'une accusation. Je ne devancerai pas la main du temps, qui seule peut écarter le rideau encore fermé sur certaines choses, plutôt entrevues que connues, et dont le regard se détourne encore comme de révélations qui troublent la conscience. Toutefois il est impossible de ne pas constater que dès le lendemain de l'investiture du nouveau pouvoir, le 29 janvier 1849, il se produisit une situation extrêmement critique. Qu'on se rappelle donc la physionomie étrange et sombre de cette journée! Une armée immense occupait tous les points de Paris; une ceinture de fer entourait la représentation nationale; le président de la république, sorti de l'Élysée vers midi, passait sur le front des régiments comme un général à l'heure de la bataille. Une mise en scène immense se déroulait tout à coup comme par enchantement pour quelque drame inconnu. Les légions étaient à leur poste. Le général Changarnier traitait alors fort dédaigneusement la souveraineté de l'assemblée constituante. On n'attendait plus que César, mais César ne vint pas; Louis-Napoléon eut plus de conscience et de prévoyance que d'ambition. Averti quelques jours avant qu'il n'avait qu'à étendre la main pour prendre la couronne impériale sur la pointe d'une épée dévouée, il

refusa énergiquement. A ceux qui le pressèrent, il répondit : « Non, pas encore. Mon titre me suffit. Je ne
pourrais en recevoir un autre que de la volonté de la
France et de la nécessité du salut social. »

Ses alliés n'étaient pas ses amis. Louis-Napoléon le
savait. Ce qu'il y avait de plus dangereux pour lui, ce
n'était pas d'être vaincu, mais d'être joué. Le message
du 31 octobre, qui, à cette époque, étonna l'opinion,
fut en réalité la sortie imprévue et énergique d'un
général assiégé par des ennemis masqués et cachés.
Ce message mémorable mettait définitivement les influences parlementaires hors du pouvoir qu'elles dominaient. Il remplaçait MM. Odilon Barrot, de Tocqueville,
Dufaure, de Falloux, qui avaient la confiance de l'assemblée, par MM. Drouin de Lhuys, Fould, Rouher, Ferdi-
nand Barrot, de Parieu, Bineau, d'Hautpoul, qui avaient
la confiance du président. La tâche était périlleuse pour
le nouveau ministère ; mais elle n'était pas au-dessus
du courage, du patriotisme et du talent de ses membres.

Un jour, au mois d'août, si mes souvenirs sont fidèles,
M. le comte Molé vint triomphalement annoncer en
pleine réunion parlementaire du conseil d'État que la
fusion était un fait accompli. Et M. Molé était l'un des
conseillers de Louis-Napoléon ! et ceux qui recevaient
cette confidence se posaient comme les tuteurs de son
gouvernement ! Ainsi Louis-Napoléon n'était déjà plus
aux yeux de la majorité qu'un factionnaire ayant pour
mot d'ordre de garder la place jusqu'à ce que les partis
vinssent la prendre. Un Monk deux fois traître, à son
pays d'abord et à son nom ensuite. Voilà le beau rôle

que l'on réservait à l'élu du 10 décembre, à l'héritier
de l'empereur Napoléon !

Mais avant d'engager la lutte contre Louis-Napoléon,
il fallait d'abord lui enlever sa force vitale, celle dans
laquelle il pouvait se retremper un jour pour s'identi-
fier avec le peuple et vaincre avec lui. Il fallait, en un
mot, détruire le suffrage universel. On sait comment la
loi du 31 mai fut préparée. Cette loi était faite contre le
président ; car elle ne supprimait pas seulement la moitié des électeurs qui avaient écrit et qui auraient encore
écrit son nom sur leurs bulletins ; elle fermait également
la porte de la révision et par conséquent aussi celle de
la réélection constitutionnelle. Le président devenait
par cela même prisonnier de la majorité. M. Thiers,
auquel personne ne refuse la clairvoyance, le comprenait bien ainsi. Trois millions d'électeurs restaient sur
le carreau. On recouvrait les morts de mépris. Puis on
écrivait sur leur mausolée : *vile multitude !* et on se
frottait les mains comme si l'on était Charles-Quint
venant de gagner la bataille de Pavie et de conduire
François I⁰ʳ dans une prison de l'Escurial.

La fatalité d'une solution extra-constitutionnelle était
écrite dans la loi du 31 mai. Cette loi votée, il n'y avait
plus de possible que la lutte implacable et sans merci
entre les deux pouvoirs. Il fallait que l'un triomphât
de l'autre. C'est bien ainsi que le comprit la majorité
inspirée et dirigée par M. Thiers.

Voyez en effet comme l'attitude des partis change
dès que cet acte fatal est accompli ! Ils croient que le
président de la république n'est plus à craindre. Alors

les partis s'agitent, les intrigues s'ourdissent, les espérances se révèlent, les prétentions s'imposent; peu
s'en faut qu'un modeste subside demandé par le président ne soit outrageusement refusé comme il le fut
l'année suivante. L'intervention du général Changarnier
prévient seule l'injure d'un refus, en rendant la dona-
tion plus injurieuse encore. Peu de jours après l'assemblée se proroge. Une commission de permanence est
nommée. On la compose avec affectation des noms les
plus notoirement hostiles. On charge les amis de M. le
comte de Chambord et les partisans de M. le comte de
Paris de veiller sur la république et sur la constitution!
Ces messieurs s'en vont tranquillement à Wiesbaden et
à Claremont saluer et proclamer les royautés de leur
foi, puis ils s'en reviennent, et parce que quelques soldats crient : Vive Napoléon! les voilà qui jettent le cri
d'alarme sur la patrie en danger. Les trames les plus
secrètes se nouent et se croisent dans tous les sens. Des
terreurs fantastiques sortent de je ne sais quelles po-
lices inconnues. M. Dupin joue au martyr et se per-
suade naïvement qu'on veut l'immoler. Le général
Changarnier voit autour de lui des ombres armées de
poignards. On dénonce le complot; on nomme les conjurés et leurs complices; on montre la main de l'Élysée
dans ces forfaits imaginaires. On va jusqu'à annoncer
que c'est avec l'argent du président que les assassins
ont été soldés. Peu s'en faut que le président lui-même
ne soit de la partie! Tout semble plein de mystères terribles, de trappes secrètes, de projets sombres, de
conspirations homicides.

XIX.

Tout était perdu pour Louis-Napoléon, et tout était compromis pour la France, s'il n'avait pas répondu à ces audacieuses intrigues par l'audace plus grande encore d'un coup d'autorité décisif. Avec la sûreté de son tact et la décision de sa volonté, il n'hésita pas, et il brisa l'épée du général Changarnier. La crise parlementaire qui s'ensuivit ne servit qu'à constater l'impuissance du parlement. M. Baroche, qui porta avec un admirable talent et un patriotique courage le poids de cette discussion contre l'effort de tous les chefs coalisés de la majorité, n'avait trouvé qu'une voix éloquente pour le soutenir : ce fut celle de M. de Lamartine. Il défendit le terrain pied à pied, et en succombant il trouva encore une majorité dans la majorité. Trois cents voix se prononcèrent pour l'Élysée. Les autres appartenant aux opinions monarchiques étaient rejetées, sans autorité, sans crédit et sans honneur, à une alliance avec la montagne. Le palais Bourbon s'affaissait ainsi dans sa propre victoire, et le vote de défiance qu'il avait obtenu, par l'effet d'une coalition sans principe, sans but et sans liens, n'était que le témoignage de son affaiblissement moral et le présage certain de sa défaite.

Le jour où la destitution du général Changarnier fut annoncée à l'assemblée nationale comme une chose résolue, les chefs de la majorité se réunirent précipitamment et décidèrent qu'ils feraient une tentative suprême près du président. MM. Thiers, Molé, de Broglie, Berryer, Montalembert, se rendirent donc à l'Ély-

sée. Ils y furent reçus avec cette politesse bienveillante
et digne qui inspire la confiance sans permettre la familiarité ni l'abandon. Louis-Napoléon avait affaire à
forte partie. Il avait à soutenir le choc des paroles les
plus éloquentes et des expériences les plus éprouvées
de notre époque. Il écouta tout avec le calme le plus
inaltérable. Ses éloquents interlocuteurs prirent tous
la parole, les uns après les autres, dans cette solennelle entrevue. Ils lui dirent tout ce qui pouvait être
dit pour l'ébranler et pour l'entraîner. Ils offrirent la
paix; ils annoncèrent la guerre; ils montrèrent les enseignements du passé, les difficultés du présent, les
périls de l'avenir; ils se firent tour à tour suppliants
et menaçants. Ces flots de paroles ne coulèrent de leurs
lèvres que pour glisser sur l'acier. Tout fut inutile, rien
ne fut changé.

Un des amis les plus dévoués de Louis-Napoléon,
M. le comte de Casabianca, attendait dans une pièce
voisine, avec plus de curiosité que d'anxiété, les détails de cette visite dont il savait d'avance le dénoûment. Il les reçut du prince lui-même, qui termina ainsi
son récit : « Il n'est pas d'arguments désespérés qu'ils
n'aient invoqués. Croyez-vous que l'un d'eux est allé
jusqu'à me menacer du sort de ce pauvre roi Charles X?...
Il est vrai que celui-là avait bien envie d'être mon Polignac! »

XX.

La loi du 31 mai est une nouvelle prison de Ham
pour Louis-Napoléon. C'est une prison dont le général

Changarnier tient la clef. Le noble et hardi prisonnier n'a pu s'évader encore; mais en destituant le chef militaire qui n'avait pas craint de se poser comme le champion de l'usurpation parlementaire, il a réussi déjà à se débarrasser du factionnaire qui lui ferme la pleine campagne du suffrage universel. Maintenant il n'a qu'à vouloir pour pouvoir.

Résister à ce qui est nécessaire est une faute. Résister à ce qui est juste est un crime. Ce crime et cette faute seront évités. C'est mon vœu le plus sincère. Assez de gouvernements ont été maudits dans l'histoire; il doit être doux de mériter la reconnaissance d'un peuple et le respect de la postérité. Il est temps encore. Mais l'aiguille court vite sur le cadran de la vie d'un peuple. Hâtons-nous. Les regrets les plus sincères ne sont souvent que d'éternels et stériles remords.

N'oublions pas la réponse mémorable du général la Fayette au duc de Mortemart, venant lui apporter, de la part du vieux roi, le retrait des ordonnances et lui proposant un ministère Casimir Périer. La Fayette répondit par le mot inflexible du Destin : *Il est trop tard!*

Il fut trop tard aussi pour le roi Louis-Philippe, le 24 février 1848, quand il signait son abdication qui ne servit qu'à précipiter une chute qu'il eût été si facile de prévenir plus tôt par une politique intelligente de conservation progressive.

Si Louis-Napoléon avait suivi moins discrètement la logique de sa situation, s'il en avait compris largement et résolûment les nécessités, à l'heure où j'écris ces

lignes [1], le rappel de la loi du 31 mai ne serait pas
seulement annoncé comme une espérance, il serait
accompli comme un acte de prévoyance et de réparation. Alors tout serait décidé. La révision qui paraît
impossible aujourd'hui serait inévitable. Une nouvelle
assemblée serait à la veille d'être élue. Le peuple serait l'arbitre du peuple. S'il voulait abdiquer dans la
monarchie, il le dirait; s'il voulait maintenir la république, il le dirait encore. Sa constitution recevrait
toutes les modifications dont elle a besoin, et il prendrait dans toute la plénitude de son droit le nom qui
lui inspirerait le plus de confiance.

Si ce nom était celui du président actuel de la république, les partis se soumettraient, et le nouvel élu,
en recevant les mêmes honneurs qu'avait reçus Washington dans sa jeune patrie, voudrait s'immortaliser
comme lui par les mêmes vertus.

Mais pour que tout cela soit encore à faire au jour
où j'achève cette étude, il faut que l'heure du salut
d'un peuple et de la gloire d'un homme soit retardée
sur le cadran de l'Élysée. Cette heure sonnera-t-elle?
Pour en douter, il faudrait douter de la conscience, de
la raison et du courage de l'homme dont je viens d'esquisser la vie. Je n'en doute pas.

L'avenir achèvera ce portrait. Il donnera le dernier
mot de cette figure qui est un problème et de cette vie
qui est une énigme. Ce mot, je n'ai pas encore le droit

[1] L'auteur ne s'était pas trompé sur la politique de Louis-Napoléon. Il
écrivait ces lignes au mois de juillet 1851, et trois mois après le président
proposait à l'assemblée le rappel de la loi du 31 mai.

de l'écrire. Honte ou gloire ! ambition d'un lendemain sans horizon ou d'une postérité sans limite ! succès éphémère d'un parti ou puissance invincible d'un droit ! Caprice d'une popularité qui passe ou estime d'un peuple qui reste ! Un grand nom qui s'éteint ou un grand homme qui revit ! Louis-Napoléon Bonaparte décidera. Que Dieu et la France l'inspirent !

Juillet 1851.

La plus grande partie de ce qui précède est d'un autre temps. Sauf quelques retouches sur des détails qui ne changent rien à l'ensemble, et qui rectifient ce que les événements eux-mêmes ont changé, ce tableau est à peu près tel que je l'avais esquissé avant le DEUX DÉCEMBRE. Je puis même dire avec orgueil que sur cette figure un peu incertaine et assombrie que j'avais essayé de peindre, on entrevoit comme une lumière des destinées qu'elle devait si vite accomplir.

Ce qui me paraissait dans la logique et dans le devoir de la politique de Louis-Napoléon a été fait par lui avec cette fermeté froide et calme qui ne devance jamais la nécessité, mais qui l'accepte toujours. Au mois d'octobre 1851, Louis-Napoléon proposait à l'assemblée le rappel de la loi du 31 mai; il ouvrait ainsi la seule issue pacifique qui restât au milieu de la lutte des partis. On sait ce qui arriva : cette mesure de salut social, qui rendait possibles toutes les solutions légales, fut repoussée par la majorité, retranchée derrière le rempart de quelques voix. Dès ce moment, tout était perdu; il ne restait plus que la perspective de l'anarchie sanglante. L'assemblée, entraînée par le vertige, allait à toutes les folies; la démagogie, heureuse des divisions qui devaient réduire à l'impuissance la plus absolue l'armée de l'ordre, chargeait ses armes, et attendait l'heure prochaine de ses vengeances et de ses terreurs. Une révolution devenait inévitable ; seulement il s'agissait de savoir comment elle se ferait. Était-ce par le socialisme? était-ce par l'assemblée? était-ce par le président?

Une révolution par l'assemblée ou une révolution par le socialisme, quoique d'une origine bien différente, aurait abouti à un résultat commun : l'anarchie! Qu'une convention eût siégé au palais Bourbon ou qu'un comité de salut public se fût installé à l'hôtel de ville, au fond, c'était la même chose. Dans l'un et l'autre cas, la démagogie débordait, et la France passait par une épreuve terrible, mortelle peut-être.

Une révolution par le président a eu le résultat que nous voyons : elle a tout sauvé.

La France et la société allaient périr dans l'impasse d'une constitution sans issue. Il fallait en sortir à tout prix. Deux issues pouvaient être ouvertes : l'une par la légalité, l'autre par la nécessité. La légalité, c'était la révision ; la nécessité, c'était le coup d'État.

Quand il a été bien démontré que la porte de salut, fermée à triple verrou par la main des partis, ne pouvait plus s'ouvrir, Louis-Napoléon, se redressant tout à coup dans la force de son nom et de son droit, l'a résolûment brisée, et il a fait le Deux décembre.

LE DEUX DÉCEMBRE.

I.

Les causes générales du DEUX DÉCEMBRE ont été suffisamment étudiées dans le tableau que je viens de tracer en montrant Louis-Napoléon aux prises avec les agressions des partis et les impossibilités d'une constitution dont ils avaient fait leur citadelle. Il me reste encore à en caractériser les causes immédiates. Je vais devancer l'histoire, sans avoir toutefois la prétention de remplir sa tâche. L'histoire a besoin de se recueillir longtemps avant de juger de tels événements. Ce n'est qu'en les voyant à distance qu'elle peut les voir dans leur vérité. Je n'ai donc pas le ridicule orgueil de me poser comme l'interprète de son infaillible justice. Je ne suis qu'un témoin devant elle. Je raconte ce que j'ai vu, ce que j'ai ressenti et ce que j'ai pensé.

La France approchait de 1852. Elle en approchait comme d'un abîme. Chaque jour de moins que la marche du temps mettait entre elle et cette date était une terreur de plus. Elle n'avait en perspective que la guerre civile. Les partis, au lieu de s'élever au sentiment du patriotisme, s'enveloppaient dans leur égoïsme. Chacun d'eux voulait faire sortir son propre triomphe de cette crise de la patrie et de la société. Tous plaçaient leur confiance dans l'inquiétude publique. Il semblait que le pouvoir ne fût plus qu'un moribond, prêt à rendre le dernier soupir, et dont les héritiers avides allaient se disputer la fortune.

Cet état du pays, cette compétition ardente des partis, cette confusion d'idées, cette imprévoyance complète de l'avenir se retrouvaient fidèlement dans l'assemblée législative, qui en était l'image. Divisée par des passions plutôt que par des opinions, cette assemblée avait fini par dégénérer en une véritable arène de guerre civile. Ses discussions n'étaient plus que des orages et des scandales. Elles préludaient à l'insurrection générale qui pouvait bientôt incendier la France.

Le président de la république, qui n'avait voulu être l'instrument de personne, devenait un obstacle pour tous. C'est lui d'abord qu'il fallait renverser. La lutte, longtemps contenue, allait enfin éclater. La majorité parlementaire, que la crainte du socialisme avait rapprochée de l'élu du 10 décembre, rompait avec lui, se redressait contre lui, le menaçait ouvertement, et créait ainsi une situation révolutionnaire qui ne pouvait se dénouer que par une révolution.

Placé entre la minorité socialiste et la majorité monarchique, Louis-Napoléon n'avait qu'un refuge. Ce refuge, c'était la France. La loi du 31 mai l'en séparait. Abroger cette loi par un vote ou la briser par un coup d'État, telle était l'alternative qui s'offrait à lui. Il choisit la première.

M. Léon Faucher, ministre capable, homme de courage et de dévouement, mais que ses habitudes et son excès de personnalité retenaient au régime parlementaire, ne pouvait ni comprendre ni accepter les nécessités de cette solution. Il avait été le rapporteur de la loi du 31 mai. Cette loi était son drapeau. Elle tombait, et il tombait avec elle.

Au moment même où le rapporteur de la loi du suffrage restreint sortait du palais de Saint-Cloud, le rapporteur de la loi du suffrage universel y entrait à son tour. M. Billault était appelé par Louis-Napoléon pour succéder à M. Léon Faucher. Dans les négociations qui eurent lieu, la question fut nettement posée. Le président de la république était bien décidé à échapper aux partis par un appel à la France. Cet appel, il le voulait par la loi d'abord; mais si l'assemblée lui en refusait les moyens, il était décidé à le lui imposer par la force.

M. Billault était l'homme de la première phase de cette situation, de celle qui devait épuiser les moyens pacifiques. Orateur éloquent, plein de ressources, habitué à manier les assemblées, les périls de la campagne qui lui était proposée ne l'effrayaient pas. Son patriotisme le poussait. Sa prudence le retint. Pour rendre la conciliation plus certaine, il demanda dans les rangs de la majorité des concours qui lui furent refusés. M. Billault comprit l'importance de ne pas laisser de prétexte à la résistance des partis. Il ne voulut pas être un obstacle à une solution pacifique qu'il désirait sincèrement, et il s'effaça avec une noble abnégation.

C'est alors qu'un ministère pris tout entier dans les

sympathies sinon dans les rangs de la majorité, vint proposer le rappel de la loi du 31 mai.

Ce ministère était une situation.

II.

Le président de la république proposait loyalement à l'assemblée l'arbitrage du pays. L'assemblée le refusa.

Les conséquences de ce refus devaient se précipiter rapidement pour aboutir à un coup d'État. Que se passe-t-il en effet dès le lendemain du vote qui repoussait le rétablissement du suffrage universel?

Après avoir refusé au pouvoir exécutif qui le proposait, à la nation qui l'attendait, et à la nécessité qui l'imposait, le rappel de la loi du 31 mai, les chefs de la majorité, sentant leur faiblesse et leur impuissance, en sont réduits à s'appuyer sur les mesures extrêmes et à se retrancher derrière un corps de garde. Ayant abdiqué toute force morale, ils invoquent la force brutale. Ils n'ont plus d'autre refuge que la guerre civile, et ils inventent la proposition des questeurs.

La proposition des questeurs n'était pas un acte défensif, mais offensif. Elle n'était autre chose que la mise en état de siége du pouvoir exécutif par le pouvoir législatif.

Un jour, Philippe II, roi d'Espagne, avait imaginé une mesure extrêmement impopulaire, qui devait soulever contre lui l'opinion. Le bouffon de sa cour, le seul homme peut-être qui osât être sincère, dit à ce monarque : « Sire, que fera Votre Majesté, si, lors-qu'elle vous dit *oui*, le peuple dit *non*?

— Ce que je ferai, répondit le roi, je combattrai. »

Ce trait d'histoire me revient à l'esprit au souvenir de l'attitude de l'assemblée législative. Comme le roi d'Espagne, cette majorité s'obstinait contre l'équité et la nécessité. Elle disait *non* quand la France disait *oui*. Aussi s'apprêtait-elle à combattre.

Heureusement elle n'a pas combattu, et elle a été vaincue. L'ordre légal y a succombé sans doute, mais l'ordre social a été sauvé. Nous savons par de tristes et grandes expériences à quels abîmes un pays peut se trouver entraîné par l'omnipotence des assemblées. L'histoire est comme le globe, elle tourne sur elle-même; elle obéit à des lois générales et à des règles invariables; elle présente les mêmes phénomènes en regard des mêmes principes et des mêmes ambitions. Elle n'est que l'effigie du cœur humain.

En Angleterre, sous le règne de Charles Iᵉʳ, le parle-ment voulant aussi établir sa dictature, ne prépara que sa déchéance. Le roi avait pour se défendre ses fidèles cavaliers, champions frénétiques de la prérogative sans contrôle. Le comte d'Essex était à la tête du parlement. Aussi pendant que Charles Iᵉʳ s'affaiblissait et que le parti constituant s'usait lui-même, un homme astu-cieux se tenait dans l'ombre, se servant habilement des vues et des passions opposées. Cet homme, c'était Cromwell.

Et quand le parlement eut tout livré à cet ambi-tieux, quand il eut abdiqué sa propre dictature dans la dictature personnelle du protecteur; quand il eut sacrifié Strafford et Charles I lui-même; quand il eut tout accepté, tout osé et tout subi, même la dégradation morale, Cromwell se redressant tout à coup par l'audace et par le mépris au-dessus de ceux qui avaient été ses complices et dont il était le maître, les chassa ignominieusement, et désignant quelques-uns des membres présents, il les apostropha ainsi : « Toi, tu es un ivrogne; — toi, un débauché; — toi, un voleur; — toi, un adultère. » Tout se dispersa sous ces anathèmes. Le dictateur montrant la masse d'armes, signe de la souveraineté du parlement, dit aux soldats : « Emportez ce jouet. » Puis, fermant les portes de Westminster, il mit les clefs dans ses poches. Le lendemain on trouva sur la porte un écriteau portant ces mots : *Chambre meublée à louer.*

Telle est l'histoire! Voilà comment se comportent les dictateurs qui se servent de la tribune comme d'un pavois! Voilà où en viennent les assemblées qui sortent de leurs droits pour s'abandonner à leurs caprices ou à leurs passions! Elles se croient bien fortes quand elles triomphent; mais leurs victoires ne sont qu'éphémères; elles ne s'élèvent au-dessus du droit que pour retomber, au-dessous des ambitieux qu'elles grandissent, dans la déchéance de leur dignité et dans le mépris de l'histoire.

L'assemblée courait le risque de trouver un Cromwell pour l'opprimer et la dégrader. Elle a trouvé un Bonaparte qui l'a vaincue, mais qui a sauvé la France.

III.

Quand la conciliation devint impossible entre les deux pouvoirs et la guerre inévitable, le coup d'État devint nécessaire et légitime.

La maison brûlait. Fallait-il craindre de briser les portes pour échapper aux flammes? En prononçant la dissolution de l'assemblée pour ouvrir à la société une issue libératrice, Louis-Napoléon n'a pas fait autre chose. Il a violé la constitution. Il a sauvé la société.

Le pays l'a absous dans sa souveraineté. L'histoire, qui pèse tout, les intentions et les actes, dans la balance de son infaillible justice, ne pourrait pas le condamner sans flétrir la nation qui, après l'avoir reconnu comme son libérateur, vient de le glorifier en l'élevant à l'empire.

Le 2 décembre 1851, Paris se réveilla dans la surprise et l'émotion d'événements immenses. A tous les coins de rues, une page d'histoire, improvisée comme par enchantement, dans l'action d'un drame mystérieux, apparaissait à tous les regards, sous la forme d'affiches, annonçant que l'assemblée était dissoute, que le suffrage universel était rétabli et que la France était convoquée le 20 décembre dans ses comices pour voter sur l'établissement d'un nouveau gouvernement.

La foule passait et repassait devant ces affiches sur lesquelles personne ne veillait et que tout le monde respectait. En quelques heures, dans le secret le plus impénétrable, par l'initiative d'un seul homme, une révolution s'était accomplie. L'aspect de Paris n'avait rien de menaçant, mais il avait cependant quelque chose d'effaré, d'étrange et de vague qui ne peut pas se définir. Ce n'était pas la colère, et ce n'était pas le calme. Ce n'était pas la protestation, et ce n'était pas l'adhésion. On se sentait soulagé, et on ne se sentait pas rassuré. 1852 disparaissait comme le nuage qui porte la foudre disparaît dans le coup de tonnerre qui vient d'éclater. Tout un monde d'inconnu allait se trouver enfermé dans ce jour de crise et d'anxiété. Le port n'était plus qu'à quelques pas, mais avant d'y jeter l'ancre, il fallait traverser la vague qui s'élevait menaçante et terrible et qui pouvait tout submerger.

Ce sentiment de vague anxiété est celui qui succéda presque aussitôt à la surprise causée d'abord par la nouvelle du coup d'État. Quelle attitude allaient prendre les représentants, déchus de leur mandat? Les faubourgs s'insurgeraient-ils? Les départements se soumettraient-ils? L'armée hésiterait-elle entre la constitution et la discipline? On s'interrogeait sur tous ces problèmes qui laissaient sur toutes les âmes un poids d'incertitudes et d'inquiétudes. On regardait; on écoutait. Les impressions étaient si mêlées, les sentiments étaient si divers, qu'il n'y avait nulle part ni parti pris, ni décision, ni direction. Il semblait qu'on attendît tout du hasard, et qu'à cette journée suprême il n'y eût d'autre lendemain possible que celui qui serait donné par Dieu.

IV.

Longtemps avant que le coup d'État se fût accompli, ce mot de l'histoire avait retenti dans l'opinion comme le coup de tocsin de la constitution menacée et de la république en péril. Louis-Napoléon ne désirait pas l'inscrire dans sa vie; il savait que de pareilles extrémités ne peuvent être justifiées que par des situations désespérées. Il était résolu à n'y recourir qu'après avoir épuisé tous les moyens de conciliation, lorsqu'il n'aurait plus à choisir qu'entre son serment à la constitution et son devoir envers la France. Les responsabilités suprêmes ne l'effrayaient pas, mais ne l'attiraient pas non plus. Incapable de devancer l'heure de la nécessité, il aurait préféré mourir que de la laisser passer sans accomplir toutes les promesses de sa destinée. Son serment l'aurait retenu, si sa conscience ne l'avait affranchi et si sa mission ne l'avait entraîné. Il s'exposait à tomber sous les insultes des partis, et à périr sous les pieds de l'anarchie, pour la gloire de triompher comme un libérateur.

Jusqu'alors son patriotisme et sa raison avaient dédaigné tous les à-propos qui auraient pu séduire son ambition et hâter sa fortune. Plusieurs fois les circonstances, les luttes et les intrigues des partis, les tentatives de guerre civile et d'anarchie avaient mis la dictature à la portée de sa main, et il l'avait repoussée. La violence lui répugnait. Il comprenait qu'en politique il n'est permis de combattre qu'après avoir essayé de pacifier. Il eût été heureux de marcher avec l'assemblée, et il ne voulait marcher sans elle que si elle s'obstinait à ne pas le suivre.

Au mois de novembre 1851, l'illusion de la conciliation n'était plus possible. La France se trouvait placée entre un 10 août et un 18 brumaire. Louis-Napoléon le comprit, et il accepta sans hésitation la nécessité du coup d'État, qui n'était jamais entré dans ses combinaisons que comme une éventualité.

Cette résolution suprême arrêtée, Louis-Napoléon jeta les yeux autour de lui pour choisir des auxiliaires capables de se dévouer comme lui et de comprendre la grandeur de l'acte, sans s'effrayer de ses responsabilités et de ses périls. L'histoire le croira à peine : il a suffi de sa volonté, de son initiative, de son audace et du concours de quatre ou cinq de ses partisans pour changer en quelques heures la face de la France et du monde. Voyez-vous ces quelques hommes réunis, pendant la nuit du 1er au 2 décembre, dans un salon du palais de l'Élysée ! Ils sont calmes, résolus, sans peur et sans remords. Ils ne conspirent pas, car ils n'ont pas de conjurés qui attendent le mot d'ordre. Quelques heures à peine les séparent de l'acte qu'ils méditent, et cet acte qui va se développer sur une scène immense n'est connu que d'eux seuls. Ils n'ont demandé de gages à personne. Ils n'ont intéressé à leur succès ni les cupidités, ni les ambitions. Ils n'ont compté que sur le droit du salut social dont ils vont tirer l'épée. Oui, ils ne sont que cinq ou six, et ce petit groupe, en se mettant en action, va peut-être changer les destinées d'un siècle et d'un peuple !

Est-ce donc là une conspiration? Est-ce donc là même
une révolution? Non. Les conspirations et les révolutions se font par d'autres procédés. Ne sondons pas ce
qui ne peut pas être sondé, et reconnaissons dans l'acte
du 2 décembre un de ces faits que la raison peut approuver ou blâmer, mais qu'elle est en même temps tenue
d'accepter comme l'une des manifestations les plus
imposantes de cette force supérieure qui renverse parfois les partis et les institutions, et qui entraîne les
sociétés, par des voies que la sagesse humaine n'avait
ni prévues ni entrevues, au but que Dieu leur assigne.

V.

Le coup d'État du 2 décembre donna lieu à une
double résistance, dont l'une fut impuissante et dont
l'autre fut sanglante. Je me garderai bien d'en confondre le sentiment et la responsabilité. Je ne confon-
drai pas les représentants qui, réunis à la mairie du
dixième arrondissement, croyaient devoir à leur dignité et à leur responsabilité une protestation sans
espérance, avec les conspirateurs et les démagogues
qui, à Paris et dans les départements, ramassèrent la
constitution mutilée pour en faire le drapeau du socialisme et de la barbarie.

La constitution de 1848 était condamnée avant d'être
renversée. Tous les partis l'invoquaient et tous la repoussaient. Aussi n'a-t-elle eu pour la venger que la
protestation des représentants réunis à la mairie du
dixième arrondissement. Ceux qui ont combattu ne

combattaient pas pour elle. Ils n'étaient pas les soldats de la loi, mais de l'anarchie, qui est le renversement de toutes les lois.

Que serait-il arrivé, je le demande, si Louis-Napoléon avait succombé le 2 décembre au lieu de réussir? Est-ce que par hasard la constitution qu'il avait brisée n'en aurait pas été moins détruite?

L'insurrection triomphante n'aurait pas ouvert les portes du palais Bourbon à l'assemblée. Elle aurait ouvert à la démagogie les portes du club des Jacobins.

Quant à la constitution, aucune main n'aurait eu la puissance d'en coudre les lambeaux. On venge quelquefois une constitution violée; on ne la rétablit jamais.

C'est au nom de la constitution de 1791 que les girondins avaient provoqué secrètement la journée du 10 août. Le lendemain les montagnards écrivirent avec la plume de Saint-Just et de Robespierre la constitution de 1793.

C'est au nom de la constitution de 1793 que les sections de Paris engagèrent la lutte le 13 vendémiaire contre la convention nationale. Barras et Bonaparte défendent la convention et préparent à coups de canon l'avénement de la constitution de 1795.

C'est au nom de la constitution de 1795 que le directoire fit le 18 fructidor. Bientôt après le 18 brumaire éclate, et la constitution du 22 frimaire installe le consulat et annonce l'empire.

N'est-ce pas aussi au nom de la charte de 1814 que s'est accomplie la révolution de juillet? On criait *vive la charte!* sur les barricades, et le premier résultat de la victoire était de la détruire et de la remplacer par celle de 1830.

En 1848, ce fut la même chose. C'est au nom de la charte de 1830 que l'opposition écrivait le fameux acte d'accusation qui devait être l'arrêt de mort d'une dynastie. Trois jours après, la république était proclamée.

Voilà ce qui advient des constitutions quand on les déchire; leurs défenseurs eux-mêmes ne les vengent que pour les anéantir.

Ainsi, de cette double résistance que devait soulever l'acte du 2 décembre, l'une, la résistance légale, était impuissante; l'autre, la résistance sanglante, était odieuse et sauvage. Mais si la seconde avait pu se combiner avec la première, le péril devenait imminent; le coup d'État était manqué, et l'anarchie triomphait avec la dictature populaire ou parlementaire : c'est cette combinaison qu'il fallait empêcher à tout prix.

L'énergie et le dévouement des hommes que Louis-Napoléon avait choisis pour auxiliaires prévinrent ce danger. M. de Morny, au ministère de l'intérieur; M. de Saint-Arnaud, au ministère de la guerre; M. de Maupas, à la préfecture de police; M. le maréchal Magnan, à la tête de l'armée, communiquèrent l'élan, la confiance et l'intrépidité qui les animaient à tous ceux dont le concours était nécessaire. Il n'y eut ni une hésitation ni une faiblesse. Les mesures, prises avec une merveilleuse prévoyance, furent exécutées avec une précision sans exemple. Le coup d'État répondait si bien à l'instinct du pays, que, sans réflexion, sans calcul, on se dévouait à son succès, et que, à l'in-

stant même, malgré les responsabilités les plus graves,
il trouvait des milliers de complices pour l'accepter et
pour le défendre.

VI.

L'assemblée législative eut le sentiment de son impuissance dès qu'elle connut sa déchéance. Toutefois
elle crut devoir à sa dignité de ne pas tomber sans protester. Les représentants du peuple essayèrent de se
réunir sur divers points. La réunion de la mairie du
dixième arrondissement, qui fut la seule importante et
significative, peut être considérée comme le dernier
acte du régime parlementaire.

On sait ce qui arriva : deux cents représentants en-
viron, appartenant pour la plupart à la majorité, s'é-
taient ralliés à la mairie du dixième arrondissement,
sous la présidence de M. Benoist d'Azy. Quant à M. Dupin, il s'était considéré comme prisonnier dans son
palais. A ce moment suprême, ce n'est pas le courage
qui lui manquât, comme on l'a dit; l'homme qui pendant deux ans avait fait du fauteuil de la présidence
législative un poste de lutte et de défense de tous les
intérêts de l'ordre et de la société contre les tempêtes
de la montagne ne pouvait défaillir. Ce qui manqua à
M. Dupin, c'est la conviction du devoir qu'il avait à
remplir; il ne fut pas effrayé, mais troublé; hésitant
entre le salut social et l'honneur parlementaire, il se
croisa les bras, et laissa passer les événements. Une
délibération suprême s'était ouverte au milieu des
émotions les plus vives. On avait voté la déchéance

6

du président. On avait investi le général Oudinot
du commandement des troupes. M. Berryer, qui avait
refusé son vote et sa parole éloquente au suffrage
universel, venait de le proclamer par une fenêtre devant le peuple, qui avait dit : Il est trop tard ! Tout à
coup on annonce l'arrivée de la troupe. Cette assemblée, déjà mutilée et déchue, se drape majestueuse-
ment dans son droit.

« Messieurs, s'écrie le président, songez que l'Europe vous regarde et que la postérité vous jugera. » Un
caporal se présente : on lui oppose la constitution. Un
officier arrive : on lui lit l'article 68 de la constitution. Mais la discipline, qui est la loi des soldats, leur
dit d'obéir et de marcher. Les représentants sont arrê-
tés, placés entre une double haie et conduits ainsi jusqu'à la caserne du quai d'Orsay, à travers les populations plus curieuses qu'émues.

Voilà comment a fini la souveraineté parlementaire
en France ! Ce régime, qui a fait tant de révolutions,
ébranlé tant de gouvernements, renversé deux dynasties, qui a eu aussi sa grandeur et sa gloire, et qui
aurait pu vivre peut-être, s'il avait su se modérer par
patriotisme, au lieu de s'exagérer par orgueil, ce régime
disparaissait devant la consigne d'un caporal et le commandement d'un simple officier. Soixante ans plus tôt,
il entrait en maître dans la salle du jeu de paume. Le
2 décembre, il entrait en prisonnier dans une caserne. Louis-Napoléon vengeait Louis XVI, et réhabilitait
l'autorité, sur les ruines de laquelle la révolution avait
dressé sa tribune pour exalter et entraîner les peuples.

VII.

Sans doute ce fut un tableau pénible que celui de ces deux cents représentants faits prisonniers par une compagnie de voltigeurs, enfermés dans une caserne, et emmenés au mont Valérien dans des voitures cellulaires. Des hommes illustres, des généraux, des orateurs, des jurisconsultes qui n'avaient jamais servi leur pays qu'avec noblesse, quelques-uns avec éclat, étaient traités comme des factieux ! Le tort n'en est à personne qu'à la fatalité des événements qui avaient amené ce dénoûment. Les représentants du régime parlementaire obéissaient à leur honneur en protestant. Louis-Napoléon suivait sa destinée et remplissait sa mission en détruisant tous les obstacles du salut social. D'un côté, il y avait des vaincus qui succombaient avec dignité ; de l'autre, il y avait un libérateur qui triomphait par l'audace, par le calme et par l'inflexibilité.

Les représentants qui protestaient savaient d'avance que leur protestation serait impuissante ; si elle avait dû être efficace, ils auraient hésité peut-être. Ils allaient à la mairie du dixième arrondissement, non pour venger une opinion, mais pour sauvegarder leur honneur. C'était la place la plus honorable pour ceux qui n'étaient pas avec l'Élysée. M. le comte de Morny, dont la noble nature comprend tout ce qui est loyal et généreux, le reconnaissait lui-même en donnant l'ordre de leur arrestation. Il disait un jour devant l'auteur de ce livre : « Si l'honneur et le patriotisme n'avaient pas marqué ma place dans la responsabilité du coup d'État,

6.

j'aurais fait comme mes collègues, et pour la dignité de mon mandat, je serais allé à la mairie du dixième arrondissement. »

Pendant que tout ce drame se déroulait dans l'ordre précis de sa mise en scène, Louis-Napoléon ne laissait voir ni une émotion ni une anxiété. La veille du coup d'État, il y avait eu réception à l'Élysée. Jamais le prince ne s'était montré plus calme et plus bienveillant. Retiré de bonne heure dans ses appartements, il lui avait suffi de quelques minutes et de quelques mots dits à ses intrépides et dévoués auxiliaires pour tout résumer. Puis il s'était endormi aussi confiant qu'il l'était la veille de Strasbourg et de Boulogne, sans se demander même si cette nuit le séparait d'un triomphe ou d'une catastrophe.

Le lendemain, pendant les préparatifs de la journée et aussi longtemps que dura l'incertitude ou la lutte, il ne se démentit pas. Quoiqu'il ne doutât pas de la victoire, il n'avait qu'une préoccupation, prévenir la bataille par une attitude énergique, éviter l'effusion du sang par toutes les mesures préventives propres à décourager la résistance, en un mot, étouffer la guerre civile avant son explosion. Il aurait voulu qu'il n'y eût que des vaincus et non des victimes.

En isolant ainsi la résistance légale comme on le fit avec une prévoyance si énergique, et en l'empêchant de se relier à la résistance brutale et sanglante, on enlevait à celle-ci toute autorité. Elle ne pouvait plus se parer du drapeau de la constitution : il ne lui restait que le drapeau rouge de la démagogie.

VIII.

Aux nouvelles arrivées des départements, un mouvement unanime de douleur et d'indignation avait éclaté dans Paris. La jacquerie venait de lever son drapeau. Des bandes d'assassins parcouraient les campagnes, marchaient sur les villes, envahissaient les maisons particulières, pillaient, brûlaient, tuaient, laissant partout sur leur passage l'horreur des crimes abominables qui nous reportaient aux plus mauvais jours de la barbarie. Ce n'était plus du fanatisme comme il s'en trouve malheureusement dans les luttes de parti : c'était du cannibalisme tel que les imaginations les plus hardies auraient pu à peine le supposer. Heureusement, je puis le dire, il n'y avait rien de français dans ces effroyables carnages, car il n'y avait rien d'humain. Non! ce ne sont pas des hommes qui dégradent ainsi l'humanité dans l'opprobre de ces instincts féroces dont Dieu a fait un épouvantail pour toutes les créatures intelligentes et morales au sein de la création sortie de ses mains. De pareils hommes se ravalent au niveau des bêtes. La société ne les reconnaît plus parmi ses membres qui vivent de sa vie et de son esprit, et il n'est pas jusqu'à la nature qui ne les renie, comme une mère renie ses fils parricides!

Ces épouvantables crimes ne furent pas seulement un sujet de douleur et d'horreur pour toutes les âmes sans acception de parti. Ils furent aussi un sujet de réflexions bien sérieuses pour tous les esprits honnêtes; il n'y avait plus moyen de se le dissimuler : 1852 cachait

un abîme. Les événements qui éclatèrent tout à coup
montrèrent un coin de cet abîme terrible et profond
qui pouvait tout engloutir, république, famille, patrie,
société. Aux lueurs sinistres de ces torches qui allu-
maient les incendies, aux éclairs funèbres de ces fusil-
lades qui tuaient les soldats à leur poste, les citoyens
dans leur maison, les propriétaires dans leur salon, les
pères de famille sous les yeux de leurs femmes et de
leurs enfants, le regard mesurait avec effroi la grandeur du péril. Ce n'était pas la guerre civile qui nous
menaçait. La guerre civile est toujours un fléau sans
doute; mais au moins si elle fait pleurer l'humanité,
elle ne la fait pas rougir. Il peut y avoir de l'honneur
à mourir pour une idée, et si ceux qui meurent ainsi
sont des factieux devant les lois qui les condamnent,
ils sont aussi quelquefois des héros devant la postérité
qui les absout et qui les glorifie. Mais les cannibales
qui égorgent pour le plaisir d'égorger, et qui, au lieu
de combattre des ennemis, n'immolent que des victimes, ne sont que les sicaires de la guerre sociale. Ils
ne se battent pas, ils assassinent.

Ah! personne n'a confondu le peuple de France
avec ces bandes d'assassins. Ce n'est pas là le peuple,
ce n'en est que l'écume. Le peuple qui travaille et qui
par le travail arrive à la propriété; le peuple qui est à
ses charrues et à ses métiers; le peuple qui élève ses
enfants dans l'amour de la patrie et de Dieu, ce peuple
de soldats, d'ouvriers, de laboureurs, de citoyens et de
chrétiens, n'est pas solidaire de ces attentats; il les ré-
prouve, il les maudit et les méprise; il se lèverait au

besoin tout entier pour les punir et pour en étouffer l'essor dans l'étreinte irrésistible de son patriotisme et de son dévouement. En un mot, il ne menace pas la société, il la protège.

Mais si ce peuple presque unanime, que j'ai toujours aimé, honoré, défendu, et que je regarde comme la force du pays, soit qu'il laboure son champ ou qu'il combatte à la frontière, si ce peuple fut innocent de ces instincts horribles et de ces crimes plus horribles encore, il est malheureusement vrai qu'à côté de lui, au milieu de lui, vivait une faction infatigable, implacable, pour qui la république ne fut qu'un faux masque, sous lequel se cachèrent toutes les immoralités, toutes les cupidités, toutes les passions honteuses, toutes les dégradations hideuses, toutes les haines de la jalousie et de l'ambition. Cette faction, tout le monde la connaît, elle s'appelle la démagogie.

IX.

Savez-vous ce qui a compromis la démocratie? c'est la démagogie. La république a eu un grand malheur! au lieu de s'appartenir et de se montrer au pays dans la vérité de ses principes, dans la puissance conservatrice et sociale de son droit, elle s'est livrée à des entraînements déplorables, et elle a glissé des mains des hommes qui l'avaient contenue, modérée, purifiée, dans celles des hommes qui l'ont exagérée, dénaturée, défigurée aux yeux d'une partie du pays; la république est devenue le socialisme. Voilà ce qui l'a compromise et ce qui l'a perdue!

Alors en face de la démagogie turbulente et violente
qui voulait tout perdre, se forma la ligue des vieux
partis absolus et inflexibles qui ne voulaient rien céder.
Il en est résulté cette situation terrible de tous les jours,
situation de révolution et non de gouvernement, qui
faisait de la constitution un vain mot, et qui nous conduisait tout simplement à l'impossible. Oui, pour tous
ceux qui voyaient les choses de sang-froid, il était évident que le gouvernement se trouvait enfermé dans une
impossibilité. Ballotté par toutes les vagues qui s'élevaient, à demi couché par la tempête, comme un vaisseau qui a perdu ses mâts et ses voiles, il allait heurter
à quelque écueil dans l'ombre de l'inconnu. La guerre
sociale allait inévitablement sortir de ces compétitions
d'hommes, de ces luttes d'ambition et de coteries, de
ces défaillances de conscience, de ces impatiences de
pouvoir et de fortune. Le socialisme brutal, minorité
infime, mais audacieuse et capable de recourir à tous
les moyens, était prêt à tout oser. Le détroit de 1852
pouvait nous conduire à son triomphe passager dans le
sang et sur les ruines de la France et de la civilisation.

Un jour, le président de la république invoque hardiment la souveraineté du peuple, et en appelle d'une
loi impossible au droit absolu. Tous les partis sont
ligués contre lui et se font un bouclier de la légalité.
Mais Louis-Napoléon n'en réussit que plus sûrement.
Il réussit par deux motifs qui sont ceux-ci : répulsion
du peuple pour la guerre civile des partis, et répulsion
de tout le monde pour la guerre sociale.

Quiconque a vu de près toutes les circonstances de

ce grand événement peut en témoigner : le 2 décembre, lorsque l'Assemblée fut dissoute et la constitution détruite, il y eut une grande incertitude dans les esprits et un grand trouble dans les consciences. Tout le monde ne comprit pas la portée du coup d'État. Le 6 décembre, quand on reçut à Paris les premiers bulletins de la jacquerie, l'initiative de Louis-Napoléon était déjà absoute par le sentiment public. Il devenait évident pour tous que le neveu de l'Empereur avait été l'instrument providentiel d'un acte de salut social, et qu'il s'était élevé par sa sagesse et par son génie au-dessus de la logique vulgaire, jusqu'à cette logique supérieure qui déconcerte les combinaisons humaines les plus savantes et qui ramène les peuples, à travers les orages et les crises, aux conditions véritables de leur grandeur.

Le jour où la guerre sociale éclatait sur divers points du territoire, elle devait trouver devant elle, pour la combattre, la fédération du pays tout entier. Républicains, orléanistes, légitimistes, bonapartistes, tous étaient solidaires dans cet intérêt suprême. On pillait, on assassinait, on invoquait la vengeance, la haine et le désespoir, ces dieux infernaux de la démagogie ; il n'y avait plus qu'à se défendre en invoquant le droit et la justice, ces dieux éternels d'une démocratie qui ne voulait pas se flétrir et d'une nation qui ne voulait pas périr.

En résumé, si le coup d'État du 2 décembre n'avait été que la tentative d'une ambition personnelle, il eût échoué certainement ; dans tous les cas, s'il avait réussi par hasard, ce succès éphémère eût été répudié par l'opinion et par l'histoire. Mais il a été la ressource extrême du salut de la société, et c'est ce qui l'absout et le justifie. LE DEUX DÉCEMBRE, dans l'enchaînement des faits que nous venons d'exposer et de caractériser, a été la conséquence fatale d'une situation que le président de la république n'avait pas faite et qu'il a subie. La démagogie l'avait rendu malheureusement nécessaire. Le coup d'État a foudroyé le socialisme qui menaçait de nous engloutir. Du 10 août, auquel nous touchions, nous avons sauté d'un seul élan, par-dessus 93, jusqu'au 18 brumaire. Il pouvait sortir de cette crise une dictature; il en est sorti un gouvernement! L'avenir commence pour le second empire français. Un jour peut-être, quand il sera permis de le juger, nous écrirons son histoire. Nos lecteurs nous permettront ce vœu en terminant cette étude. Nous ne connaissons pas de plus noble ambition que celle de raconter avec impartialité les événements d'un règne glorieux, et d'être le témoin de la grandeur de son siècle devant la postérité.

L'EMPEREUR NICOLAS Iᵉʳ.

I.

Ce serait mal comprendre le sens véritable de l'histoire des peuples que de ne pas reconnaître les analogies morales qui existent entre une nation et la dynastie qui la gouverne. Une race d'empereurs ou de rois est nécessairement le type des mœurs, des habitudes, des sentiments, du caractère de la nation dont elle est sortie, et dont elle est pour ainsi dire l'image couronnée au sommet de son organisation sociale. Ce que les Césars furent pour Rome conquérante, ce que les Capétiens furent pour la France aristocratique et féodale, ce que les Stuarts furent pour l'Angleterre chevaleresque et catholique, ce que les Habsbourg furent pour l'Allemagne, les Romanoff le furent pour la Russie. Pierre le Grand sortit de cette barbarie déjà altérée et mêlée d'esprit chrétien, et qui, par ce mélange de slavisme et de christianisme, produisit quelque chose de nouveau et de singulièrement viril dans la société européenne déjà vieillie. Ce n'était déjà plus ' barbarie, ce n'était pas encore la civilisation. La vie politique et religieuse venait de se manifester tout à coup dans un immense empire, ramené à l'unité par un homme de génie, et la vie sociale n'y existait pas. L'autorité s'y était constituée, et les notions les plus élémentaires du droit y étaient inconnues. Cet empire de soixante millions d'hommes surgissait comme il devait vivre, dans la volonté d'un chef en qui s'incarnait non-seulement le pouvoir politique et social, mais encore le dogme invariable et sacré. Dans ce vaste État, le plus vaste du globe, toutes les forces se tenaient, s'enchaînaient sans lien apparent, sans hiérarchie légale, et aboutissaient à une dictature qui les dirigeait sans effort et sans contrainte. L'obéissance était le premier devoir des sujets, et le commandement le droit absolu du souverain; en un mot, le czar, avec cette omnipotence sans contrôle et sans contre-poids, avec cette autorité sans limites, n'était pas seulement empereur; il était le maître des hommes, l'arbitre des familles, le juge suprême des intérêts et des droits, le pontife des âmes. Pour que la Russie, avec de telles conditions, s'élevât si vite à un rôle si considérable dans le mouvement européen, il fallait des règnes aussi glorieux que ceux qui lui ont été donnés par sa fortune en moins d'un siècle et demi. Il fallait un fondateur comme Pierre Ier, des successeurs comme Catherine II, Alexandre et Nicolas. Ce peuple ne pouvait prendre sa place dans la civilisation moderne qu'en se livrant au génie de la race énergique et vigoureuse qui le conduisait, et qu'en marchant comme une légion sous le sceptre de ses czars.

Cette race, dont le rôle historique et le caractère moral n'apparaissent qu'au commencement du dix-huitième siècle, avec le règne de Pierre le Grand, semblait

avoir été façonnée par la Providence sur le modèle
même de la nation qui devait se résumer en elle. A
cent ans de distance, Pierre et Nicolas en furent peut-
être les types les plus accomplis. Mélange de profondeur et de force, de superstition et de génie, de fermeté
et de grâce, de prudence et d'audace, de calcul et
d'entraînement, de rudesse moscovite et de finesse
grecque, cette race avait dans sa nature même, dans
sa physionomie imposante, dans son esprit guerrier,
dans son activité fiévreuse, et jusque dans ses proportions gigantesques, quelque chose qui annonçait la
domination. En voyant les princes qui l'ont le plus
exactement personnifiée dans l'histoire, on ne reconnaissait pas seulement des souverains nés pour régner,
on reconnaissait, avant tout, des maîtres faits pour
commander.

II.

Le jour où Pierre le Grand jetait les premiers fon-
dements d'une forteresse à l'embouchure de la Néva,
et marquait ainsi la place de la capitale qui devait
s'appeler Pétersbourg, il n'élevait pas seulement une
défense pour protéger son empire contre les rivalités
de Charles XII; sa prévoyance allait plus loin, et mesurait déjà, à travers l'espace et le temps, l'immense
perspective qu'un océan ouvrait à son ambition. Fonder une marine, créer des ports, construire des vaisseaux, former des matelots, ouvrir des chemins sur
toutes les mers, devint la préoccupation la plus ardente
de ce souverain. On vit alors un empereur se faire

charpentier, manier lui-même la hache et le compas, et apprendre à construire un navire. Le charpentier de Saardam était tout simplement l'ouvrier sublime de la puissance maritime d'un pays qui, aspirant à dominer le monde, comprenait instinctivement que la mer était marquée comme le champ de bataille des luttes d'influence, d'équilibre et de suprématie entre les peuples.

L'empereur Nicolas recevait l'empire des mains de ses prédécesseurs, avec tous les agrandissements que son glorieux ancêtre avait rêvés. Pierre le Grand ne s'était pas borné à fonder un État, à bâtir une capitale, à organiser une armée, une marine, une police, à développer le commerce, les arts, les sciences; il avait conquis à la Russie six provinces nouvelles et trois mers; il avait vaincu Charles XII, humilié la Suède, subjugué l'Allemagne, étonné le monde. Catherine II avait emporté la meilleure part de la Pologne, mutilé et enfermé dans les limites de la Russie le Caucase, la Géorgie, la Crimée, le Borysthène, et jeté ses vaisseaux dans la mer Noire en leur montrant le chemin de Byzance. Alexandre, succédant à Paul Iᵉʳ, dont le règne, rempli d'intrigues et d'agitations, s'était éteint dans une convulsion mystérieuse et sanglante, Alexandre avait lutté contre Napoléon, rallié et dirigé la dernière coalition, formé la sainte alliance, subordonné les États du Nord, rattaché la Finlande, consolidé son omnipotence sur la mer Noire et la mer Caspienne par la cession définitive de la Géorgie et de quatre provinces persanes.

De toutes ces conquêtes, de tous ces lambeaux de

territoires et de nationalités arrachés à la Suède, à la Turquie, à la Perse, à la Pologne, s'était formée la Russie, avec ses continents et ses océans, unissant deux parties immenses de l'Europe et de l'Asie, servant de route entre la Perse et l'Inde, touchant à l'Allemagne par la Saxe et par les provinces de Moldo-Valachie, qui mettent les bouches danubiennes à la portée de la longueur de son épée; dominant la mer Noire par Sébastopol, et la Baltique par Cronstadt; ayant trois capitales : Varsovie, Moscou, Pétersbourg, comme des citadelles du haut desquelles elle semblait défier l'Europe; en un mot, la Russie, sans contrepoids, sans rivalité, s'avançant pas à pas vers les Dardanelles, pour en faire le Gibraltar de l'Orient contre l'Occident, tel était l'empire qui venait d'échoir à Nicolas après la mort de son frère, l'empereur Alexandre Iᵉʳ.

III.

Qu'est devenu cet imposant héritage dans les mains de l'empereur Nicolas? L'a-t-il bien gardé? Son règne a-t-il continué l'œuvre des czars ses prédécesseurs? A-t-il accompli pour sa part les volontés de Pierre Iᵉʳ? Quel sera le jugement de l'histoire sur cet homme qui a eu un rôle si considérable en Europe depuis trente ans, et sur cette destinée mêlée à toutes les agitations du siècle et à toutes les commotions du monde nouveau, tantôt pour les calmer, comme en 1831 et en 1848, tantôt pour les réveiller, comme dans les derniers jours de sa vie?

Il y a un mot très-flatteur sur l'empereur Nicolas, et que M. le comte de Custine attribue au comte de la Ferronnays, ambassadeur du roi Charles X à Saint-Pétersbourg au moment où le troisième fils de Paul Ier venait de monter sur le trône, après avoir vaincu une formidable insurrection militaire. M. de la Ferronnays avait été vivement impressionné de l'attitude du jeune empereur dans ce péril imminent; il avait trouvé en lui cette majesté du courage qui domine les masses, désarme les colères, ennoblit la lutte, et il s'était écrié : « Je viens de voir Pierre le Grand civilisé. »

Ce mot d'un jour d'enthousiasme n'était pas une flatterie, et il y avait une idée juste dans cette pompeuse métaphore. L'ambition russe, épurée par l'esprit politique, exaltée par le sentiment religieux, allait régner avec Nicolas. Ce prince, en effet, avait en lui toutes les qualités robustes de sa race. La nature, le sang, la tradition, l'éducation l'avaient fait dominateur. Sa taille gigantesque, sa tête orgueilleuse, les lignes droites et hardies de son visage, son regard sévère, froid et scrutateur, sa voix sonore et pleine, son geste de commandement; sa démarche ferme et rapide comme sa volonté, tout en lui révélait son rang, sa souveraineté, sa mission. En le voyant ainsi, calme, simple et fier, passer devant les ambassadeurs et les courtisans, ou parader sur le front des régiments, ou courir sur les routes de ses capitales, il semblait que le génie de la royauté, épuisé et vieilli dans certaines races d'Occident, eût retrouvé sa séve, son prestige et sa virilité dans la jeunesse d'un peuple nouveau né d'hier à la civilisation.

La domination était la nature de l'empereur Nicolas. Nous verrons plus tard que ce fut aussi toute sa politique. Chez lui ce besoin de commander, qui se confondait avec le devoir de gouverner, produisait une sorte d'inflexibilité de décision qui pouvait passer parfois pour de la dureté. En étudiant de près ce caractère, on était frappé d'une sorte de contraste étrange entre le souverain et l'homme. Le souverain était toujours solennel, souvent sévère, parfois impitoyable. L'homme était bon, simple, généreux. Dès qu'il avait dépouillé la majesté du rang suprême, il redevenait tout autre. Ses sentiments, contraints, gênés et dénaturés, débordaient alors dans les épanchements de la famille et de l'amitié. Ce maître puissant, habitué à être obéi, flatté, presque adoré, cherchait dans les tendresses du cœur quelque chose qu'il ne pouvait trouver dans l'encens de sa cour. Il avait pour l'impératrice une affection qui se traduisait par les soins les plus empressés et les plus minutieux. Si cette noble princesse, qui avait apporté à son trône tant de vertu et à sa vie tant de bonheur, était malade, c'était l'empereur qui veillait auprès d'elle avec la plus touchante affection. Ses enfants étaient de sa part l'objet de la tendresse la plus exaltée et la plus éclairée. Ainsi, l'habitude de dominer n'avait pu étouffer en lui le besoin d'aimer. Dans ce Slave si fier, si dur en apparence, il y avait comme un reflet de la générosité allemande. L'orgueil était plutôt dans son attitude et dans son rôle que dans sa nature; il repoussait la contradiction plus qu'il ne la détestait. Si on heurtait son opinion, le

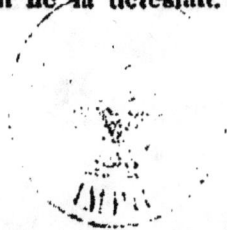

7

choc était terrible. Il se redressait aussitôt de toute la
hauteur de son pouvoir suprême ; il devenait impérieux, presque menaçant. Mais ce premier mouvement
passé, la raison revenait ; il lui arrivait même de se
montrer bienveillant et sympathique pour celui dont il
avait foudroyé d'abord la témérité, et dont il finissait
par reconnaître et honorer l'indépendance.

D'ailleurs, cet absolutisme, ennobli par le caractère
religieux, était moins un privilége qu'un devoir pour
l'empereur Nicolas. L'histoire dira que s'il l'a exagéré
parfois jusqu'à des responsabilités qui pèsent aujour-
d'hui sur sa mémoire, comme elles ont pesé sur sa
vie, jamais au moins il ne l'a abaissé, dégradé aux
proportions d'une tyrannie vulgaire et personnelle.
Nicolas fut un despote, et non un tyran. Il a exercé la
toute-puissance selon le génie de sa race et les habitudes de son peuple ; il a obéi à des mobiles nobles et
élevés ; en un mot, il a été grand, non peut-être dans
le sens général et philosophique du mot, mais de
cette grandeur historique qui se mesure aux mœurs,
aux nécessités, aux circonstances qui dominent la vie
d'un souverain.

D'ailleurs, disons-le ici, l'honneur de notre pays et
la dignité de notre plume ne nous auraient pas permis
d'entreprendre cette étude, si nous avions eu des vices
à flétrir dans un prince qui est mort notre ennemi,
presque sur le champ de bataille. C'est parce qu'il n'y
avait rien de vulgaire ni dans son caractère ni dans sa
conduite que nous pouvons être impartial pour sa
mémoire, sans trahir la magnanimité de la France

vis-à-vis d'un adversaire qu'elle doit honorer par cela seul qu'elle l'a combattu.

IV.

L'un des côtés les plus saillants du caractère que nous étudions, c'est la droiture. La volonté si nette, si arrêtée de l'empereur Nicolas, n'était de sa part que le résultat de la fermeté de sa conscience. Il n'était si absolu que parce qu'il était sincèrement honnête. Incapable de céder parce qu'il croyait impossible de se tromper, cette raideur tenait moins à l'orgueil de son pouvoir qu'à la bonne foi de son esprit. Son ambition elle-même était subordonnée à cette haute et inaltérable probité. Les circonstances de son avénement au trône en furent le témoignage aussi noble que frappant. On sait que Nicolas n'était l'héritier de son frère, l'empereur Alexandre, que par l'effet de la renonciation du grand-duc Constantin. La mort d'Alexandre avait été prompte, imprévue, presque subite. M. de Châteaubriand raconte qu'à cette heure de solennelle douleur, le grand-duc Nicolas assistait avec l'impératrice mère à un *Te Deum* chanté dans les églises de Saint-Pétersbourg, à l'occasion des bonnes nouvelles qu'un premier courrier venait d'apporter de Taganrog : « Le peuple pleurait, » dit M. de Châteaubriand, car Alexandre était adoré. » L'action de grâces n'était pas finie qu'un second » courrier apporta au grand-duc Nicolas la nouvelle » de la mort de son auguste frère. Nicolas, sorti pour » recevoir le courrier, rentra dans l'église, où tout le

» monde fut frappé de l'altération de son visage. Il
» n'osa parler; il ne dit qu'un mot au métropolitain :
» l'évêque s'avança vers l'impératrice mère en portant
» dans ses mains une croix couverte d'un voile noir.
» La mère comprit son malheur, et tomba sans con-
» naissance au verset du *Te Deum* interrompu. »

Cet événement fut une douleur immense non-seulement pour la Russie, mais pour l'Europe entière. Nous
ne résistons pas à reproduire ici la lettre que l'auguste
veuve de l'empereur Alexandre écrivait au pied de son
lit de mort. Quoique cette lettre soit en dehors de notre
cadre, elle sera lue encore avec l'émotion qui l'accueillit alors : « Maman, notre ange est au ciel, et moi
» je végète encore sur la terre. Qui aurait pensé que
» moi, faible, malade, je pourrais lui survivre? Ma-
» man, ne m'abandonnez pas, car je suis absolument
» seule dans ce monde de douleurs. Notre cher défunt
» a repris son air de bienveillance : son sourire me
» prouve qu'il est heureux, et qu'il voit des choses plus
» belles qu'ici-bas. Ma seule consolation, dans cette
» perte irréparable, est que je ne lui survivrai pas. J'ai
» l'espérance de m'unir bientôt à lui. »

Il était difficile de succéder à un prince qui inspirait
de tels regrets après avoir mérité de telles affections.
Le grand-duc Nicolas, abîmé dans sa douleur, ne sentit
pas son ambition. Plus scrupuleux qu'impatient, son
premier acte, après la mort de son frère, fut la reconnaissance des droits de Constantin. Le sénat reçut son
serment; mais, à la même heure, il ouvrit un manifeste
scellé de l'empereur Alexandre, auquel étaient jointes

la lettre de renonciation de Constantin et l'acceptation
par l'empereur. Nicolas se trouvait donc appelé au trône.
Le sénat se transporta aussitôt au palais d'hiver pour
prêter serment au nouveau czar. Mais celui-ci répondit avec une noble dignité : « Je ne suis point empe-
» reur par la nature et par les lois. Je ne veux pas le
» devenir aux dépens de mon frère aîné, en abusant
« d'une renonciation peut-être irréfléchie ou con-
» trainte. Si, maintenant qu'il est libre et souverain,
» Constantin persiste à vouloir faire le sacrifice de ses
» droits, alors, mais seulement alors, j'exercerai les
» miens en acceptant la couronne. »

En vain fit-on parler la raison d'État, l'intérêt du
trône, la nécessité de rallier l'armée et l'opinion à un
nom; tout fut inutile. La situation était critique, le
péril imminent, une conspiration formidable allait
éclater dans la noblesse et dans l'armée. Nicolas savait
tout cela; mais sa conscience resta inflexible, et il
aima mieux jouer sa couronne que son honneur. Par
son ordre, l'armée prêta serment à l'empereur Constantin, et un courrier porta à Varsovie la nouvelle de
cette noble abnégation et la disponibilité d'une couronne. Constantin, aussi ferme dans son renoncement
que son frère dans sa bonne foi, refusa cette couronne.
Mais il fallut que ce refus, cependant si formel, fût
encore confirmé par lui, pour que Nicolas se décidât
enfin à régner.

Cette lutte magnanime des deux frères se termina à
la cathédrale par une scène pleine de grandeur et d'é-
motions. Le nouvel empereur, après avoir vaincu une

insurrection formidable qui mit en péril sa vie et son trône, allait se faire couronner à Moscou. Constantin, qui n'était pas attendu à cette cérémonie, partit de Varsovie, et vint surprendre, le jour même de cette pompe, son auguste famille réunie au Kremlin. Au moment de la prestation du serment dans la cathédrale, la veuve de Paul Iᵉʳ s'avança d'abord pour s'incliner devant son fils devenu son souverain. Mais celui-ci, la prévenant, oubliant la majesté de son rang pour obéir à l'élan de son cœur, s'élance, la serre dans ses bras, et lui demande de le bénir. Cette noble mère, partagée entre la douleur de la mort d'Alexandre et l'orgueil de la tendresse de Nicolas, ne peut que pleurer sur la poitrine de son fils. L'assistance était profondément émue. Mais elle le fut bien plus encore quand elle vit Constantin se diriger à son tour vers son frère, et fléchir le genou devant celui dont il aurait pu être le maître, et dont il devenait volontairement le fidèle sujet. Nicolas se jeta à son cou. L'auguste mère des deux princes revint alors pour les bénir, et tous trois, confondus dans la même étreinte, montrèrent ainsi au peuple que le rang suprême n'altère en rien l'émotion de l'âme, les sentiments de la nature.

V.

Nous avons parlé du courage que l'empereur Nicolas avait montré dans la lutte qu'il eut à soutenir, à son avénement, contre une formidable insurrection militaire. Ce courage, qui fit l'admiration de tous, avait été allié à la modération la plus généreuse. Nicolas fut impitoyable, mais c'est lorsqu'il comprit l'impossibilité de ramener les rebelles. Contenant l'impatience des généraux fidèles qui l'entouraient, et qui étaient pressés de punir la défection, de rassurer la patrie et de venger le trône, il voulut donner l'heure de la réflexion aux conspirateurs. Il essaya même de parlementer avec eux, et il autorisa le comte Miloradovitch à tenter un effort suprême. Ce vieux général, couvert de gloire, s'avança vers les insurgés, parmi lesquels étaient les soldats qu'il avait conduits si souvent au feu. Mais sa voix fut étouffée avant même qu'elle pût être entendue, et un coup de pistolet tiré à bout portant le blessa mortellement.

L'empereur Nicolas éleva alors la modération jusqu'à la magnanimité. Il fit venir le métropolitain de Saint-Pétersbourg, et le chargea de tenter au nom de Dieu un dernier effort de conciliation. On vit donc un cortége de prêtres, en costume sacerdotal, s'avancer vers les insurgés, la croix en tête. Mais les armes des rebelles ne s'abaissèrent pas devant ce signe sacré. Le vénérable pontife et ses prêtres, bafoués, insultés, presque menacés, durent se retirer et rentrer dans la cathédrale en déplorant l'insuccès de leur mission de paix et de charité. « Chargeons! » dit alors l'empereur Nicolas, qui ne voulait pas encore faire agir l'artillerie, et qui espérait que l'émeute se dissiperait au choc de sa cavalerie. Il n'en fut point ainsi. La charge, contrariée par la neige, par l'encombrement, par un espace trop resserré, fut reçue avec intrépidité. La lutte res-

tait incertaine. Le champ de bataille se jonchait de
morts. Le grand-duc Michel venait d'être sauvé d'un
coup de pistolet à bout portant par les marins de la
garde, qui avaient abattu à temps le bras levé pour ce
meurtre. L'empereur lui-même n'avait échappé que
par un miracle aux vengeances qui le poursuivaient,
et qui allaient l'atteindre, si les dévouements qui veillaient sur lui ne l'avaient couvert à propos. Enfin il se
résigna aux moyens extrêmes. L'artillerie, qui se tenait
immobile, s'ébranla à son commandement, et vomit de
toutes ses bouches la mort et la destruction dans l'armée
rebelle. Ce fut décisif. Ces rangs, si solides au choc des
cavaliers, se débandèrent aussitôt; le désordre devint
général. La fuite et le massacre achevèrent le reste.

Le prince Troubetskoï, qui après avoir ourdi et dirigé cette conspiration, en avait déserté les dangers
au moment de la lutte, demanda sa grâce. L'empereur
la lui accorda sans hésiter. Mais il le fit en des termes
dont la juste sévérité était le châtiment le plus cruel du
rebelle humilié : « Si vous vous sentez le courage, lui
» dit-il, de supporter une vie déshonorée, je vous ac-
» corde la vie comme une punition plus que comme
» une grâce. »

C'est dans ces circonstances des premiers jours du
règne de l'empereur Nicolas que se dessine son caractère, tel que l'avaient formé la nature et l'éducation.
Le fond de ce caractère, c'est la grandeur d'âme. La
politique a pu le modifier, l'altérer même, lorsqu'il
s'est trouvé aux prises avec ses nécessités. Les organisations les plus énergiques, même dans le vrai et le

bien, subissent trop malheureusement les influences
relatives des événements. C'est ainsi, par exemple, nous
le croyons, que Nicolas se serait senti porté à plus de
générosité vis-à-vis de la malheureuse et noble Pologne.
Son cœur la lui aurait conseillée; mais la politique lui
imposa une inflexibilité qu'il a dû regretter dans sa
conscience.

VI.

Il y a un aspect particulièrement curieux, surtout
pour nous, dans le règne de l'empereur Nicolas; c'est
la nature de ses rapports avec la France et les gouvernements divers qui s'y sont succédé pendant son règne
de trente ans. Cet aspect de sa vie et de son caractère,
que nous allons étudier avec quelque soin, a un grand
intérêt historique : il montre ce souverain dans le rôle
le plus important peut-être qu'il ait eu à remplir, au
milieu du mouvement européen que sa grande et
imposante figure a longtemps dominé.

La monarchie des Bourbons était avant tout pour
l'empereur Nicolas le triomphe du principe de la légitimité, qu'il représentait lui-même, l'humiliation de
la révolution, qu'il détestait; il avait peut-être moins
de prédilection pour les personnes que pour les choses.
La nature plus distinguée que virile, plus noble que
hardie des descendants de Louis XIV, lui plaisait peu.
Il comprenait la magnanimité dans la lutte, et il l'avait
prouvé à Saint-Pétersbourg le jour de son avénement;
mais il ne comprenait pas les concessions. S'il eût été
Louis XVI, il aurait peut-être ouvert la Bastille, mais

il ne l'aurait pas laissé prendre ; s'il eût été Charles X, il
n'aurait peut-être pas fait les ordonnances, mais il ne
se serait jamais retiré à Rambouillet. Il n'admettait pas
cette politique incertaine, tantôt faible, tantôt violente,
aboutissant à des abdications ou à des coups d'État.
Cette volonté si nette, si arrêtée, quoique réfléchie
dans sa décision et même dans sa brusquerie, ne correspondait en rien à ces situations qui se produisent
trop souvent dans les pays constitutionnels, et qui imposent la réserve, l'hésitation et les transactions.

Avec de pareilles idées, il désirait plus qu'il n'espérait le maintien des Bourbons sur le trône de France.
Il aimait leur principe ; il honorait et il estimait leur
caractère ; mais il doutait de leur énergie, et ne croyait
pas à leur force. Il était convaincu qu'un jour ou
l'autre la restauration serait broyée par la machine
constitutionnelle. Lorsque le roi Charles X eut livré
sa fortune et l'avenir de sa dynastie aux extrémités
d'un ministère Polignac, il se sentit plus inquiet que
satisfait. À ses yeux, ce fut une faute. Il aurait voulu
que Charles X n'engageât la partie qu'avec la certitude de la gagner. Pour lui ce n'était pas une question de principe, mais de succès. Il détestait en réalité
le gouvernement représentatif, au sujet duquel il avait
dit un jour à M. de Custine : « J'ai été souverain re-
» présentatif en Pologne, et le monde sait ce qu'il
» m'en a coûté pour n'avoir pas voulu me soumettre
» aux exigences de ce gouvernement ; acheter des
» voix, corrompre des consciences, séduire les uns
» afin de tromper les autres ; tous ces moyens, je

» les ai dédaignés comme avilissants pour ceux qui
» obéissent comme pour celui qui commande, et j'ai
» payé cher la peine de ma franchise; mais, Dieu soit
» loué! j'en ai fini pour toujours avec cette odieuse
» machine politique. Je ne serai plus roi constitution-
» nel. J'ai trop besoin de dire ce que je pense pour
» consentir jamais à régner sur aucun peuple par la
» ruse et par l'intrigue. »

Ainsi, dans son opinion, cette monarchie représentative sur le compte de laquelle il s'exprimait avec cette
exagération de répugnance, devait tôt ou tard entraîner
les Bourbons. Leur chute, qu'il redoutait tant, lui paraissait cependant inévitable. Mais tout en la prévoyant
il ne s'y habituait pas. Ses vœux trompaient souvent ses
espérances. Il était même disposé à une alliance, qui
en leur donnant une grande force européenne, aurait
relevé leur autorité. L'expédition d'Alger, qui inquiétait l'Angleterre, avait été approuvée et encouragée par
lui. Il y voyait une occasion de gloire pour cette monarchie, qui avait besoin de faire oublier au pays les
souvenirs de 1815. A cette occasion il fit venir le
chargé d'affaires de France, M. de Bourgoing, qu'il
honorait d'une affection particulière, et lui dit : « Votre
» pays s'engage dans une entreprise importante. J'au-
» rais été heureux de vous seconder, mais vous n'avez
» pas besoin de soldats. J'ai donné ordre à Tcherni-
» tcheff, mon ministre de la guerre, de réunir tous les
» documents relatifs à l'hygiène dans les régions orien-
» tales, et tous les renseignements sur la manière dont
» combattent les Orientaux. C'est bien peu de chose.

» l'ous y verrez la preuve de mon intérêt pour vos
» succès. »

Lorsque la nouvelle de la prise d'Alger arriva à
l'empereur Nicolas, il faisait manœuvrer sa garde à six
lieues de Saint-Pétersbourg. Il envoya aussitôt chercher
par une estafette le chargé d'affaires, vint au-devant de
lui au galop de son cheval, l'embrassa avec effusion,
et lui dit : « Écrivez à votre roi que la prise d'Alger
» m'a fait autant de plaisir que si la victoire eût été
» gagnée par les canons qui sont là en ce moment. »

La sollicitude de l'empereur Nicolas était sans cesse
éveillée sur la crise qui se préparait en France ; sa clairvoyance en devinait le dénoûment. Informé très-exacte-
ment de la situation par M. le comte Pozzo di Borgo,
son ambassadeur à Paris, homme d'un sens sûr et droit,
qui ne pouvait se faire illusion sur une politique dont
il désapprouvait la marche, il savait longtemps à l'a-
vance la résolution prise par le roi de briser la charte.
Il désirait le succès de cette tentative, mais il ne l'espérait pas. Il s'était expliqué sur ce point dans de longs
entretiens avec M. de Mortemart ; lorsque celui-ci eut
quitté Saint-Pétersbourg, laissant comme chargé d'affaires le baron de Bourgoing, l'empereur continua ses
communications intimes avec ce diplomate, que sa
belle conduite dans la guerre de 1828, contre les Turcs,
avait fait entrer très-avant dans sa confiance, dont il lui
avait donné un témoignage particulier en lui offrant une
épée d'honneur. Le 27 juillet 1830, au moment même
où commençait cette bataille de trois jours qui devait décider du sort d'une dynastie, Nicolas, retiré à Gathchin,

résidence favorite de Paul I⁰, commandait en personne
les manœuvres de sa garde. Plusieurs fois il avait adressé
la parole à M. de Bourgoing, pour lui dire les presseu-
timents qui l'inquiétaient. Le soir, au bal, ses alarmes
devinrent encore plus visibles; il prit à part le chargé
d'affaires de France et lui dit : « Eh bien, je ne m'é-
» tais pas trompé, le roi est décidé à attaquer la con-
» stitution. Sans doute, à l'heure où nous causons, le
» coup d'État est exécuté. Cela n'est-il pas plus impru-
» dent que hardi? Le roi est-il bien sûr de l'armée?
» Voyons, qu'arrivera-t-il? Vous, qui connaissez la
» France, dites-moi ce que l'on doit attendre ?»

Il était facile de répondre. Un coup d'État n'est possible que lorsque, désiré par la majorité d'un pays, il
répond à ses intérêts et à ses vœux. Les ordonnances
de juillet brisèrent la constitution sans satisfaire la nation; elles étaient l'œuvre d'un parti et non le résultat
d'une nécessité de salut public. Aussi, condamnées
par l'opinion, ne furent-elles pas défendues par l'armée; seulement la garde royale, liée au trône par ses
sentiments plus encore que par ses serments, soutint
avec héroïsme une lutte désespérée. Cette résistance
admirable, inspirée par la fidélité et commandée par
l'honneur, devait ennoblir la cause qui tombait, mais
elle ne pouvait pas la sauver.

Tout cela était prévu, même à Saint-Pétersbourg,
parce que la logique des choses conduisait fatalement à
ce résultat. La chute de la monarchie légitime ne fut
donc pas une surprise pour l'empereur Nicolas; mais ce
fut pour lui une grande douleur. En voyant succomber

en France le principe de la légitimité, il comprit que l'ordre européen pourrait être ébranlé, et il se recueillit tristement, en demandant à Dieu et à sa conscience s'il n'avait pas un rôle à remplir dans ce péril, pour sauver la cause des trônes et faire de la Russie la tutelle formidable des royautés menacées et l'effroi des révolutions triomphantes.

VII.

Le 11 août, lorsque tout était consommé, l'empereur Nicolas manda au palais d'Anitschkoff le chargé d'affaires de France; il ne connaissait pas encore l'avénement du roi Louis-Philippe au trône. La pensée d'une usurpation de famille répugnait profondément à son esprit. De toutes les éventualités qu'il passa en revue dans cette conversation, et qu'il discuta successivement avec autant de sang-froid que de raison, celle-ci lui semblait la plus triste, parce qu'elle était à ses yeux la moins loyale, la plus équivoque, la plus menaçante peut-être pour le principe monarchique. Toutefois, au premier moment, cette éventualité lui paraissait encore préférable à la république, dans laquelle il voyait une crise périlleuse pour la société européenne. Le nom de Napoléon l'effrayait encore plus qu'il ne le fascinait; 1830 était trop près de 1815, pour que ce nom qui éveillait en lui des sympathies involontaires n'inspirât pas aussi à sa prévoyance de vives inquiétudes. Mais c'est à une régence que se fixa son esprit. « Si » M. le duc d'Orléans est un honnête homme, comme je » le crois, dit-il, la monarchie légitime est sauvée. Sa po-

» pularité, déjà considérable, s'augmentera encore par sa
» probité, dont il va donner le témoignage : ce qui lui se-
» rait difficile comme roi, s'il avait le poids et le remords
» d'une couronne usurpée, lui deviendra facile comme
» régent, avec l'autorité et le prestige de l'abnégation
» et d'un grand devoir noblement accepté. Cette mino-
» rité me paraît donc plutôt une force qu'un affaiblis-
» sement de la royauté française. Elle jettera de l'inté-
» rêt sur ce vieux principe qui va reposer sur cette tête
» d'enfant; elle permettra à cette cause usée et com-
» promise de se retremper dans des éléments plus
» jeunes et plus vivaces. Voyez! Je ne veux rien que de
» possible, je gouverne la Russie comme il convient
» à ses mœurs, à ses intérêts; mais si j'avais été roi de
» France, j'aurais gouverné à la française et non à la
» russe. Je n'aurais pas composé un ministère avec
» MM. de Polignac et Peyronnet; j'aurais appelé dans
» mes conseils M. de Martignac, M. de Châteaubriand
» et M. de la Ferronnays, et je me serais mis résolû-
» ment à la tête de l'opinion. »

Ce n'est qu'à son retour de Finlande que l'empereur apprit cette usurpation de famille qui lui avait
paru presque impossible tant elle répugnait à ses sentiments et à ses idées. La première entrevue qu'il eut
avec le chargé d'affaires, après cet événement, fut des
plus orageuses. L'empereur était dans son cabinet. A
côté, dans une pièce voisine, se trouvait l'impératrice,
qui pouvait tout entendre. Il ne garda aucune mesure.
Son regard, habituellement fier et sévère, flamboyait
de colère. Sa voix sonore et pleine était devenue vi-

brante d'indignation. Quand le chargé d'affaires entra
en grand costume, portant à son chapeau la cocarde
tricolore, il regarda avec hauteur ce signe nouveau, et
abordant aussitôt la question, il lui déclara, de la manière la plus nette, qu'il ne voyait dans M. le duc
d'Orléans que le lieutenant général du royaume
nommé par le roi Charles X ; qu'il lui était impossible
de reconnaître cette royauté sans base, sans principe,
qui venait de sortir des barricades; que s'il se présentait à lui au nom de ce gouvernement de hasard, il ne
pouvait l'admettre à ce titre et qu'il l'engageait à re-
tourner en France sans délai. — Le chargé d'affaires,
*auquel le sentiment de sa responsabilité et l'amitié
particulière de Nicolas donnaient une autorité toute
particulière, répondit avec dignité et fermeté.* Il savait
la manière de prendre cette nature plus absolue que
tenace, plus violente qu'inflexible. Il représenta la
gravité de la situation ; il montra le duc d'Orléans
comme le rempart de l'ordre et de la monarchie ; il
invoqua le principe de l'indépendance des nations,
principe reconnu par Alexandre lui-même en 1814,
enfin il dit avec une conviction entraînante tout ce
qu'il y avait à dire pour inspirer la prudence, la raison, la modération aux souverains de l'Europe, dans
cette crise qui les menaçait eux-mêmes. Il parlait au
nom de la France, et il fut aussi menaçant que son
auguste interlocuteur. « Que Votre Majesté y réfléchisse
» sérieusement, ajouta-t-il en résumant son opinion.
» Il y a quelque chose de plus important à sauver que
» le principe de la légitimité, c'est la monarchie elle-

» même, c'est l'ordre européen. Vous reviendrez donc,
» Sire, sur cette première impression, et votre haute
» raison l'emportera sur vos répugnances. Vous recon-
» naîtrez le roi Louis-Philippe, sinon par goût, au moins
» par nécessité. — Jamais, jamais ! répliqua l'empe-
» reur en frappant violemment du poing sur sa table.
» — Jamais n'est pas un mot de la langue politique, »
répondit à son tour le chargé d'affaires.

La nature si absolue en apparence de l'empereur
Nicolas était si accessible à la raison quand on avait le
courage de la défendre en face de sa domination, qu'il
fut tout autre à la fin de cet entretien. Le matin on était
venu signifier de sa part au chargé d'affaires qu'il
eût à prendre ses passe-ports ; le soir, l'empereur l'in-
vita à l'accompagner aux colonies militaires. L'adhésion
était sans doute impossible à obtenir ; mais c'était déjà
beaucoup que l'empereur promit de réfléchir. Quand
il réfléchissait on était sûr qu'il se modérait. Il était
évident que Nicolas ne serait jamais le frère ni l'ami
de la nouvelle royauté qu'une révolution venait de
faire surgir en France. Mais ce qui importait surtout,
c'était qu'il ne s'en déclarât pas l'adversaire, et qu'il
ne se mît pas à la tête de l'Europe conservatrice
contre la France révolutionnaire.

VIII.

On sait ce que Nicolas fut pour la branche cadette
pendant tout son règne ; il changea d'attitude et non
d'opinion. Sa répulsion était visible. Mais il chercha à

8

la racheter par sa bonne grâce personnelle envers les
ambassadeurs que la nouvelle cour lui envoyait, quand
les hommes étaient de son goût. Le maréchal Mortier
fut l'objet de ses coquetteries particulières, à cause de
son illustration militaire. Il avait été surtout très-ai-
mable pour le baron de Barante, grand seigneur, écrivain distingué, homme d'esprit et de bon ton. On cite,
à ce sujet, un mot très-fin de lui : « Ne vous étonnez
» pas, dit-il un jour à l'un de ses aides de camp, du
» bon accueil que je fais à M. le baron de Barante ; ce
» n'est pas le représentant du roi Louis-Philippe que
» je reçois ainsi, c'est l'ambassadeur des ducs de Bour-
» gogne. »

Lorsque la révolution de 1848 emporta ce que la
révolution de 1830 avait fondé, Nicolas éprouva un
sentiment mêlé de frayeur et de satisfaction. La chute
du roi Louis-Philippe lui parut un coup de la Providence. Il n'en accueillit pas la république avec moins
de défiance ; mais il la vit surgir avec moins de douleur. Une royauté sans principe, qui était la négation
du droit monarchique, l'humiliait profondément. Une
république lui apparaissait comme un orage et un
accident. Il se résignait à la voir surgir, parce qu'il
avait la conviction de la voir tomber.

IX.

Il y avait une question qui le blessait toujours et qui
l'irritait souvent : c'était la Pologne. Il savait que la
France n'avait rien fait, par sa diplomatie, pour exci-

ter le mouvement de 1830, qui fut un mouvement tout polonais. Mais il savait aussi que la révolution accomplie à Paris avait provoqué et déterminé la révolution faite à Varsovie. L'une n'avait été que l'écho de l'autre. La France n'avait pas eu d'agent direct dans cette insurrection; le véritable agent avait été l'opinion publique.

Le gouvernement du roi Louis-Philippe, qui avait redouté plus qu'encouragé ce soulèvement, crut qu'il était de son devoir d'intervenir auprès de l'empereur Nicolas pour le modérer dans la victoire. La tâche était difficile. « Que me veut-on? répondit l'empereur Nico- » las; le charbonnier est maître chez lui. Ce sont des » rebelles; il n'y a qu'à les combattre et à les punir; » qu'ils subissent la peine de leur ingratitude et de leur » révolte. Oui, ce sont des ingrats. Qu'était la Pologne » avant moi? un désert de boue et de sable; elle me » doit tout. Je lui ai apporté le bien-être; je lui ai donné » une excellente armée, de meilleures finances; je l'ai » comblée de bienfaits et de bons procédés. Lorsque » j'ai trouvé à Varna des canons aux armes de la ré- » publique de Pologne, j'ai poussé la courtoisie jusqu'à » les envoyer à Varsovie. Eh bien! ce sont ceux dont on » se sert aujourd'hui contre nous. Est-ce que je puis fai- » blir devant la révolte? Je suis l'empereur de Russie. » Je dois compte à l'histoire de la mission qui m'est » confiée. Je resterai Russe avant tout. C'est mon de- » voir, parce que c'est ma politique. Si j'avais le mal- » heur de transiger, de revenir en arrière, de modifier » les faits accomplis, je serais perdu; je périrais dans

8.

» la tempête que j'aurais soulevée. Ne me demandez pas
» l'impossible ! »

Tel était à peu près le langage de Nicolas dans les
réponses qu'il adressait aux diplomates qui cher-
chaient à plaider auprès de lui la cause de la Pologne.
Toutefois, il y avait un moyen de le toucher, c'était
de faire appel à sa grandeur d'âme. Sa magnanimité
naturelle démentait facilement l'inflexibilité de ses
raisonnements. « Laissez-moi entrer à Varsovie, disait-
» il alors, et je serai aussi généreux que je pourrai
» l'être sans me montrer faible. Je me rappellerai que
» les Russes et les Polonais sont frères du même
» sang. »

X.

L'empereur Nicolas avait partagé l'admiration de
son frère pour Napoléon. Entraîné et subjugué comme
lui par l'ascendant de ce génie extraordinaire, il aurait
fait le traité de Tilsit, s'il avait régné en 1807. Ce
nom pour lui voulait dire, force, autorité, gloire, c'est-
à-dire ce qu'il aimait le plus ; mais il ne voulait pas
dire légitimité. Il repoussait donc par principe ce qu'il
admirait par instinct du beau et du grand. Mais il pressentait cependant que l'empire pourrait bien être autre
chose qu'une magnifique épopée ; il s'attachait avec
goût aux souvenirs de ce temps. Il honorait hautement
les lieutenants du héros qui avait entrepris contre la
Russie cette lutte gigantesque qui étonnera éternelle-
ment la postérité. En donnant sa fille, la grande-duchesse
Marie, au fils du prince Eugène, il s'était allié direc-

tement à cette dynastie découronnée, mais immortelle
dans le souvenir des peuples. Lorsque ce nom reparut
en 1848, comme un symbole nouveau, après des jours
d'anarchie et de sang, il ne fut ni surpris, ni inquiet.
Il aimait ce nom, il l'honorait; il s'en était rapproché
par une alliance intime; il pressentait en lui l'espérance et la force du principe d'autorité régénéré dans
la France nouvelle.

Toutefois, il n'y a pas à le cacher aujourd'hui,
car c'est de l'histoire; l'empereur Nicolas, tout en
se sentant attiré vers ce nom de Bonaparte, en redoutait la puissance. Il aurait voulu qu'il s'élevât une
seconde fois dans l'histoire, pour dominer l'anarchie,
mais comme une puissance viagère, et en laissant tout
au plus, à l'avenir, une seconde et éclatante individualité. L'hérédité de cette race, sa puissance dynastique
l'inquiétait pour l'Europe, pour la Russie, pour ses projets politiques. C'est le sentiment qu'il laissa voir en
1853, dans une conversation bien curieuse avec un
homme politique français, le baron de Heeckeren, en
qui il avait confiance, et qui avait été envoyé auprès
de lui, pendant son voyage à Vienne et à Berlin, pour
apprécier ses véritables sentiments.

D'abord il manifestait sa haute estime pour le prince
qui, avec un pouvoir aussi faible, aussi contesté que
celui qu'il avait reçu d'une constitution révolutionnaire, avait fait cependant de si grandes choses. Il parlait de lui avec une courtoisie exquise : « Je me rap-
» pelle, disait-il, d'avoir vu bien enfant le prince
» Louis-Napoléon, et d'avoir dansé avec lui un qua-

» drille. A votre retour dites-lui que je suis très-sen-
» sible à l'offre qu'il me fait de m'envoyer les notes
» qu'il possède sur la conversation que la reine sa
» mère et l'empereur Alexandre mon frère ont eue à
» la Malmaison. Dites de ma part au prince tout ce
» que vous pourrez trouver de plus affectueux. Ce n'est
» pas d'aujourd'hui que j'ai des sentiments d'amitié
» pour lui : en présence du peu de sympathie que l'Al-
» lemagne a pu éprouver pour le nom de Napoléon,
» j'avais déjà su deviner la personnalité du prince
» Louis-Napoléon et sa valeur. Je l'ai défendu alors
» qu'on ne voulait pas lui rendre la justice qui lui est
» due. Du reste, j'aurais eu mauvaise grâce à agir au-
» trement. En donnant ma fille à un membre de cette
» famille, j'ai prouvé suffisamment que je n'avais pas
» de répulsion pour elle. »

Ceci était la part des sentiments personnels, de
l'équité et de la reconnaissance qui était due au sauveur de l'ordre. Sur la question de conduite politique,
même adhésion franche et nette, dans des termes que
l'histoire ne manquera pas de recueillir : « Il parait, dit
» l'empereur Nicolas à l'envoyé de Louis-Napoléon,
» que le prince président a quelques doutes sur les
» dispositions des souverains du Nord à son égard.
» Eh bien, je suis enchanté qu'il vous ait envoyé au-
» près de moi pour que je puisse m'expliquer catégo-
» riquement : mon opinion sur sa personne et son ca-
» ractère, je vais vous la résumer en un seul mot : C'est
» un crâne! Il est impossible de mener les affaires avec
» plus de courage et d'habileté qu'il ne le fait. Je

» m'incline volontiers devant le savoir-faire de mon-
» seigneur le prince président. Qu'il fasse en France
» tout ce qu'il jugera convenable pour consolider son
» pouvoir, ça m'est égal, et je n'en prends point om-
» brage, car j'ai pleine confiance dans son courage et
» son habileté. — Et puis, il est fort et puissant, car sa
» force repose sur une puissance incontestable, huit
» millions de suffrages. Néanmoins, par conviction et
» par position, je ne puis pas mentir à mon prin-
» cipe, que je dois croire le meilleur ; mais ça ne
» m'empêche pas de respecter celui des autres.
» Je vous le répète donc, qu'il donne à son gou-
» vernement la forme qui lui conviendra, peu m'im-
» porte. »

Mais dans la question dynastique l'empereur Nicolas
était loin de se montrer aussi net. Il acceptait, comme
on vient de le voir, un empire viager, mais un empire
héréditaire l'effrayait beaucoup. « Je déclare franche-
» ment, dit-il, qu'une difficulté peut naître dans l'a-
» venir à propos de l'hérédité du pouvoir et de la
» fondation d'une dynastie nouvelle. Je ne puis vous
» dissimuler que je considérerais cette éventualité
» comme une grosse affaire. »

Ainsi tout pour Louis-Napoléon, rien pour sa race ;
un pouvoir et point d'hérédité ; un empire et point de
dynastie. Tel était, en résumé, ce que l'empereur Nicolas
désirait après le coup d'État.

Mais dans cette conversation inédite que nous repro-
duisons d'après des documents officiels, et qui mérite
d'être historique, l'empereur ne sut trop insister sur

son estime et son admiration pour le président de la république. « Donnez-moi, ajouta-t-il, en prenant » congé de l'envoyé français, donnez-moi des termes » plus forts que ceux dont je me sers, pour mieux ex- » primer mes sympathies pour votre prince, et je m'en » servirai. »

Nicolas traitait alors Louis-Napoléon comme un *ami*, mais il craignait d'avoir à le reconnaître comme un *frère*. Cependant, même pendant cette guerre, dont nous allons étudier bientôt les causes immédiates, il fut sympathique pour la France, juste pour son souverain. Peut-être regretta-t-il de ne pas avoir mieux compris la force de notre pays, la grandeur et la modération de l'empereur Napoléon III. A cette époque, il conti- nuait à prodiguer les témoignages les plus affectueux à une femme aussi élevée de cœur et d'esprit qu'illustre de naissance, madame la princesse Mathilde, sa pa- rente. Madame la princesse Mathilde, alliée par sa mère, Catherine de Wurtemberg, aux vieilles familles royales d'Europe, et appartenant par son père, le roi Jérôme, au sang des Bonaparte, avait mérité l'affec- tion et l'estime de l'empereur de Russie. Cette prin- cesse au cœur tout français, et qui se souvient avant tout de son titre de nièce de l'empereur Napoléon Ier, était restée cependant privilégiée dans les bonnes grâces du czar; même quand il savait que les vœux et le dé- vouement de cette noble femme étaient tout entiers à son pays et à son souverain, il cherchait à la toucher au moins par sa courtoisie et par sa confiance. Dans cette attitude, il y avait plus peut-être qu'un bon procédé

vis-à-vis d'une parente dont il aimait la glorieuse origine et les éminentes qualités; il y avait aussi la pensée, qu'un jour ou un autre, cette princesse placée si
près du trône pourrait rendre un rapprochement plus
facile, recevoir et transmettre la confidence d'une
espérance de paix et de réconciliation, aider, par
son aimable et douce influence, au rétablissement
des bons rapports entre les deux héritiers des deux
empereurs qui s'étaient unis par le traité de Tilsit.

XI.

Nous avons montré les rapports du caractère et de
la conduite de l'empereur Nicolas avec la nature
même de sa race et les traditions de la politique russe.
Nous avons étudié l'homme, le souverain, reconnu et
honoré en lui d'incontestables supériorités; nous l'avons
suivi dans ses relations avec les différents gouvernements qui pendant son règne se sont succédé en France.
Il nous reste à esquisser à grands traits les mobiles, le
but et les résultats de sa politique.

Étendre la main puissante de la Russie sur l'Europe
pour la diriger; subordonner l'Allemagne, et passer
au besoin sur son corps pour atteindre l'Occident;
garder les bouches du Danube comme les portes de
l'Autriche, et les rives du Niémen comme l'entrée de la Prusse; placer la Baltique et la mer
Noire sous la souveraineté du pavillon russe, qui
couronnait les forts de Cronstadt et de Sébastopol;
tenir l'Orient en échec; affaiblir la Turquie, l'épuiser

sans la tuer, et attendre l'heure propice pour se jeter
sur cette proie, que l'œil d'aigle des czars guette depuis un siècle; avoir la première armée et la première
marine du monde, afin d'être maître sur le continent
comme sur l'Océan; marquer dans l'avenir le jour où
le colosse, continuant son mouvement et faisant un pas
décisif, franchirait le Bosphore et viendrait audacieusement s'asseoir à l'entrée des Dardanelles, au bord de
cette belle Méditerranée devenant un lac russe; universaliser le dogme grec et faire de Sainte-Sophie le
Saint-Pierre des siècles futurs; en un mot, reconstruire
un nouvel empire romain avec de nouveaux césars :
telle fut la politique de l'empereur Nicolas!

C'est cette politique qui, dès le lendemain de son
avénement, lorsqu'il sortait à peine de la cathédrale de
Moscou, où il venait de courber sa couronne devant
Dieu, afin de la porter plus haute et plus fière devant
les hommes, le poussait à déclarer la guerre à la Perse,
pour la mutiler de trois de ses plus belles provinces et
à tarir son trésor en rognant son territoire.

C'est cette politique qui l'entrainait, en 1828, dans
son entreprise contre la Turquie, entreprise dans laquelle la France, trompée par un noble sentiment,
servit les projets de la Russie avec plus de magnanimité que de prévoyance, en brûlant la flotte turque à
Navarin, dans une glorieuse bataille dont les lueurs
sinistres auraient pu éclairer déjà l'incendie de l'escadre de Sinope.

C'est cette politique qui, après avoir accompli son
œuvre en Grèce en arrachant Athènes à l'usurpation

turque, dans l'espérance d'en faire une province russe, jetait au delà du Pruth une armée de 115,000 hommes, triomphait aux Balkans, et dictait ce fameux traité d'Andrinople, dont l'interprétation devait amener, vingt-cinq ans plus tard, la grande guerre qui vient d'agiter le monde.

C'est cette politique qui, en 1830, triomphait de la Pologne, et qui, pour mieux désespérer l'héroïsme de ce peuple dénationalisé, coïntéressait dans sa lutte et dans sa victoire la sécurité des trônes, la paix des peuples, en rejetant l'insurrection de Varsovie à la complicité des révolutions qui ébranlaient la société.

C'est cette politique qui, marquant pour ses desseins futurs une station à l'entrée de la Perse pour étendre jusqu'au fond de l'Inde la menace de sa domination, portait son agression sur le Caucase en même temps que sur la Turquie, afin d'abattre tous les obstacles, et entreprenait cette longue guerre dont la dernière phase a produit dans Schamyl un de ces héros populaires qui apparaissent quelquefois au milieu des drames de l'histoire comme des instruments providentiels pour passionner l'humanité et poétiser les luttes sanglantes.

C'est cette politique qui, saisissant avec ardeur l'occasion de protéger la Turquie pour l'humilier plus sûrement, envoyait en trois jours, sous le commandement du comte Orloff, une flotte formidable dans le Bosphore, afin de défendre Constantinople menacé par Ibrahim révolté, et qui pour prix de cette protection rapportait le traité d'Unkiar-Skelessi, nouveau titre de servitude pour la Turquie et de suzeraineté pour la Russie.

C'est cette politique, enfin, qui a obligé l'Europe à sortir d'une paix de quarante ans, et à se jeter dans une guerre qui aurait pu avoir des conséquences si terribles, *si la sagesse des souverains ne l'avait pas arrêtée au moment où elle n'avait donné que de la gloire à tout le monde, et où elle avait atteint le but européen qu'elle s'était proposé.*

Sans doute aucun des ancêtres de l'empereur Nicolas, parmi les plus ambitieux, n'aurait pu renier une seule des heures de ce long règne de trente ans. C'est bien la politique russe dans ce qu'elle a de plus hardi, de plus expansif, de plus menaçant et de plus grandiose. Jamais, à aucune époque, elle ne fut développée avec plus de sûreté, de persistance, de volonté et d'audace. Pierre le Grand avait certainement plus de génie que son successeur; son règne est plus merveilleux et sera plus *mémorable* que celui de Nicolas. Il a fondé un empire dans le chaos et la confusion de la barbarie; il a été *organisateur* et conquérant; mais la Russie sous sa main puissante ne fut qu'une ébauche. Catherine en dessina et en élargit le plan. Alexandre l'a poétisé et développé. Nicolas l'a complété, et il a tout préparé pour en réaliser le couronnement par cette domination universelle qui était le pressentiment et la douloureuse anxiété du glorieux prisonnier de Sainte-Hélène, quand il prophétisait sur son rocher.

XII.

L'Europe s'habituait peu à peu à la pensée de cette souveraineté morale d'un peuple sur elle. L'Allemagne, qu'elle menaçait de plus près, s'y résignait avec tristesse, comme par nécessité et intérêt. La crainte qu'elle avait des révolutions de l'Occident, la longue lutte qu'elle avait soutenue contre l'empire français, ses divisions d'intérêt, de nationalité qui l'affaiblissaient, l'entraînaient malgré elle à chercher un refuge dans une protection. L'empereur Nicolas regardait ses augustes frères de Vienne et de Berlin moins comme ses alliés que comme ses pupilles; il entendait régner chez eux. Il venait en Prusse et en Autriche comme chez lui. Il passait en revue leurs royaumes comme le sien. Les souverains et les ministres recevaient ses conseils. En un mot, il y avait encore un empereur d'Allemagne, et c'était lui. Des hommes d'État éminents de l'Allemagne supportaient avec douleur cette tutelle, dont devait bientôt s'affranchir le cœur chevaleresque du jeune empereur François-Joseph. Deux puissances seules, parmi les États de premier ordre, restèrent en dehors de cette influence dominatrice : la France et l'Angleterre; mais leurs divisions, mal éteintes dans une alliance peu sincère sous la royauté de 1830, faisaient leur impuissance.

L'empereur Nicolas le comprenait. Aussi fut-il à Londres en 1844, comme par une prévision instinctive du danger qu'il y avait pour lui de ce côté. Il

séduisit le peuple anglais par le prestige de sa personne; il combla la jeune reine Victoria de courtoisies,
d'attentions et de flatteries.

La pensée politique de ce voyage de 1844 a été révélée bien clairement huit ans plus tard dans les conversations du czar avec lord Seymour, auquel, comme
on s'en souvient, Nicolas tenait ce langage : « Tout
» ce dont j'ai besoin, c'est d'une bonne entente avec
» l'Angleterre. Lorsque nous sommes d'accord, je suis
» tout à fait sans inquiétude quant à l'occident de l'Eu-
» rope. Ce que d'autres pensent est au fond de peu
» d'importance. »

L'empereur Nicolas marchait donc à son but, un jour
en effrayant l'Allemagne de la peur des révolutions, un
autre jour en tentant l'Angleterre par l'appât de l'Égypte.
Aussi souple dans ses combinaisons que ferme dans
ses desseins, il changeait de tactique selon les circonstances. Avant la révolution de 1830, c'est la Perse
qu'il menace, c'est contre l'Asie qu'il porte son effort
le plus énergique. Après cette révolution, lorsque les
rois tremblent et que les trônes chancellent, il se retourne tout à coup du côté de l'Europe; il se pose en
tuteur des monarchies alarmées et menacées par la
propagande; il se fait accepter comme protecteur pour
s'imposer comme arbitre. Au fond, la pensée de son
règne n'avait pas changé : c'était une pensée de prépondérance sans contre-poids, qui, tôt ou tard, devait
soulever la résistance de tous les États dont elle compromettait l'équilibre.

XIII.

Tel est le développement de la politique russe dans l'espace de cent cinquante ans ; tel fut le rôle de l'empereur Nicolas, selon la nature et l'esprit de cette politique, et le caractère particulier de ce souverain. On se tromperait cependant, nous le croyons, en lui attribuant la pensée de réaliser tout à coup sans transitions, et sans ménagements, les ambitions de sa race et de son peuple. Nicolas avait trop de prudence pour précipiter ainsi un dénoûment qui ne pouvait être que l'œuvre du temps. Il était trop homme d'État pour se jeter dans une aventure qui n'aurait augmenté prématurément sa puissance que pour la compromettre. Il comprenait que le vide immense qu'aurait laissé l'empire ottoman entre la mer Noire et la Méditerranée n'eût été que l'abîme de ses ambitions en devenant le champ de bataille du monde entier. Une Turquie affaiblie, dégénérée, abâtardie, impuissante, convenait à ses desseins. Il ne voulait ni la laisser vivre ni la laisser mourir, mais la condamner à végéter sous sa suzeraineté.

Nous pouvons citer, à l'appui de cette opinion, une conversation curieuse de l'empereur Nicolas avec un homme politique français, qui avait pénétré très-avant dans sa confiance en méritant son estime et son affection. C'était en 1848; on parlait de l'Orient et de son avenir plein d'incertitude : « N'est-ce pas, dit » l'empereur, que l'on m'accuse de vues de conquête

» sur Constantinople? Eh bien, on se trompe. Rien ne
» serait plus contraire aux véritables intérêts de la
» Russie que de reculer ses limites jusqu'aux Darda-
» nelles. Supposez donc que Constantinople devienne
» une ville russe, que serait alors la Russie? Un monstre
» à deux têtes, dont l'une détruirait l'autre; car la cha-
» leur et la vie, au lieu d'animer ce vaste corps, se
» porteraient fatalement vers celle qui est le plus près
» du soleil. Constantinople deviendrait la capitale d'un
» nouvel empire grec, Saint-Pétersbourg n'existerait
» plus, et l'œuvre de mon ancêtre Pierre serait détruite.
» Constantinople, assise sur la Méditerranée, serait la
» menace et la rivale de tous les États de l'Europe :
» elle serait le but contre lequel toutes les puissances
» coalisées porteraient leur effort suprême. Saint-
» Pétersbourg, au contraire, monument impérissable
» du génie et de la puissance de l'homme, posé sur la
» Néva, caché par les monts de glace, défendu par une
» mer presque inaccessible aux navigateurs les plus
» hardis, protégé par Cronstadt, Saint-Pétersbourg est
» à l'abri de toutes les attaques.

» Vous le voyez donc bien, continua l'auguste inter-
» locuteur, ce projet est impossible. Je ne commettrai
» pas la faute de déplacer la vie de mon empire et de la
» porter de la Russie, où elle est pleine de force et de
» séve, sur le Bosphore, où elle serait si vite altérée et
» bientôt menacée. Le moins qui pourrait arriver, c'est
» que l'empire se divisât en deux parties : la Russie du
» nord et la Russie du midi. Mais alors où seraient les
» frontières limitrophes des deux États? Il faut à une

» grande nation une mer ; le Nord garderait la Baltique ;
» le Midi prendrait la mer Noire : c'est-à-dire que la
» Russie serait détruite : elle aurait fondé auprès d'elle
» un empire plus puissant qu'elle. Et croyez-vous qu'il
» me soit déjà très-facile, malgré mon autocratie, de
» maintenir deux capitales comme Pétersbourg et Mos-
» cou? Comment en admettre une troisième? Mais quel
» serait donc le souverain capable de porter une aussi
» vaste responsabilité? Au point de vue militaire, un
» pareil empire ne pourrait être défendu, car il présen-
» terait à l'Europe un front de neuf cents lieues entre
» ces deux véritables capitales : il se perdrait dans son
» immensité. Au point de vue religieux, il y aurait le
» danger certain de deux Églises grecques, orthodoxes
» et russes ; la croix de Saint-Pétersbourg deviendrait
» rivale de la croix de Sainte-Sophie. Croyez-moi donc,
» je ne pense pas à la conquête de Constantinople. J'en
» connais trop les conséquences menaçantes et infailli-
» bles pour la Russie. Mais, reprit-il presque aussitôt,
» si je n'entends pas régner à Constantinople, je veux
» y dominer. Il me faut en Turquie un gouvernement
» assez faible pour ne pas pouvoir me résister et assez
» fort pour pouvoir se défendre contre tous, excepté
» contre moi. Politiquement et religieusement, je dois
» dominer dans les conseils du sultan. Je veux être le
» *suzerain* et non le *souverain*.

» Il n'y a qu'une circonstance, dit-il en finissant,
» une seule, qui puisse faire une nécessité suprême
» pour la Russie de ce qui serait aujourd'hui une im-
» possibilité. Si la décomposition de l'empire ottoman,

» au lieu de s'accomplir graduellement, arrivait tout à
» coup, alors il serait dans les destinées de la Russie
» de s'emparer de Constantinople. Le monde serait en
» feu, mais je n'y pourrais rien. Je ne hâterai pas cette
» heure du Destin ; quand elle sonnera, selon la volonté
» de Dieu, la Russie sera prête. »

Cette conversation éclaire d'une vive lumière les
vues de l'empereur Nicolas ; elle découvre les mobiles
de toute sa conduite ultérieure. Elle montre que, si
l'évidence des choses faisait apparaître à sa propre
raison les impossibilités des ambitions de sa race,
une sorte de fatalité le poussait cependant sur cette
pente, au bas de laquelle sa clairvoyance signalait avec
tant de bon sens d'incommensurables abîmes.

XIV.

Tandis que la France, déchirée par les partis, agitée
par les révolutions, donnait au monde le spectacle de
ses luttes stériles et ruineuses, la Russie développait
silencieusement et patiemment sa force militaire et
maritime. Une prodigieuse activité régnait dans ses
chantiers, cachés à tous les regards par ses ports ina-
bordables ; elle augmentait ses flottes, complétait ses
lignes de défense, fondait des canons, perfectionnait
ses armes, entassait ses projectiles. L'Europe fermait
les yeux ou pensait à autre chose. Les luttes de tribune et les progrès de l'industrie l'absorbaient. L'habitude de la paix avait éloigné jusqu'à la crainte de la
guerre, et pendant que tous les peuples et tous les

gouvernements, aux prises avec d'autres difficultés et entraînés à d'autres soins, goûtaient la sécurité trompeuse de cette paix féconde, seule, la Russie veillait et attendait l'heure du destin.

L'empire français, en constituant l'unité de la France, pouvait faire d'elle le contre-poids de la Russie dans le monde, la pierre d'attente d'une coalition de l'Europe contre le suzerain qui l'opprimerait ; il déplaçait la sainte alliance, dont le pivot se trouvait transporté de Saint-Pétersbourg à Paris et à Londres. La république n'aurait jamais attiré l'alliance de l'Allemagne, de même que l'alliance de l'Angleterre eût toujours paru suspecte avec une monarchie quelconque.

L'empire, c'était la paix, c'est-à-dire la volonté et l'action de toutes ses forces pour maintenir l'équilibre de l'Europe ; mais par cela qu'il n'était ni le rival ni l'obligé de personne, il pouvait devenir un jour ou l'autre l'allié des grands États aussi bien que des États secondaires, et cette situation pouvait devenir l'obstacle contre la Russie.

L'empereur Nicolas avait assez de pénétration pour le comprendre et assez de résolution pour tenter de prévenir un état de choses qui, en constituant un point de résistance contre lui, offrait à tous les peuples et à tous les gouvernements un point commun de ralliement. Aussi, lorsque le véritable sens de l'empire français échappait encore à l'appréciation de la plupart des chancelleries, lorsque son avénement était accueilli avec défiance à Londres, à Vienne, à Berlin et partout, lorsque quelques diplomates accrédités ou non

accrédités prenaient quelques frondes de salon pour
des signes d'opinion publique, le czar profitait habilement de ces troubles, de ces malentendus, de ces
doutes de l'Europe pour précipiter ses desseins et jeter
le défi.

Il avait cru l'empire mal assis et l'empereur mal
compris; il avait cru la France faible; il avait cru l'Europe hésitante. Il s'était trompé.

Toutes ses prévisions furent successivement démen-
ties par les événements. La Turquie, qu'il supposait
impuissante, se dressa contre lui, dans son désespoir,
comme une barrière. L'Angleterre, qu'il considérait
comme incompatible avec le nom de Napoléon et le
régime impérial, devint l'alliée intime de la France.
L'Autriche elle-même déserta son alliance pour accepter la nôtre. La conscience de l'Allemagne tout entière
s'associait à cette résistance universelle. La Russie se
trouvait donc enfermée dans l'isolement auquel elle
espérait nous réduire.

Alors fut donné au monde ce grand et mémorable
spectacle de la modération d'un souverain que son
nom devait exciter si naturellement à la guerre, et qui,
s'élevant au-dessus de tous les entraînements par le
patriotisme de sa raison, épuisa jusqu'au dernier
moyen de conciliation. L'empereur Napoléon, défendant la paix, respectant les traités, maintenant l'ordre
européen, plaçait le pays dans la situation qui convenait à sa nature et à son histoire; il réalisait ainsi les
ambitions les plus élevées et les plus légitimes de
Louis XIV et de Napoléon I, qui, l'un et l'autre, à

des points de vue différents, firent la guerre, moins
pour la gloire des conquêtes que pour la gloire plus
solide et plus sérieuse de fonder la puissance de la
France et de la rendre l'alliée nécessaire de tous les
grands États.

XV.

Cette lutte entre l'Occident et l'Orient, si elle s'était
prolongée, aurait nécessairement entraîné l'Europe
entière. Elle pouvait faire surgir les complications les
plus graves et les plus inattendues. Dieu ne l'a pas
permis. L'empereur Nicolas, tombé presque subitement, emportait avec lui, dans son linceul, toute une
politique; il emportait aussi la responsabilité d'une
guerre qui était d'ailleurs dans la logique de sa situation. Lui vivant, il était tenu d'épuiser cette guerre,
de périr dans cette responsabilité ou de s'élever par
elle jusqu'à la réalisation de ses ambitions les plus exa-
gérées. Vaincu à Sébastopol, son honneur lui aurait
commandé de continuer la guerre en la déplaçant; il
aurait tout engagé dans cette partie suprême! Mais il
est mort avant d'avoir vu l'insuccès de cette grande
politique qui fut la sienne, et au service de laquelle il
a apporté un courage, une grandeur, une persévérance,
qui font de lui le digne successeur de Catherine II et
de Pierre Ier. Quand il rendait le dernier soupir sur le
cœur de sa femme bien-aimée, dans les bras de son
fils Alexandre, au milieu de la douleur de son peuple,
l'illusion lui était encore permise: son armée combattait avec une fidélité héroïque en Crimée; la Russie,

déjà épuisée, semblait inépuisable de patriotisme et
de dévouement; son peuple le soutenait et le suivait;
une partie de l'Allemagne hésitait toujours. Il a pu
croire que son œuvre serait continuée et accomplie
après lui. Il est tombé en pleine lutte, noblement, glorieusement, comme un soldat qui combat et comme un
empereur qui commande.

Les derniers moments de l'empereur Nicolas furent
empreints de quelque chose de particulièrement grave
et solennel. Il mourut comme il avait régné, et il
mêla la majesté du rang suprême à celle de la mort.
On se souvient que, résistant aux conseils de son médecin, il avait voulu passer une revue par un froid
très-vif. Il en revint avec le mal qui devait le conduire
à la tombe. La maladie fut prompte, énergique et terrible; quand son issue ne fut plus douteuse, le médecin remplit son douloureux devoir et annonça à l'empereur qu'il n'avait plus rien à espérer dans ce monde.
Ce qu'il y avait d'absolu dans cette volonté et dans ce
pouvoir sembla se redresser d'abord contre cette nécessité et se révolter même contre la loi de la nature.
Le czar se souleva, regarda le médecin avec un air de
doute et de commandement, comme pour imposer
silence même à cet oracle de l'art et du destin. Un
instant il parut vouloir commander à l'agonie. Mais
l'effort ne fut pas long. L'auguste malade retomba
presque aussitôt, ou, pour mieux dire, s'éleva à la plus
noble résignation. Le maître absolu du plus vaste empire du monde n'était plus qu'un chrétien! Ce qu'il y
avait d'aimant dans l'homme, de tendre dans l'époux,

de dévoué dans le père, déborda dans ces derniers
épanchements. Il s'entretint longuement avec l'impératrice et le grand-duc Alexandre. Puis la religion vint
à ce chevet impérial, comme elle vient à celui du
pauvre, la religion qui, à cette heure suprême, est
plus haute que l'orgueil des rois, car elle est la messa-
gère de Dieu pour nous consoler et nous absoudre.
L'empereur se livra à elle. Il pria l'impératrice de ré-
citer à haute voix l'*Oraison dominicale*, et, au moment
où cette princesse prononçait d'une voix émue et
pleine de sanglots ces paroles admirables : « Que votre
volonté soit faite sur la terre comme au ciel, » le moribond s'écria : « Toujours ! toujours ! » Après avoir reçu
le sacrement de l'eucharistie il se trouva soulagé.
« A présent, » dit-il, « j'espère que Dieu m'ouvrira ses
bras. » Il ordonna de faire entrer les personnes de sa
maison et les gens de service eux-mêmes. Il leur
adressa à tous les adieux les plus touchants. Les témoins de cette scène funèbre fondaient en larmes, et
cette douleur unanime disait assez haut que celui qui
allait mourir avait encore inspiré plus d'affection que
de crainte. Ce ne sont pas les tyrans qui finissent
ainsi !

Nicolas avait eu la grandeur du caractère, la noblesse de l'âme, la droiture de la conscience, et il
mourait avec les regrets de son peuple.

Lorsque cette mort retentit en Europe, comme un
coup de foudre de la Providence sur cette tête si haute
et si illustre, il y eut de la stupeur d'abord et du respect, et presque en même temps un pressentiment de

la situation nouvelle qu'elle devait amener. La vieille Russie, la Russie qui avait vaincu Charles XII, subordonné l'Allemagne, humilié la Turquie et préparé l'asservissement de l'Orient, venait de mourir avec Nicolas. Son dernier effort avait été grandiose, presque sublime; mais cet effort ne pouvait réussir. La civilisation, la liberté, l'Europe, la Providence le condamnait. C'est par d'autres éléments et d'autres moyens que la Russie doit conserver aujourd'hui son rôle dans le monde. Puissance chrétienne, assise sur l'Europe et sur l'Asie, elle n'a qu'à recevoir d'une main pour semer de l'autre. Nous lui enverrons le progrès, et après l'avoir développé en elle-même avec les immenses ressources qu'elle possède, elle le portera à son tour à ces peuplades innombrables qui sont sous sa domination, et qu'elle n'a pu jusqu'à présent affranchir de la barbarie. En un mot, une Russie civilisée, au lieu d'une Russie conquérante : voilà quel doit être le résultat du changement de règne qui s'est accompli au mois de mai 1855, et qui a fait monter sur le trône un prince aussi éclairé que sage, dont les grandes qualités ont déjà commandé le respect de son peuple et l'estime du monde.

Ce changement de règne a eu pour conséquence la paix, une paix heureuse pour tout le monde, et que la loyauté de la Russie, représentée par deux de ses hommes d'État les plus éminents, le comte Orloff et le baron de Brunnow, a rendue aussi facile que l'intérêt général la rendait nécessaire. L'empereur Alexandre, plein de respect et de tendresse pour son père, a pu

l'honorer sans l'imiter. Nicolas a fait la guerre ;
Alexandre a fait la paix. Les actes sont différents
comme les circonstances ; il n'y a rien dans ces différences qui blesse les sentiments de la nature et
le respect filial ; il ne faut y voir que le témoignage
de la force irrésistible des choses. Les rois se succèdent, ils procèdent du même sang ; ils sont les instruments du même but, mais ils accomplissent chacun leur œuvre selon les devoirs de leur mission.
Louis XII n'a pas suivi la même politique que Henri IV.
Napoléon III a fait une alliance avec l'Angleterre, que
Napoléon Ier combattait à outrance. Alexandre, en signant
le traité de Paris, a rétabli en Europe l'équilibre que
Nicolas avait détruit. L'histoire est pleine de ces
exemples qui justifient cette belle parole du souverain
actuel de la France : « Tous les gouvernements sont
solidaires dans ce qu'ils ont fait de bien. »

LÉOPOLD Iᵉʳ, ROI DES BELGES.

I.

La Belgique représente aujourd'hui sur la carte du monde le droit nouveau des peuples contre le vieux droit européen auquel elle fut liée pendant plusieurs siècles par les traités. Successivement incorporée à l'Allemagne, réunie à la Bourgogne, concédée à l'Espagne, divisée entre la France, la Hollande et l'Autriche, puis fondue dans la glorieuse unité impériale jusqu'en 1815, enfin recueillie par l'Europe coalisée, sur le champ de bataille de Waterloo, comme un butin de victoire pour devenir l'un des domaines de la maison de Nassau, elle avait aspiré toujours à l'indépendance sans pouvoir la conquérir. La révolution accomplie en France le 29 juillet 1830 détermina le mouvement qui eut lieu à Bruxelles le 25 août de la même année. La Belgique, humiliée et asservie, s'était redressée dans son désespoir et dans son courage; elle avait lutté héroïquement contre l'armée du prince Frédéric; elle avait triomphé dans les congrès et fait signer son acte de naissance à l'état civil des nationalités par les cours des grandes puissances qui quatorze ans plus tôt avaient signé son acte mortuaire.

Ce résultat était immense. Le monde allait avoir le

spectacle curieux et instructif d'un peuple nouveau
appelé à constituer son existence morale et politique,
son gouvernement, ses mœurs, sa civilisation. La tentative était aussi hardie que difficile. Les nations et les
Institutions ne s'improvisent pas; elles naissent, se développent et se consolident dans les luttes qu'elles sont
obligées de traverser pour arriver à leur expression
définitive. Le temps, qui seul mûrit les choses humaines, les forme par son action salutaire et lente, les
mêle à tous les efforts et à tous les progrès de l'humanité, dont elles sont le résultat. Mais quand tout est
spontané dans l'organisation d'un État, quand il doit
s'élever d'un seul bond, sans précédents, sans traditions,
à la plénitude et au perfectionnement de la vie publique, alors ce ne serait pas assez du patriotisme d'un
peuple, de la sagesse d'un souverain, pour fonder en
quelques années l'œuvre qui demande tant de siècles,
si la fortune n'avait aussi sa part dans ce succès presque impossible.

Il n'y a donc pas eu seulement un admirable dévouement de la part de la Belgique, une haute et noble impulsion de la part du roi qu'elle s'est donné; il y a eu
aussi une conspiration des événements de l'Europe en
sa faveur. Elle a surgi, elle a grandi par les difficultés
mêmes de la situation européenne. Son existence a été
le résultat d'une transaction entre les deux principes
qui menaçaient de se disputer le monde. Mais il faut
lui rendre la justice que dans la crise dont elle est
sortie, comme dans la marche qu'elle a suivie, elle ne
s'est jamais laissé dénaturer par les rivalités puis-

santes dont la reconnaissance de son droit devait être la trêve. La Belgique a voulu être et elle a été en effet un gouvernement démocratique. Sa monarchie n'est pas née dans un tabernacle, sur un autel, comme un dogme sacré, ou dans un camp, sur un bouclier, comme une dictature ; elle est sortie d'une révolution, elle a été élue par un congrès national. Ses institutions sont en rapport avec son origine. Le roi n'est que l'agent actif et vigilant de la nation ; son pouvoir se concilie avec la liberté la plus étendue et avec une représentation qui, de la base au sommet, du conseil communal à la chambre des représentants et au sénat, embrasse tous les intérêts du pays. Les journaux, libres de toute entrave, ne sont guère soumis à d'autres répressions que celles du bon sens ; l'enseignement s'exerce sous la seule surveillance de la famille. Le droit d'association est sans limite. On s'associe pour des intérêts, pour des idées, pour des croyances, sans que l'ordre en soit troublé. En un mot, la Belgique a réalisé, dans un peuple de quatre millions d'hommes, d'un seul coup, le problème du gouvernement parlementaire, que nous, la France, nous avons vainement agité pendant tant d'années, sans pouvoir le résoudre. Elle s'est constituée par la liberté, comme la Russie s'est constituée par la force. Il y a là un sujet d'étude dont l'intérêt nous a frappé, et qui mérite d'attirer l'attention de l'histoire.

La Belgique a eu la rare bonne fortune de trouver dans le roi Léopold un prince honnête, libéral, éclairé, pour lequel la royauté a été plutôt un devoir qu'un

privilége. Nous n'hésitons pas à dire que c'est princi-
palement à cette cause qu'elle doit le calme dont elle
a joui pendant vingt-cinq ans. L'appréciation du caractère de ce prince et de son rôle politique dans les principaux événements de son règne nous parait donc la
manière la plus utile de faire l'étude que nous nous
sommes proposée.

II.

Le roi Léopold est un des princes les plus instruits
de l'Europe, comme il en fut naguère l'un des plus
brillants par les agréments et les distinctions de sa
personne. Il n'a pas reçu seulement l'instruction solide
et variée qui, à l'époque où il est né, était déjà la nécessité et le complément d'une naissance royale; il a
eu cette éducation des événements qui à la fin du dernier siècle ont été les grandes et terribles leçons des
peuples et des rois. Son esprit, naturellement observateur, s'est formé, éclairé et mûri à ces enseignements. Les révolutions dont il a été le témoin, les
luttes dont il a été l'acteur, les vicissitudes dont il a
été la victime, lui ont appris à connaître et à mesurer
les hautes responsabilités de la puissance, à sonder le
redoutable problème des constitutions, à juger les
hommes, leurs passions, leurs mobiles, leurs bons et
mauvais côtés, à se rendre compte des causes de l'élévation et de la décadence des États, de la force et de la
chute des gouvernements. Issu de cette famille des Saxe-
Cobourg-Gotha, dont les trois branches, divisées après
le règne d'Ernest le Pieux, se sont rattachées à toutes

les dynasties de l'Europe, le roi Léopold avait en lui
les qualités diverses par lesquelles se distinguait cette
race féconde et virile, mêlée à tout le mouvement philosophique et religieux dont l'Allemagne était le théâtre.

Soldat par tradition, par nécessité et par honneur,
observateur par nature, homme d'État par goût, par
instinct et par étude, sa destinée l'avait fait toucher à
toutes les situations, à toutes les épreuves, à tous les
devoirs, à toutes les grandeurs. A l'âge où il sortait à
peine des mains de ses instituteurs, avec des connaissances aussi variées qu'approfondies, la vie réelle le
saisissait déjà et l'entraînait dans son action rapide,
émouvante et grandiose comme le drame immense qui
allait se développer. La république française venait de
tomber après avoir ébranlé le vieux monde. Napoléon
venait de constituer, à l'image de son génie, un vaste
et glorieux empire qui devait raffermir le monde nouveau. Mais la résistance que lui opposaient les intérêts
anciens, ligués contre lui, condamnait encore ce grand
organisateur au rôle de conquérant. Napoléon, par le
traité du 14 juillet 1806, avait étendu sa souveraineté
sur la Confédération germanique. La Prusse, unie à la
Russie, avait formé cette quatrième coalition dont les
victoires d'Iéna, de Friedland et d'Eylau furent les principaux actes, et dont la paix de Tilsit fut le dénoûment.
L'une des conséquences de la paix avait été la réinté-
gration de la maison de Cobourg dans la souveraineté
dont elle était dépouillée. Napoléon n'avait pu refuser
à Alexandre cette satisfaction, qui devenait toute personnelle à ce souverain par suite du mariage de Con-

stantin, son frère, avec une princesse de cette maison.

A cette époque, le prince Léopold avait dix-sept ans.
C'est à cet âge que commence cette carrière qui devait
toucher à tant d'événements jusqu'à ce qu'elle se des-
sinât, avec une importance toute personnelle, dans le
mouvement européen. Frère loyal et dévoué dans la
crise de sa famille, acceptant avec une noble dignité
les épreuves, les difficultés, les coups du sort, les dominant par son courage, montrant dans l'administration
provisoire des États de son frère aîné, que celui-ci lui
avait laissée, une sagesse, une prudence et une activité
que sa jeunesse extrême ne comportait pas ; studieux et
laborieux à ce moment de la vie où le plaisir vous entraîne et vous séduit ; calme et résolu sur le champ de
bataille, avec le coup d'œil qui devine et le sang-froid
qui domine ; inflexible dans le devoir tel qu'il le comprenait ; sacrifiant son ambition à son honneur tel qu'il
le sentait ; impassible aux séductions de la fortune,
même quand elle se présentait à lui dans la main glorieuse et magnanime de l'empereur Napoléon, alors le
maître du monde ; luttant à Lutzen, à Bautzen, à Dresde,
dans l'armée de la coalition, parce qu'il croyait que la
cause de l'Europe était la sienne ; envahissant la France
avec les alliés pour un but que lui, prince allemand, considérait comme légitime ; combattant l'empire tout en
admirant l'empereur ; plus tard époux de l'héritière de
la couronne d'Angleterre ; heureux sans ivresse, puissant
sans orgueil ; acceptant le bonheur et la prospérité
comme il avait accepté les disgrâces de la fortune ; vivant
à côté de sa jeune et noble compagne dans l'union la plus

tendre et la plus intime ; rehaussant son rang par le
travail, par la bonté et par la simplicité ; puis frappé
d'un coup terrible qui lui enlève la femme qu'il aimait ;
brisé par ce coup, mais fort et résigné comme doit
l'être un homme ; forçant le peuple anglais à l'estimer,
à l'honorer, et à élever son nom par sa confiance aussi
haut que le rang qu'il avait perdu ; apprenant par les
mœurs et les institutions de ce grand peuple à gouverner librement une nation libre ; refusant la royauté
en Grèce afin de ne pas l'abaisser ; enfin, roi des Belges, fondateur d'une dynastie et d'une nationalité,
désigné pour cette haute mission par l'opinion publique, élu par un peuple, commençant son règne au
milieu d'immenses difficultés, le développant et le continuant par sa prudence, par sa modération, par sa
probité ; intervenant dans les grandes affaires des États
de premier ordre ; juge de paix de l'Europe, à certains moments où les procès diplomatiques allaient dégénérer en coups de canon ; en un mot, père de famille
sur son trône, popularisant le pouvoir par ses bienfaits,
agrandissant les frontières morales de son État par la
reconnaissance nationale et l'estime universelle : tel
apparaît à l'histoire Léopold de Saxe-Cobourg, né
le 16 décembre 1790, et qui est aujourd'hui dans la
soixante-sixième année de sa vie et dans la vingt-sixième
de son règne. Longue vie d'homme et de souverain,
qui, selon l'impulsion qui devait la diriger, pouvait
faire beaucoup de mal ou beaucoup de bien !

III.

Ce tableau rapide de l'existence du roi Léopold est aussi l'explication la plus complète de son caractère personnel et de son rôle politique. Dans chacun de ces événements et dans le rôle qu'il y a pris, apparaît l'homme avec sa nature droite et réservée, avec sa conscience ferme et nette, avec son esprit positif et calculateur, avec ses sentiments nobles et généreux. Il y a en lui un mélange d'esprit allemand et d'esprit anglais. La famille des Cobourg représentait en Allemagne les idées avancées, dont la réforme avait jeté la semence jusque dans les cours. Un prince que nous avons déjà nommé avec respect, Ernest le Pieux, avait popularisé son règne par les créations les plus utiles; c'est lui qui, à une époque où l'Europe entière naissait à peine à la vie intellectuelle, organisa dans ses États l'instruction primaire et secondaire. Aussi le dicton suivant est-il resté sur sa mémoire : « Les paysans du duc Ernest sont plus savants que les gentilshommes des autres contrées. » Voltaire et le grand Frédéric savaient que dans ce petit coin du saint empire il y avait plus de lumières, de science et de civilisation que dans certains grands États, et leurs sympathies s'attachaient particulièrement à la duchesse de Gotha, femme supérieure, qui avait épousé le chef de cette branche. C'est à cette princesse que Voltaire écrivait : « Où pourrais-je vivre dorénavant, madame, après avoir passé un mois à vos pieds? Croyez-vous qu'en quittant votre palais le séjour de Plombières me sera bien

agréable? Ce sont les eaux du Léthé qu'il me faudrait.
Je prévois, madame, que je n'aurai d'autre chose à
faire qu'à revenir faire ma cour à Vos Altesses Sérénis-
simes. J'ai été dans le temple de la raison, de la grâce,
de l'esprit, de la bienfaisance et de la paix. Je retour-
nerai dans ce temple. Il n'y aura pas moyen d'aller
vivre avec des profanes. » Cette admiration raffinée par
la galanterie est trop vivement exprimée pour ne pas
être sérieusement sentie. Le grand Frédéric traitait les
plus hautes questions aussi bien que les intérêts intimes avec madame la duchesse de Gotha. Consulté par
elle sur un projet de mariage pour sa fille avec le duc
d'Orléans, Frédéric opposait la différence de religion,
et disait avec son spirituel scepticisme : « Henri IV
trouvait que Paris valait bien une messe, mais je ne
crois pas que la place de duchesse d'Orléans vaille
autant. » On voit ce que comptaient à cette époque les
Cobourg, qui avaient l'amitié du grand Frédéric, l'admiration de Voltaire, et qui discutaient l'alliance d'un
prince de la maison royale de France.

La filiation allemande du roi Léopold n'a donc rien
qui désavoue les habitudes et les tendances de son esprit. Le descendant du prince qui, en 1640, organisa
dans ses États l'instruction secondaire et primaire, et
qui faisait de ses paysans des gens plus instruits que
les gentilshommes des autres contrées, pouvait bien
être au commencement du dix-neuvième siècle un
prince libéral et éclairé. Mais il faut reconnaître que le
contact de Léopold avec les mœurs et les institutions
de l'Angleterre, et plus tard son alliance intime avec

10.

la France, ont beaucoup contribué à développer en lui
cette supériorité solide et réelle dont il fait preuve
dans les affaires les plus délicates ; supériorité qui ne
s'apprend pas, mais qui s'acquiert.

IV.

L'empereur Napoléon Ier avait remarqué à Erfurt,
dans la suite d'Alexandre, un jeune prince d'une taille
élevée, d'une figure intelligente et noble, d'un maintien digne et modeste. Ce prince était Léopold de Cobourg, qui avait le grade de général dans l'armée
russe. Il ne pouvait convenir aux vues et au caractère
de Napoléon que cette maison, à laquelle il avait rendu
sa souveraineté par le traité de Tilsit, passât ainsi
sous la suzeraineté de la Russie, et méconnût sa prépondérance. Aussi ne tarda-t-il pas à signifier sa volonté. Napoléon voulait que le duc régnant renonçât à
l'alliance de l'Autriche, et que le prince Léopold quit-
tât l'armée d'Alexandre. On sait ce que pesait cette
volonté à cette époque, et ce qu'il en coûtait pour la
méconnaître et pour l'enfreindre. Léopold ne se laissa
aller ni à la témérité d'une révolte, ni à l'impatience
d'une soumission. Déjà prudent et mesuré, quoique
bien jeune, il voulut voir par lui-même l'état des choses
avant de se décider. Il vint donc à Paris. La grandeur du
héros qui avait vaincu l'anarchie et soumis le monde
l'éblouit, mais ne l'entraîna pas. Il céda sans se donner. La résistance eût été folle ou puérile ; il le comprit. Sa soumission sauva la souveraineté de sa maison

et le trône de son frère, mais elle n'humilia pas son nom. Il ne passa pas de la suite d'Alexandre dans celle de Napoléon. Il aurait pu se concilier peut-être la faveur du grand homme qui était à cette époque l'arbitre de la fortune des princes. Mais il resta fidèle à ce qu'il croyait la dignité de sa situation.

Dans cette attitude du jeune prince vis-à-vis de Napoléon, il y a peut-être un autre mobile moins élevé, plus politique, mais qui nous paraît aussi se rapporter à sa nature. S'il était digne, il était prudent aussi, et quoique l'empire français eût à cette époque toute la force que pouvait donner la gloire, il était facile cependant à un regard pénétrant d'apercevoir le ressentiment et la réaction de l'Europe dans la servitude qu'elle subissait. Léopold prévoyait sans doute cette lutte suprême qui tôt ou tard devait se produire, et, par instinct autant que par calcul, il aimait mieux se réserver que s'engager.

V.

Mais c'est surtout en Angleterre que le prince Léopold va dessiner sa personnalité politique. Son apparition sur les marches de ce trône, l'un des plus beaux du monde, devait former son caractère et élever son nom à la hauteur de toutes les responsabilités et de toutes les situations; il avait moins espéré que mérité cette puissante alliance. La princesse Charlotte, fille du prince de Galles, n'était pas seulement l'héritière de la couronne des trois royaumes unis; elle était aussi un type de

beauté, de grâce, de distinction morale; elle était faite
pour éblouir l'ambition, pour passionner les sentiments, pour charmer le regard et le cœur; elle apportait la fortune et, ce qui est mieux encore, le
bonheur. Aussi les prétendants étaient-ils nombreux.
Chacun d'eux avait des intérêts politiques puissants
pour le servir. Léopold de Cobourg, seul entre tous,
n'avait rien à offrir. L'alliance de sa maison ne pouvait
tenter l'Angleterre; mais ses qualités brillantes et solides fixèrent le choix de la jeune princesse, et le mariage fut célébré à Carleton-House, le 2 mars 1817.

Devenu le mari de la future reine de la Grande-
Bretagne, le prince Léopold avait conformé ses goûts
et ses habitudes à cette situation brillante et difficile
qui demandait plus de dignité que d'orgueil, plus de
tact et de réserve que d'autorité. Il s'était attaché à
plaire à tout le monde et à n'effrayer personne. Il avait
affecté de rester étranger à toute influence sur les affaires politiques. Nommé citoyen anglais, membre de
la famille royale, général, bourgeois de la cité de Londres, il n'avait accepté ces honneurs et ces avantages
que pour s'associer plus complétement à sa nouvelle nation, et non pour y trouver l'autorité d'un rôle
personnel. Sa vie était plus intime que publique. Réfugié à Claremont, il n'était mêlé à aucune intrigue de
cour, ni à aucune agitation parlementaire. Le bonheur
et l'étude l'absorbaient. Si cette existence n'eût pas
été le penchant de son cœur, elle aurait dû être le calcul de son ambition. En effet, le prince Léopold, jeune,
distingué, spirituel, instruit, appelé à s'asseoir un

jour sur le trône, à côté de sa noble et auguste compagne, avait d'autant plus de prestige qu'il avait plus
de réserve; on le recherchait précisément parce qu'il
ne se prodiguait pas. Cette aristocratie anglaise, si
éclairée, si patriotique, et cependant si jalouse de ses
prérogatives, qui sont celles de la nation, eût été dé-
fiante et retenue vis-à-vis d'un prince étranger qui
aurait laissé voir l'esprit de domination; mais en trouvant Léopold froid, calme, presque indifférent, et cependant capable d'apprécier et de diriger les intérêts
dont il ne s'occupait pas, elle le respectait sans le
craindre; elle exaltait d'autant plus sa supériorité
qu'elle croyait n'avoir point à la redouter.

Hélas! ce bonheur que le jeune couple avait trouvé
dans l'intimité de l'affection, ne fut qu'éphémère. La
princesse Charlotte fut enlevée en quelques heures, le
jour même où elle accouchait d'un enfant qui ne vécut
pas. L'Angleterre perdait une charmante et noble souveraine, née pour faire aimer le trône. Le prince Léopold perdait une femme accomplie, faite pour rendre
la vie heureuse et douce. La douleur publique fut immense et spontanée comme le coup de foudre qui la
provoquait. Le prince se réfugia dans le souvenir de
sa bien-aimée. Il resta à Claremont où tout lui parlait
d'elle. Il vécut dans le culte de sa mémoire. Le peuple
anglais le combla d'estime et de sympathies. La famille
royale ne voulut pas accepter cette rupture de la mort.
Elle resserra les liens qui l'attachaient au prince; elle
lui donna des titres qui le rapprochèrent d'elle, de
la nation et du gouvernement. Toutes les espérances

dont il était l'objet se changèrent en regrets, et la popularité, d'ailleurs de bon aloi, qu'il avait conquise,
grandit encore dans le deuil de la nation et dans celui
de son bonheur.

Membre de la famille régnante d'Angleterre, prince
royal, feld-maréchal, ayant les honneurs du conseil
privé, Léopold fut ainsi mêlé pendant treize ans à
tout le mouvement de la politique d'Angleterre et d'Europe. Il vit de près tous les ressorts du gouvernement
constitutionnel dans le seul pays où il ait pu être pratiqué ; il apprit les affaires générales de tous les états;
il noua avec les souverains et les hommes politiques
des rapports qui plus tard devaient avoir pour lui un
intérêt considérable ; enfin, par l'autorité de cette
situation, par l'estime qu'inspirait son caractère, il
devint un prétendant disponible pour toute éventualité
qui pouvait se produire dans le mouvement européen.

VI.

Cette éventualité apparut au mois de novembre 1829,
après l'expédition de Morée, qui, faite de concert par
la France, l'Angleterre et la Russie, eut pour résultat
la constitution de la Grèce en royaume indépendant.
Nous ne faisons pas une biographie du roi Léopold, et
nous ne rappelons cette circonstance importante de sa
vie que pour mieux le caractériser dans cette étude. Le
nom de ce prince était dans l'attente de l'opinion et
dans les vues de l'Europe. Mais lui, toujours simple et
calme, restait dans une réserve à peu près complète.

Ce n'est pas que l'honneur de régner lui fût indifférent; mais si un trône se présentait pour lui, il voulait y monter avec dignité, afin de l'occuper avec autorité. Aussi, lorsque lord Aberdeen, le duc de Montmorency-Laval et le prince de Lieven lui offrirent, au nom de leurs gouvernements respectifs, la souveraineté héréditaire du nouvel État, cette ouverture, si flatteuse pour lui, le trouva-t-elle plus soucieux de sa gloire que de son ambition. Il déclara au duc de Wellington qu'il n'accepterait la couronne de Grèce que si on laissait aux Grecs le droit de s'opposer à sa nomination, et qu'il ne voulait tenir la puissance suprême que de leurs libres suffrages. Son acceptation ne fut donnée dans un acte daté de Claremont le 11 février 1830, qu'avec le sous-entendu de cette réserve, qui est importante à mentionner ici, car elle caractérise celui qui plus tard devait faire de ce principe, la force, le droit et la règle de sa destinée royale.

Ce qu'il y a de remarquable dans les négociations qui eurent lieu à propos de cette affaire, c'est la ferme et noble indépendance du prince Léopold en face des trois puissances signataires du traité du 6 juillet 1827. Ce n'est pas assez pour lui, comme nous venons de le voir, du choix de l'Europe; il veut de plus l'élection libre du peuple sur lequel il est appelé à régner. Mais, cette condition même remplie, il n'entend accepter le royaume de Grèce qu'avec des garanties de sa stabilité, et des fixations de traités conformes à ses intérêts. Il discute les protocoles; il en demande la révision;

de sa retraite de Claremont, n'ayant ni autorité propre,
ni chancellerie pour l'inspirer, ni armée pour le soutenir, ni opinion pour l'approuver, prince sans princi-
pauté, il discute avec la Russie, la France et l'Angleterre, d'égal à égal; il ne subit pas la loi ; il ne courbe
pas la tête sous la couronne qu'on lui offre ; il entreprend de faire prévaloir la raison, l'équité et le bon
sens.

Cette affaire de Grèce était embarrassante et pénible;
elle pouvait amener des complications. Les trois puissances avaient hâte de la résoudre. Le dénoûment fut
précipité par cette impatience, et Léopold fut reconnu
diplomatiquement roi des Grecs avant l'entente définitive sur tout ce qui faisait l'objet de ses réserves.
D'un autre côté, la situation intérieure de la Grèce
n'était pas bonne. Les partis étaient ardents dans leur
division. Les arrangements des puissances trouvèrent
plus de mécontents que d'approbateurs. Le sénat avait
déclaré au nom du peuple qu'il ne se soumettrait que
par résignation à un état de choses qu'il repoussait
par patriotisme. Léopold n'hésita pas; il adressa aux
plénipotentiaires des trois puissances une note remarquable pour exposer les motifs de son refus.

Toute la pensée du prince Léopold se résumait dans
cette déclaration, qu'il n'entendait pas être sur un
trône étranger *le délégué des cours alliées*. Il ne voulait
pas régner à la condition de s'humilier. C'est cette pensée que nous allons retrouver dans les événements qui
ont préparé son avénement en Belgique, et qui ont
marqué son règne.

Ici notre impartialité d'historien nous commande de rectifier une erreur qui a trouvé quelque crédit. On a prétendu souvent que Léopold avait refusé d'être roi des Grecs pour devenir roi des Belges. L'erreur ne tiendra pas devant un simple rapprochement de dates : La rupture des négociations pour la Grèce est du 21 mai 1830; la révolution de Bruxelles n'a eu lieu qu'au mois de septembre de la même année. Léopold ne pouvait prévoir la compensation qui lui était réservée quand il déclinait l'offre des trois puissances. L'honneur et la dignité de sa résolution lui restent donc acquis. Cette résolution étonna l'Europe, mais elle grandit le prince qui préférait son indépendance obscure à l'éclat d'une couronne humiliée.

VII.

La Belgique, attachée à la Hollande par les traités de 1815, se sentait asservie. Elle avait été Allemande et Française; mais elle avait été Française surtout; séparée de la France par une ligne sur la carte, elle avait vécu des sentiments, des idées, des espérances de notre pays. En Belgique, le sentiment de la liberté était profond; mais il se conciliait avec un respect du pouvoir, un esprit d'ordre, et une puissance de foi religieuse qui ne permettaient pas à ce sentiment libéral de dégénérer en révolte. C'est précisément par l'union de ces deux principes, de ces deux grandes forces morales, les plus grandes du monde, la liberté et la foi, que se prépara la révolution belge. Dès 1828, une ré-

sistance énergique s'était organisée contre le roi Guillaume. Cette résistance se maintenait cependant sur le
terrain légal, et se manifestait par la presse et par le
pétitionnement. La révolution de juillet, en donnant
aux peuples et aux rois un ébranlement profond, détermina le mouvement de Bruxelles. On venait de repré-
senter la *Muette de Portici*. Le peuple impressionné,
irrité et entraîné par cette musique retentissante
comme un clairon de combat, avait répondu au signal
de quelques chefs influents, s'était révolté, et après
une nuit sanglante avait chassé l'armée royale. Les
mémorables journées de septembre achevèrent ce que
la nuit du 25 août avait commencé. Le gouvernement
du roi Guillaume avait été vaincu, l'armée de son fils,
le prince royal, avait été dispersée ; les provinces
avaient répondu à l'exemple de la capitale ; la révolution belge était accomplie. Mais son indépendance était
loin d'être reconnue et fondée.

Qu'allait faire l'Europe ? Comment prendrait-elle
cette large déchirure faite par une insurrection victorieuse aux traités de 1815? Heureusement, à cette
heure, la vieille Europe n'était pas remise de la secousse de la révolution de France. La Pologne se levait,
l'Italie frémissait, l'Allemagne attendait, les peuples
palpitaient d'espérance et les rois tremblaient. L'inflexibilité du principe territorial céda donc devant la
nécessité et la prudence. Les vieilles monarchies con-
sentirent à sanctionner la révolution en Belgique, pour
en limiter l'essor. C'était la part du feu. Des conférences s'ouvrirent à Londres pour régler les conditions

d'existence du nouveau royaume, dans ses rapports avec les intérêts généraux de l'Europe.

L'histoire des négociations de ces conférences, des questions qui s'y traitèrent et des protocoles qui en sortirent, ne saurait entrer dans le cadre étroit de cette étude. Nous n'y prendrons que ce qui est nécessaire à notre sujet. Le premier résultat de ces conférences, en consacrant la séparation de la Belgique et de la Hollande, en reconnaissant l'indépendance du peuple belge, avait permis au congrès réuni à Bruxelles de s'occuper de la constitution du gouvernement. D'abord quelle en serait la forme? Serait-ce la monarchie? Serait-ce la république? Une république était incompatible avec la situation de l'Europe. Elle ne pouvait être proposée que par le fanatisme d'une doctrine ou par la folie de l'orgueil. Aussi la monarchie réunit-elle la presque unanimité des suffrages dans le congrès et dans l'opinion. Mais la question de principe réglée, restait la question de personne. Qui serait roi? Plusieurs noms étaient agités : celui du duc de Nemours, celui du duc de Leuchtenberg, celui d'un prince de Naples, enfin celui de Léopold de Saxe-Cobourg.

Le duc de Nemours, c'était la réunion politique à la France, avec l'indépendance territoriale. La nouvelle dynastie devait désirer cette solution; mais elle n'était pas en mesure de la faire accepter par l'Europe, encore moins de l'imposer. Aussi après l'élection de ce prince par 97 suffrages sur 192 votants, le roi Louis-Philippe, avec plus de sagesse que d'ambition, répondit à la députation du congrès : « Mon premier devoir est de con-

» sulter avant tout les intérêts de la France et de ne pas
» compromettre cette paix que j'espère conserver.
» Exempt moi-même de toute ambition, mes vœux pa-
» ternels s'accordent avec mes devoirs. Ce ne sera ja-
» mais la soif des conquêtes ou l'honneur de voir une
» couronne placée sur la tête de mon fils qui m'auto-
» riseront à exposer mon pays au renouvellement des
» maux que la guerre amène à sa suite. » C'était déclarer nettement que l'Europe ne permettait pas à la nouvelle dynastie qui venait de surgir en France, de renouveler en 1830, sur sa frontière du nord, le pacte de
famille que Louis XIV avait fait en 1700, sur sa frontière du midi.

Le duc de Leuchtemberg représentait la gloire impériale, qui à ce moment n'était pas encore revenue de
Sainte-Hélène. L'Europe la laissait sur son rocher, la
croyant condamnée à un exil éternel. La faire revivre,
même dans un royaume qui n'avait été naguère qu'une
de ses provinces, paraissait un danger immense.
L'ombre de l'empire régnant à Bruxelles aurait fait
trembler tous les vieux États. Le cabinet de Paris s'en
émut plus qu'un autre, et le général Sébastiani, dans
ses dépêches à l'ambassadeur français, le général Belliard, déclara nettement l'impossibilité de ce nom.

La lutte était donc entre le prince Léopold de Cobourg et le prince de Naples. Léopold fut élu par
152 voix sur 196 votants. Mais fidèle à la règle de conduite qu'il avait suivie dans l'affaire grecque, il soumit
son acceptation à la réserve formelle de l'adhésion du
congrès au traité de paix proposé par la conférence. Il

ne lui convenait pas plus vis-à-vis de la Belgique que vis-à-vis de la Grèce, d'être le délégué des cours alliées ; il voulait être le roi des Belges.

Le traité des dix-huit articles ayant été adopté après des discussions très-orageuses, par 126 votants contre 70, Léopold quitta l'Angleterre le 17 juillet 1831, entra en Belgique le 19, et le 21 du même mois prêta serment à la constitution, en présence du peuple sur lequel il allait régner.

VIII.

La tâche était aussi grande que difficile. Comment le roi Léopold l'a-t-il comprise et accomplie ? C'est ce qui nous reste à examiner pour compléter cette étude.

La question la plus grave à cette époque, celle qui dominait toutes les autres, était le règlement de la situation respective de la Belgique et de la Hollande. Le traité des dix-huit articles, auquel le congrès avait adhéré, réservait après l'avénement du roi des Belges l'affaire si délicate du Luxembourg et du Limbourg. Cette affaire, qui mettait en présence des prétentions absolument opposées, était le grand embarras de la diplomatie et pouvait devenir l'écueil de la paix. Mais le traité des dix-huit articles, que les hommes d'État les plus éminents de la jeune Belgique, MM. Nothomb, Lebeau, Rogier et Devaux, avaient eu tant de peine à faire ratifier par le congrès, n'avait pas l'approbation de la Hollande. Le roi Guillaume, aussi tenace que résolu, impatient d'ailleurs de venger l'outrage subi par sa couronne

et la défaite de son armée, excité par l'ardeur bouil-
lante de son fils le prince d'Orange, se décida à l'offen-
sive. La situation du roi Léopold était critique ; il
n'avait pas d'armée pour repousser cette attaque ; l'intervention étrangère semblait une humiliation. Les
Belges avaient le téméraire amour-propre de croire
qu'il suffisait d'un élan national pour arrêter l'ennemi.
L'élan national se manifesta sous forme de bandes in-
disciplinées, qui se ruèrent sur Louvain, et qui se dis-
persèrent au choc de l'armée hollandaise. Le roi Léopold, plus dévoué que confiant, voulut se mettre à la
tête de cette singulière armée. Son attitude personnelle
fut des plus convenables, nous en trouvons la preuve
dans une dépêche particulière du général Belliard, ambassadeur de France : « Le roi des Belges s'est montré
» d'une bravoure et d'un sang-froid extraordinaires. Sou-
» vent il a fait le sous-lieutenant. Avant-hier plusieurs
» fois il a été exposé à être tué. On le voyait aux tirail-
» leurs donner des directions aux colonnes, placer l'ar-
» tillerie et diriger tous les mouvements ; sans lui, sans
» les soins qu'il a pris, l'armée belge était anéantie, et
» l'autorité des Nassau imposée de nouveau à la Bel-
» gique. »

Le roi Léopold montra autant de sagesse après la
lutte qu'il avait montré de courage et de sang-froid
sur le champ de bataille. Sans écouter davantage les
ridicules forfanteries d'un faux patriotisme, il appela
résolûment l'intervention française. La France n'attendait que ce signal. Le maréchal Gérard, accompagné
du duc d'Orléans, entra sur le territoire belge, et de-

vant notre armée le prince d'Orange battit en retraite.
Mais la Hollande venait de prouver sa supériorité rela-
tive, et devant la conférence elle avait gagné tout ce
que la Belgique avait perdu.

IX.

La conférence devant renoncer à concilier des prétentions inconciliables, prit enfin une grande résolution. Elle adopta le 15 novembre 1831 le traité dit des
vingt-quatre articles, qui stipulait des arrangements
définitifs. En apprenant qu'elle perdait le Limbourg et
toute la partie allemande du Luxembourg, la rive droite
de la Meuse, et qu'elle était condamnée à payer à la Hollande, pour sa part dans la dette commune, huit millions
quatre cent mille florins de rente, la Belgique fut conster-
née. Que devait, que pouvait faire le roi Léopold? D'un
côté, le sentiment de l'Europe le poussait à une soumission nécessaire; de l'autre, le sentiment de l'opinion l'entraînait à une rupture impossible. En adhérant, il blessait son peuple; en refusant, il le sauvait, mais il compromettait sa couronne. La Belgique demandait au moins
l'évacuation préalable de son territoire avant de ratifier
le traité. Mais l'entêtement du roi Guillaume allait jusqu'à lui refuser cette modeste et légitime satisfaction.
Cependant le roi Léopold, comprenant la gravité de cette
crise, dominant le bruit des passions, exposant sa
popularité comme les véritables hommes d'État doivent
le faire à certaines heures, prit sur lui de renoncer
même à ce qu'il y avait d'absolu dans cette prétention,

11

et il envoya un plénipotentiaire à Londres pour transiger.

Cette hardiesse, qui devait tout sauver, révolta l'opinion et amena une crise ministérielle. Le roi Léopold ne trouva pas un ministre qui voulût le suivre dans cette voie, dont la responsabilité était pénible et périlleuse; il fut obligé de garder un cabinet intérimaire. Mais on comprit bien vite tout ce qu'il y avait de sagesse dans cette hardiesse. Dès que la Belgique eut fait connaître son assentiment au traité du 15 novembre, la Hollande changea d'attitude. Son représentant n'avait même pas de pouvoir. Sa diplomatie jouait au fin devant la conférence de Londres. Elle avait voulu simplement compromettre la diplomatie belge auprès des grandes puissances, lui laisser la responsabilité du refus, et se solidariser avec l'Europe contre la Belgique. Le piége était habile. En le déjouant, le roi Léopold s'assura la situation que le cabinet de la Haye s'était si habilement ménagée. Il entraîna la conférence à reconnaître la nécessité des mesures coërcitives contre son tenace adversaire. Dès lors, sa cause devenait celle des puissances signataires du traité, et l'intervention de la France et de l'Angleterre allait devenir une intervention européenne.

X.

Cette intervention avait eu pour conséquence l'évacuation de la citadelle d'Anvers; mais tout n'était pas réglé cependant. La Hollande vaincue ne cédait pas encore. Elle refusait d'évacuer les forts de l'Escaut.

L'Autriche, la Prusse et la Russie, rassurées déjà, regrettaient peut-être leurs concessions. La Prusse avait un corps d'armée sur la frontière. La Confédération germanique était émue d'une guerre qui touchait à ses limites. La France et l'Angleterre s'étaient engagées à soutenir la Belgique, mais elles ne voulaient pas embraser l'Europe. Cependant il fallait sortir de cette impasse; il fallait contraindre la Hollande par la force ou la ramener par la conciliation. Le premier parti était dangereux et pouvait entraîner une situation générale; le second semblait plus prudent, et les deux cabinets de Londres et de Paris s'y arrêtèrent d'un commun accord.

Le roi Léopold s'éleva encore dans cette occasion, par son indépendance et par sa fermeté, au-dessus de ce qu'on pouvait attendre de son caractère. Lui, roi sans aïeux, sans tradition, presque sans armée, vaincu à Louvain par la Hollande, suspect aux vieilles monarchies à cause de son origine révolutionnaire, faiblement soutenu par les deux grandes puissances maritimes, ses alliées sincères, mais timides, lui seul contre tous, résista non-seulement aux menaces de ses ennemis, mais encore, ce qui est plus difficile, à la pression de ses amis! En vain lui montra-t-on les conséquences d'une nouvelle négociation, son trône affermi, sa nationalité définitivement inscrite à l'état civil des légitimités, et reconnue même par la Hollande; les incertitudes finies, les agitations intérieures apaisées, la paix enfin, cette paix si nécessaire à son pouvoir, définitivement assurée. Léopold résista. Il résista même aux conseils, aux

prières du roi Louis-Philippe. Sa résistance eut des
conséquences immenses pour son royaume. En maintenant un état de choses provisoire, et en suspendant
l'exécution du traité du 15 novembre 1831, elle dis-
pensa la Belgique de payer à la Hollande sa part de la
dette commune jusqu'en 1839, époque de la ratification de ce traité par le cabinet de la Haye [1]. Jusqu'à
cette époque, la Hollande a pourvu seule aux arrérages
de sa dette, et la Belgique a réalisé un bénéfice de près
de deux cents millions.

En face de cette résolution du roi Léopold de ne pas
accepter de nouvelles négociations, et de conserver le
pouvoir, il n'y avait qu'à suspendre les hostilités et à
attendre l'avenir. On sait que ce fut l'objet de l'armistice
connu dans l'histoire diplomatique sous le nom de
convention du 15 mai 1833.

Grâce à la prévoyance et à la fermeté de son roi, la
Belgique sortit donc de cette longue crise sans s'être
humiliée devant la Hollande, après avoir maintenu son
droit devant l'Europe, contre ses amis et ennemis.
Maintenant elle allait respirer et pouvoir développer
ses institutions et sa prospérité.

XI.

Ce n'est qu'en 1839 que la Hollande adhéra enfin au
traité des vingt-quatre articles, et que la situation ré-
ciproque des deux États fut définitivement réglée. Mais

---

[1] Nous empruntons cette remarque très-juste à une notice remarquable
qui vient de paraître à Leipzig sous le titre de *La Royauté belge*, et qui
a pour auteur un professeur très-distingué de l'université de Louvain.

ce résultat ne pouvait être obtenu qu'après une crise.
Pendant les six années qui s'étaient écoulées la Belgique avait grandi; la sagesse de son souverain, le patriotisme de ses habitants, l'activité de son industrie,
lui avaient assuré dans l'équilibre européen une place
plus importante que celle qu'elle occupait sur la carte.
Mais aussi, en se sentant mieux assise, plus forte,
plus respectée, elle se sentait plus humiliée des sacrifices qui lui étaient imposés. Cependant la nécessité, cette loi inflexible, ordonnait de céder. Les limites
du territoire, qui étaient restées indécises dans ce long
provisoire, furent tracées; la partie des habitants du
Luxembourg et du Limbourg qui passa à la Hollande manifesta vainement ses sentiments, ses préférences et ses regrets. La conférence avait prononcé, il
fallait se soumettre.

Que pouvait faire le roi Léopold? Pouvait-il, lui, roi
de quatre millions d'hommes, lutter contre l'Europe?
Fallait-il compromettre la Belgique pour l'agrandir?
Devait-il livrer aux chances d'une lutte impossible une
nationalité si péniblement conquise et affermie, pour
l'honneur ou l'avantage d'une frontière? Il ne le pensa
pas. Après avoir résisté à la conférence, dès que son
parti fut pris, il sut résister et commander à l'opinion,
et sans s'effrayer des agitations intérieures, il accepta
avec une noble fermeté la seule condition réelle du
salut de son peuple.

L'Europe lui tint compte de cette modération, et ce
qu'il gagna en autorité personnelle, en influence morale pour la Belgique, compensa largement les pertes

de territoire et les charges qui résultaient de l'exécution du traité du 15 novembre 1831.

Une occasion se présenta d'ailleurs bientôt pour lui
d'exercer cette influence en dehors des intérêts de son
propre pays, et de prendre une situation européenne
dans une affaire de la plus haute importance pour
tous les grands États. La question d'Orient avait éclaté,
en soulevant des tempêtes. On sait ce qui arriva : la
France avait été mise en dehors du concert européen.
Le ministère du 1ᵉʳ mars 1840, qui avait pour chef
M. Thiers, avait compromis sa politique dans une témérité qui devait aboutir à une reculade. L'Angleterre,
la Russie, l'Autriche et la Prusse, en s'unissant par le
traité du 15 juillet, nous avaient isolés. Cette situation
était critique et pouvait embraser le monde. Une guerre,
à ce moment, eût été périlleuse pour la France, terrible pour l'Europe, mortelle peut-être pour la dynastie
d'Orléans. Le roi Léopold, qui n'avait pas de rôle
actif dans cette question, comprit ce qu'aurait d'importance et d'honneur le rôle d'arbitre. Il s'interposa
donc entre la France et l'Europe; il multiplia les efforts
et les démarches, et ne contribua pas peu à faire rentrer la France dans le concert européen.

Ce fut un grand service qu'il rendit à son royal beau-
père. Relativement aux circonstances, ce fut aussi un
service rendu à la France, qui, politiquement, était
sur un mauvais terrain pour faire la guerre. Mais il est
impossible de ne pas remarquer que la France ne doit
pas s'exposer à en recevoir de cette sorte de ses voisins. Un État de premier ordre comme elle n'a pas

besoin d'entrer en conciliation avec ses adversaires au tribunal d'une justice de paix diplomatique. C'est à elle de défendre son droit, et de le faire prévaloir quand il est d'accord avec l'intérêt général.

Maintenant l'intervention du roi Léopold était plutôt dynastique que politique. Il avait épousé la princesse Louise, fille aînée du roi Louis-Philippe. Cette princesse, qui avait toutes les vertus de sa mère, avait été le lien d'une union intime entre les deux maisons royales de France et de Belgique. Elle avait apporté à ce trône si jeune, si faible, la force d'une grande alliance, l'affection et le dévouement d'une famille nombreuse, virile, brillante, dont la popularité était alors universelle. A cette époque, le roi Léopold était donc intéressé non-seulement par la reconnaissance et par le cœur, mais aussi par les raisons politiques les plus graves, à éloigner de la dynastie qui régnait aux Tuileries tout élément de division avec les États monarchiques du Nord et avec l'Angleterre. Il sentait que la guerre l'aurait atteint avant tout le monde, et que si elle avait des chances diverses de fortune et de gloire pour ses puissants voisins, elle n'avait que des périls pour lui.

C'est ici le cas de dire que le second mariage du roi Léopold fut pour lui, pour la Belgique, une des causes de l'éclat et de la prospérité de ce règne. La reine Louise, irréprochable comme femme, fut admirable comme mère et comme reine. Aussi lorsqu'elle mourut, peu de jours après son père, sa mort ne fut pas seulement un deuil royal, mais un deuil national.

XII.

Il nous reste encore, pour compléter cette étude, à dessiner le rôle du roi Léopold dans la politique intérieure de son règne. Dans cet espace de vingt-cinq ans, la Belgique a déjà préparé pour l'histoire d'importants matériaux et d'utiles enseignements. Nous ne venons pas anticiper sur son œuvre; nous ne voulons que reproduire les traits généraux de cette loyale et attachante physionomie, d'après l'empreinte que lui ont laissée les événements accomplis dans ce pays.

La situation intérieure de la Belgique était loin de présenter les difficultés de sa situation extérieure. A l'étranger, elle ne trouvait que des défiances; mais en elle-même, l'orgueil du patriotisme dominait tout. Elle était heureuse et justement fière d'être devenue un royaume après avoir été si longtemps une province. La royauté qui allait s'établir ne blessait donc aucune prétention, aucun principe, aucun sentiment. Dans cette royauté, c'était la patrie qui allait se constituer, se développer, grandir et vivre. Les républicains étaient ardents sans doute, comme ils le sont partout; mais ils étaient si peu nombreux, que leur ardeur ne pouvait effrayer personne. Les orangistes cachaient leur dépit, leurs regrets, et n'auraient point osé manifester leurs espérances. En réalité, il n'y avait donc pas de partis contre la royauté. Mais il y avait des doctrines, des ambitions, des passions, des personnalités qui allaient se disputer le pouvoir.

La constitution belge, faite par le pouvoir législatif

seul, donnait à celui-ci la part du lion. Cette constitution, dont la chambre formait le chapitre premier, et dont le roi forme seulement le second chapitre, livrait le gouvernement presque tout entier à la représentation nationale. Cette représentation elle-même était sans contre-poids, car le sénat était le produit de l'élection, comme la chambre des représentants. Tous les pouvoirs étaient organisés sur les mêmes bases. Liberté illimitée et autorité liée : telle était en deux mots la constitution belge.

Ce qu'il fallait de tact, de souplesse, de mesure et de fermeté au souverain placé dans de telles conditions, est plus facile à comprendre qu'à dire. Un homme ordinaire y eût échoué sans aucun doute, et nous n'hésitons pas à dire qu'un homme supérieur seul pouvait y réussir. Et encore était-il besoin d'une certaine nature de supériorité, plus conciliante que dominatrice, plus éclairée qu'élevée, prétendant moins au génie qu'au bon sens et à la raison.

Si le roi Léopold avait été ambitieux de bruit, de pouvoir et de personnalité, il n'aurait pas vécu six mois avec la constitution belge ; c'est parce qu'il a été surtout un homme de bon sens et de raison qu'il a su la respecter sans l'amoindrir, et tenir son serment sans humilier son nom.

En effet, pendant les vingt-cinq ans de ce règne, de 1831 à 1856, il n'y a pas eu en Belgique moins de dix crises ministérielles ; le seul département des affaires étrangères a compté quatorze ministres, celui de l'intérieur quinze, celui de la guerre vingt et un. Les six départements ministériels ont eu, en totalité, quatre-vingt-cinq titulaires. Mais ce roulement a porté en tout sur cinquante-deux personnages différents.

On peut juger par cette statistique curieuse, empruntée à une publication locale [1], combien a été vive la lutte des partis, et difficile la tâche du roi, qui avait à se mouvoir entre ces divisions sans exagérer ni compromettre sa prérogative.

Avant que cette lutte se fût produite, le roi Léopold avait profondément étudié les mœurs, les idées, l'opinion de la Belgique. Il avait surtout étudié les hommes, de toutes les études la plus difficile pour un souverain, et la plus importante, selon la remarque de Louis XIV dans les conseils qu'il avait écrits pour son fils. La révolution belge ayant été le résultat de l'union du parti libéral et du parti catholique, et les hommes éminents de ces deux partis ayant eu un rôle important dans l'organisation du gouvernement et les circonstances qui le suivirent, le roi avait pu déjà juger la valeur des diverses individualités dont il avait à se servir ou à tenir compte. Il se fit d'abord une règle absolue, qu'il a toujours pratiquée depuis, et qui a été la cause de sa force; il n'a solidarisé la couronne avec aucune de ces individualités. Il n'a pas eu ce que l'on appelait en France un ministre du règne; il n'a marqué sa préférence personnelle d'une manière sensible pour aucun nom; en un mot, il a été vraiment roi constitutionnel. Il a réglé sa marche sur la majorité; il ne s'est pas entêté contre elle; il a choisi les

[1] Du Gouvernement représentatif en Belgique, par M. Vandenpeereboom, ancien représentant.

ministres qu'elle voulait soutenir; il a abandonné ceux
qui n'avaient plus sa confiance; et par cette conduite
il a toujours évité le danger d'une adresse des 221 et
l'extrémité des ordonnances de juillet.

Quant aux principes mêmes qui ont été engagés dans
la lutte des partis, le roi Léopold a bien vite reconnu
qu'ils n'avaient rien en eux-mêmes qui pût affec-
ter la sécurité de son trône et de l'ordre social. Il a
donc sagement pensé qu'il ne devait pas en redouter la
manifestation; il n'y a vu, avec raison, qu'un effet de
l'activité de l'esprit public et du jeu des institutions
constitutionnelles. Ces principes ont donné lieu à trois
grandes divisions de l'opinion en Belgique : le parti
libéral, le parti conservateur, le parti mixte. Tous
trois ont occupé successivement le pouvoir; ils ont été
les relais utiles du gouvernement dans la marche des
idées et des événements. De 1831 à 1840, quand
la question extérieure domine, quand la Belgique encore contestée a besoin de toutes ses forces, c'est la
conciliation qui prévaut; et les ministères, en se succédant, ne changent pas essentiellement la pensée de
la politique dirigeante. En 1840, la paix est faite, la
nationalité n'est plus en péril, les institutions vont se
développer et se caractériser, le parti libéral l'emporte
un instant, et arrive avec MM. Rogier et Lebeau; mais
en 1841, le parti catholique mixte, dont M. Nothomb
est l'un des chefs les plus éminents, reprend le dessus
et reste aux affaires jusqu'en 1845; le parti catholique
pur, représenté par MM. de Theux et Malou, arrive
ensuite, et, par une réaction naturelle, ramène, au

bout de quinze mois, un ministère libéral avancé se résumant en MM. Frère et Rogier; enfin, la situation générale de l'Europe, et surtout celle de la France, en 1852, et son contre-coup en Belgique, amène un ministère mixte extra-parlementaire qui, après deux années, cède lui-même la place, en 1854, à un cabinet catholique qui dure encore.

Nous le répétons, ce sont là les divisions naturelles de l'opinion dans un pays de liberté. Aujourd'hui, les catholiques représentent l'élément conservateur, les libéraux représentent l'élément démocratique; les uns voudraient retenir le gouvernement; les autres voudraient l'accélérer; mais tous veulent le défendre et le conserver. Il y a des catholiques et des libéraux en Belgique; mais il n'y a que des royalistes. Le respect de la royauté, le dévouement à la constitution sont le patriotisme belge. S'il y a là, comme partout, des démences d'esprit, des corruptions de cœur, des aberrations de conscience qui rêvent le désordre, l'anarchie et le meurtre, c'est une minorité que l'on méprise, mais que l'on ne combat pas, parce qu'on ne la redoute pas.

Heureux pays, qui depuis la conquête de son indépendance, n'a eu que des luttes d'opinions, d'idées, de doctrines, mais qui n'a pas eu une seule fois à essuyer sur son drapeau le sang de la guerre civile! Heureux roi, qui a eu à lutter, comme partout, contre les erreurs et les entraînements de l'opinion, mais qui a toujours trouvé un peuple entier pour l'aimer, l'honorer et le soutenir!

Ce roi et ce pays sont si satisfaits de leur mariage, qu'à une époque où le divorce était à la mode entre les trônes et les peuples, en 1848, ils n'ont pas voulu rompre. Une révolution venait d'éclater à Paris. La Belgique n'était séparée de la France que par un ruisseau. Il y eut une commotion qui se fit ressentir partout. A cette heure tout était incertain. Chacun s'interrogeait sur ses propres sentiments. Les rois n'étaient pas bien sûrs de régner, et les peuples ne savaient pas s'ils se feraient souverains. Le roi Léopold obéit alors à une de ces inspirations peu ordinaires dans l'histoire. Il offrit de descendre du rang suprême, si le sentiment national n'était plus avec lui. De la part d'un prince qui aurait tenu son droit de lui-même et de sa naissance, il faudrait blâmer cet acte comme une faiblesse : mais de la part du roi Léopold, qui tenait son droit de la nation, c'était du patriotisme.

XIII.

En résumé, le roi Léopold n'a pas fait une seule faute peut-être depuis qu'il règne. Type de souverain constitutionnel, il a fondé la liberté dans un pays dont l'indépendance même était en cause. Au lieu de chercher à agrandir son pouvoir, il n'a tendu qu'à le faire respecter. Ne pouvant dominer ni par la force ni par la ruse, ne voulant recourir ni à la violence ni à la corruption, il a surmonté les obstacles par la puissance de l'intérêt public; il a déjoué les intrigues par la probité, et il s'est élevé au-dessus de tous les

partis par la modération. Il a accompli ainsi une
grande œuvre dans un petit pays. C'est l'honneur de sa
vie, et Dieu nous garde de l'amoindrir!

Mais ce que le roi Léopold a fait en Belgique, aurait-
il pu le faire ailleurs avec le même succès? N'est-ce pas
un succès local? La nature du peuple belge n'y a-t-elle
pas contribué, aussi bien que celle du souverain lui-
même? Nous en avons la profonde conviction. C'est
parce que la Belgique est un petit peuple, parce qu'elle
n'a ni traditions ni précédents comme État souverain,
parce que le sentiment dominant en elle est celui de sa
nationalité vers laquelle elle aspire depuis deux siècles,
parce que la liberté elle-même y est plus municipale que
politique, qu'il était moins difficile, selon nous, d'y
fonder un régime constitutionnel qu'un gouvernement
d'autorité.

En France c'est bien différent. La France n'est pas,
comme la Belgique, une famille groupée sur un petit
coin du globe, et vivant du même esprit, des mêmes
instincts. Elle est un grand peuple, résumant en elle,
dans sa nature, dans son génie, dans son histoire et
dans sa mission, tous les aspects de la vie sociale. Elle
a derrière elle une existence de quatorze siècles. Dans
ce long espace de temps, elle a tout remué et tout
transformé. Chez elle le travail de l'unité nationale, de
la civilisation et de la liberté a été tourmenté de luttes
et d'orages; des classes rivales sont nées de ce travail
immense et douloureux; de Charlemagne à Napoléon,
elle n'a marché que dans le sang, payant de ses holo-
caustes les vérités et les progrès qu'elle conquérait

pour le monde entier; une révolution aussi terrible que grandiose a fait surgir une société nouvelle; les partis se sont formés des idées, des intérêts, des haines mêmes et des passions que cette révolution a fait éclore; pendant soixante ans nous avons combattu, lutté, déchiré le sein de la patrie, imprimé à l'Europe, dans un sens ou dans un autre, le mouvement de nos propres fluctuations. Et l'on s'étonne que le gouvernement parlementaire n'ait pas trouvé sa base et son aplomb dans ce pays, dont les divisions et les agitations n'ont été que le résultat de l'impulsion qu'il a donnée à la société européenne dont il est la tête!

Cette œuvre était impossible, dans le trouble et la mêlée de ces guerres civiles à peine apaisées. Le bon sens, la raison, la modération n'auraient pas suffi à sa réussite. Elle a été tentée, d'ailleurs, et elle a échoué! elle a été tentée par des rois libéraux, bons, éclairés comme le roi Léopold. Louis XVIII n'a pas succombé que parce qu'il est mort à temps, et qu'il a laissé à Charles X les périls de son règne en lui léguant aussi la loyauté de ses intentions. Louis-Philippe y a usé son habileté, son expérience, nous pouvons dire sa supériorité réelle, incontestable, à laquelle l'avenir rendra justice. Tout a été inutile; deux chartes, deux dynasties, trois rois, de grands partis, de grands ministres, ont péri à la tâche. Le régime parlementaire, fondé en Belgique en quelques années, n'a pu s'enraciner en France. La faute n'en est pas aux hommes, mais à notre histoire, à notre nature, à nos souvenirs, à notre grandeur même, et à ce souffle irrésistible d'opinion, qui de l'extrémité à l'autre d'un peuple de quarante millions d'hommes, renverse tout ce qui n'est pas fort.

Ainsi, n'envions pas à nos voisins ce qu'ils ont fondé, ce qu'ils ont conservé, ce qu'ils garderont, nous en avons l'espoir. La situation des deux peuples explique cette différence de résultats. D'ailleurs la liberté est un fruit de tous les pays et de toutes les civilisations. C'est Dieu qui le mûrit. Seulement la branche qui le porte n'est pas partout la même. En Belgique et en Angleterre, la liberté a été fondée par le peuple et par l'aristocratie. En France, c'est l'autorité qui aura l'honneur de l'organiser en la conciliant avec le pouvoir.

Mais parce que les mœurs et la situation de la Belgique s'approprient au régime parlementaire mieux qu'à tout autre, ce n'en est pas moins un éternel honneur pour le roi Léopold de l'avoir fondé au milieu des circonstances et des événements que nous venons de caractériser. L'histoire ne sera donc que juste en répétant les belles paroles de ce prince qui résument ses œuvres et sa vie : « Les destinées humaines n'offrent pas de tâche plus noble et plus utile que celle d'être appelé à fonder l'indépendance d'un peuple et à consolider ses libertés. »

LE COMTE DE CHAMBORD.

I.

Je n'approche de ce nom et de cette figure qu'avec une respectueuse indépendance. Dans cette figure c'est la plus grande race royale du monde qui apparaît. Dans ce nom c'est le passé le plus glorieux de la France qui retentit. M. le comte de Chambord est plus qu'un exilé et un prétendant, plus qu'un roi sans couronne et un Français sans patrie. Il est un principe. Amis et ennemis lui reconnaissent ce caractère. Les uns peuvent l'accepter, les autres peuvent le repousser ; tous doivent l'honorer, sous peine de se renier eux-mêmes dans cette vie nationale qui est la source commune de toutes les familles d'idées et d'opinions.

Le comte de Chambord est l'une des plus belles têtes de prince de l'Europe. Sa beauté physique n'est sur ses traits que le reflet de la beauté morale. La franchise, la loyauté, la bienveillance éclairent son regard. L'intelligence illumine son front. L'ensemble de sa figure présente cette harmonie et cette pureté de lignes dont le pinceau de Raphaël ou le ciseau de Phidias peuvent seuls reproduire le caractère et les effets. Tout en lui, l'expression des yeux, les tons du visage, l'accent de la voix, la cadence des gestes, les mouvements

12

de la main, décèlent cette virilité d'une âme saine qu'aucun souffle n'a desséchée, qu'aucun poison n'a altérée, qu'aucun vice n'a dégradée.

Ainsi s'explique l'espèce de fascination qu'exerce ce roi sans royaume sur tous ceux qui l'approchent. Sa tête est découronnée de son diadème, et cependant il y a sur son front une sorte de rayonnement qui n'est que l'échappement de la lumière intérieure dans la vie physique. Ce qui frappe au premier aspect, ce n'est ni la perfection des traits, ni la finesse des lignes, ni l'harmonie des proportions, ni rien de ce qui constitue la beauté matérielle. Non ! c'est la sympathie rehaussée par la dignité, en un mot, quelque chose qui vous reporte à la grandeur et à la bonté de sa race.

Malheureusement, le buste n'est pas digne de la tête. Un embonpoint précoce et une claudication très-marquée rendent ce contraste plus sensible encore. Quand le prince est à cheval, ces disproportions s'effacent sous la grâce et la noblesse de sa pose. Sa poitrine ouverte et large, qui semble aspirer la vie à pleins poumons, son bras nerveux et souple qui tient les rênes avec une vigueur pleine d'abandon, donnent à son maintien autant d'élégance que de dignité.

Une femme illustre, beaucoup plus habituée à exercer la fascination qu'à la subir, madame la princesse de Lieven, rencontra un jour M. le comte de Chambord chez madame la duchesse de Noailles, à Ems. C'était un juge compétent et peut-être même un peu sévère. La curiosité de madame de Lieven était très-excitée. Cette figure de prétendant manquait à la galerie de ses impressions ; elle se riait avec une railleuse et spirituelle incrédulité de ces enthousiasmes attendris que les amis de ce nouveau prince Édouard rapportaient de leur pèlerinage de fidélité. Habituée qu'elle était à recevoir dans la familiarité de ses élégantes causeries les hommes les plus illustres de l'Europe, elle se promettait de contempler sans éblouissement et sans émotion cette grandeur héréditaire, pâle rayon d'un soleil couchant qui allait bientôt disparaître dans le temps. M. le comte de Chambord se présenta. Ce qu'il porte avec lui de dignité et de bonté, dans le rayonnement de son âme sur son visage, frappa tout d'abord madame de Lieven. Cette grande dame, encore plus difficile à émouvoir que les grands hommes dont elle est le charme, la pénétration et souvent l'inspiration, fut émue comme l'eût été une simple femme de la Bretagne. Le soir, elle rencontra M. Berryer, et elle ne riait plus des attendrissements monarchiques. Je ne veux pas dire cependant que ce soit de ce jour que M. Guizot est devenu fusionniste : nous ne sommes plus au temps où un regard de prince répercuté par un cœur de femme peut opérer de tels miracles dans une intelligence aussi ferme que celle de l'ancien président du dernier ministère de la monarchie constitutionnelle.

12.

II.

La nature explique l'esprit. Après avoir montré M. le comte de Chambord tel qu'il est dans son aspect extérieur, je le jugerai facilement tel qu'il doit être dans son organisation morale. Avant tout, il sent en lui la vie d'un principe. Né dans un berceau royal, aux pieds d'un trône, donné à sa race comme la compensation du crime qui avait frappé son père, sorti comme par un miracle, rameau inespéré, des racines d'une tige fauchée par le couteau d'un assassin, il a concentré en lui toute la sève de cette monarchie dont il est le dernier représentant. Il s'y est assimilé par toutes ses impressions, par toutes ses sensations, par tous ses regrets, par toutes ses espérances, par tous les mouvements de son intelligence et de son cœur. Il y a puisé en quelque sorte une nature nouvelle. En un mot, il s'est fait roi, et, à ses yeux, cette royauté, mêlée avec son sang et avec son nom, est tellement inaltérable, que, s'il n'en porte pas le sceptre dans la main, il en porte toujours le droit dans sa conscience.

Ce respect absolu du principe dont il est le représentant forme le principal trait du caractère que j'étudie. Mais cette inflexibilité n'a pu cependant ni comprimer, ni fausser une nature expansive et ouverte à toutes les impressions vraies, à tous les sentiments généreux, à toutes les idées jeunes. M. le comte de Chambord croit à son dogme comme y croyait Jacques II dans le château de Saint-Germain. Pas plus que lui, il n'aurait voulu consentir à abdiquer, en faveur d'un autre Guillaume d'Orange, un droit qu'il considère comme une vérité. Mais, à la différence de Jacques II, si le sang est vieux l'esprit est nouveau. M. le comte de Chambord n'a aucun préjugé. L'éducation de l'exil, ses recueillements, ses méditations, ses enseignements ont triomphé de tout ce que les traditions de famille ou de caste auraient pu lui suggérer de faux et de contraire à l'esprit du temps. Sa loyauté, sa franchise, sa fermeté de conscience, sa pureté de cœur l'ont guidé et lui ont fait toucher à beaucoup de vérités et à beaucoup de réalités qui ne sont pas toujours à la portée du regard des princes. Intelligence curieuse et chercheuse, il a voulu tout voir, même ce qu'on aurait voulu lui cacher. Ses voyages accomplis simplement, sans cortège et sans appareil, lui ont appris le monde et les hommes. En étudiant l'histoire sur les champs de bataille dont il allait remuer pieusement la cendre, il étudiait aussi l'humanité dans ses passions, dans ses besoins, dans ses entraînements, dans ses mœurs. En un mot, le prétendant qui croit tout dominer s'oubliait, et l'homme qui doit tout juger se formait.

Cette disposition à chercher et à comprendre le véritable sens des choses s'était révélée de bonne heure chez le jeune prince. Voici un souvenir qui le prouve : Le petit-fils de Charles X avait atteint cet âge où la virilité commence à se dégager de l'enfance, et où l'homme se révèle avant de se développer dans les penchants de sa nature. Un personnage illustre du parti légitimiste s'était rendu à Tœplitz pour porter ses hommages au malheur, et pour juger de près s'il y avait un

homme dans cet enfant. On était à table. La scène était
imposante et triste. Ce vieux roi tombé de son trône et
finissant sa vieillesse hors de la France, sans l'espérance d'un tombeau dans la patrie de ses pères; cette
fille de Louis XVI, accablée de souvenirs et de douleurs, et dominant le sort par la majesté de sa résignation et de ses vertus; ce Dauphin découronné, vieillard
précoce, dont l'œil hagard semblait avoir oublié déjà
les grandeurs de la terre pour s'élever à Dieu; ces deux
enfants, souriants et éclos, comme deux fleurs à côté
de colonnes brisées : tout cela aurait remué et attendri
le cœur le plus froid et le plus indifférent.

On parlait de la France, des événements, du passé,
du présent et de l'avenir. On appréciait, on jugeait,
on conjecturait. Charles X s'expliquait sur la catastrophe qui l'avait précipité du trône, lui et sa famille,
sans aigreur, sans amertume, avec une noble résignation, mais avec une inflexibilité de conviction qui ne
révélait ni un remords, ni un regret. Le Dauphin approuvait. Madame la Dauphine se taisait et s'inclinait.
Les deux enfants seuls se regardaient comme pour se
comprendre et s'unir dans une protestation muette et
respectueuse contre l'opinion de leurs vieux parents.
Ce regard fut saisi par l'œil pénétrant du visiteur français. Il fut saisi avec bonheur. Dans ce regard il y
avait toute une révélation. Il devenait clair, qu'entre
le frère et la sœur, il y avait un complot d'incrédulité et de réserve. L'un et l'autre sentaient d'instinct
ce que leurs propres observations n'avaient pu encore leur apprendre, et ils s'étaient dit sans doute,

dans leurs entretiens intimes : « Pourquoi sommes-
nous là? »

Cette défiance respectueuse, mais réelle, que M. le
comte de Chambord avait de sa famille quand il était
enfant, il l'a eue de son parti dès qu'il a été homme.
Il s'est répété, souvent sans doute, ce mot que semblait
dire le regard surpris à Teplitz par le visiteur de qui
je tiens ces détails : « Pourquoi sommes-nous là? »

Pourquoi vous êtes là?... Ne le demandez pas seulement, monseigneur, aux fautes de votre famille, aux
erreurs de votre parti. Demandez-le aussi à cette loi
providentielle du temps et de Dieu, qui, en renouve-
lant les institutions humaines comme pour mieux prouver leur fragilité en face de la puissance divine, semble
vous avoir désigné, vous noble et innocente victime,
pour marquer de cette expiation imméritée le triomphe
d'un principe nouveau!

III.

L'éducation elle-même de M. le comte de Chambord
explique cette disposition de son esprit. Cette éducation
avait été livrée à des influences contraires. Dès les premiers jours de ce long exil, commencé à Holyrood,
dans le palais des rois d'Écosse, il y avait deux partis
bien distincts qui se disputaient l'intelligence et le
cœur de cet enfant. Le roi Charles X, le Dauphin, le
duc de Blacas, le cardinal de Latil, toutes les influences
qui avaient inspiré et dicté la politique fatale des ordonnances, voulurent naturellement intercepter les idées
nouvelles par des directions exclusives et défiantes.

Madame la duchesse de Berry, secondée par madame
la duchesse de Grammont, l'une de ces femmes qui
triomphent de tous les préjugés de caste par l'élévation
et la générosité des sentiments, demandait que son fils
fût élevé en homme de son pays et de son temps. Madame la Dauphine flottait entre ses souvenirs de fille
et ses instincts de femme et de seconde mère. L'unité
et la décision manquaient donc complétement à l'éducation du jeune prince. Les petites révolutions de palais se succédaient au sein de cette cour proscrite ; les
directions opposées dominaient tour à tour. A M. le
baron de Damas, homme aussi pieux qu'on l'a dit, et
plus libéral qu'on ne le croit, succédait M. de Barande,
homme d'autant de mérite que de science. On trouvait
M. de Damas trop arriéré et M. de Barande trop avancé.
On fit une transaction, et on choisit définitivement
M. Frayssinous, évêque d'Hermopolis.

M. Frayssinous pouvait apprendre toutes les vertus
à son royal élève. C'était beaucoup sans doute, et cependant ce n'était pas assez. L'illustre évêque d'Hermopolis était un admirable précepteur des leçons de
Dieu. Comme instituteur des leçons du siècle, il était
trop parfait et trop pieux peut-être. Le cœur des rois
doit ne rien ignorer, ni le bien pour le pratiquer, ni le
mal pour l'éviter. Ce sont surtout les princes qui ont
besoin de la science des hommes, afin de se rendre
dignes de gouverner ; science difficile, que bien peu
enseignent et comprennent. Ce fut le mérite de Fénelon, grand esprit qui embrassait tout à la fois les vérités
divines et les vérités humaines. M. le comte de Cham-

bord était capable de s'élever aux unes et de descendre
aux autres. Ce qui manqua à ce nouveau duc de Bourgogne, c'était un autre Fénelon.

Heureusement, comme je l'ai dit, sa nature généreuse, et puis aussi le souffle du cœur de sa mère qui
arrivait au sien à travers les douanes que la défiance et
la peur élevaient autour de lui, triomphèrent de tous
les obstacles, et un rayon du soleil de la jeune France
put pénétrer jusque dans cette vieille cour.

D'ailleurs les Bourbons ont toujours eu pour les
guider quelque chose de plus irrésistible encore que
l'impulsion de leur siècle : c'est l'impulsion de leur
cœur. A défaut du libéralisme d'opinion qui leur a
souvent manqué, ils avaient au moins celui de la bonté,
de la tolérance et de la mansuétude. M. le comte de
Chambord vivait au milieu des modèles vivants de cet
esprit qui avait fait la popularité de sa race. Son grand-
père, le roi Charles X, était resté un type chevaleresque de toutes les grâces aimables qui séduisent et de
tous les sentiments généreux qui entraînent. Les légè-
retés de sa jeunesse s'étaient corrigées et amendées
dans les déceptions de son âme, dans le deuil de ses
amours et dans les austérités de sa conscience. Jeune
homme charmant, adoré des femmes, suspect au peuple, que ses égarements blessent et que ses séductions
repoussent, il était devenu vieillard irréprochable, et
ses tendresses banales et faciles s'étaient transformées
en piété fervente et sincère, en bienveillance spirituelle
et douce, et en attachement solide et inaltérable pour
sa famille. Son petit-fils était tout pour lui ; ce n'était

pas seulement sa couronne qu'il avait abdiquée en sa
faveur, c'était aussi sa personnalité ; il l'aimait comme
son sang, comme son droit, comme sa patrie, comme
sa dynastie ; il revivait en lui ; il retrouvait en face de
ce nouvel Éliacin des élans éteints, des bonheurs éva-
nouis. Ses austérités s'adoucissaient pour ne pas effa-
roucher cette intelligence naïve, et sa sagesse semblait
s'épurer et s'éclairer pour couler en paroles plus per-
suasives des lèvres du vieillard dans le cœur de
l'enfant.

À côté de ce vieux roi, ainsi détaché des ambitions
humaines et transfiguré en quelque sorte par l'exil,
M. le comte de Chambord trouvait M. le duc et madame
la duchesse d'Angoulême. Depuis que le fils de Charles X avait renoncé à régner, il ne se préparait qu'à
mourir. Le prince s'était effacé, et il ne restait plus que
le chrétien. La fille de Louis XVI n'était ni moins résignée ni moins avancée en perfection religieuse que son
mari ; mais elle avait de plus que lui la virilité de l'âme ;
elle aimait la France avec passion ; son patriotisme était
l'héroïsme de son abnégation ; elle avait puisé dans ses
vertus et dans sa foi la force de tout oublier ; elle ne
se souvenait que des victimes pour les bénir et les évo-
quer. La royauté, dont elle était le prestige et la grandeur, dans l'exil comme sur les marches du trône, lui
semblait plutôt un sacrifice et un devoir qu'un privilége. Elle lisait souvent le testament de son père : ce
testament était son catéchisme politique ; elle l'apprenait à son neveu, elle s'efforçait d'en graver les préceptes et les inspirations dans son âme. Quel plus grand

enseignement pouvait tomber d'une bouche plus auguste !

Dans un pareil milieu, avec de tels exemples et de
tels préceptes, et à cette grande école de l'adversité,
M. le comte de Chambord ne pouvait devenir qu'un
honnête homme. Tout ce qu'il voyait, tout ce qu'il entendait, tout ce qu'il apprenait, tout ce qu'il sentait,
ne pouvait que développer et fortifier les nobles instincts de sa nature. Son âme, trempée dans ces leçons, dans ces souvenirs et dans ces émotions, devait
en sortir virile et saine. Son esprit, formé à ces enseignements de la Providence plus encore qu'à ceux de ces
maîtres, devait y puiser cette hauteur de vues, cette
tolérance d'opinions, cette équité de jugement, cette
simplicité de mœurs, cette rectitude de bon sens et
cette droiture de conduite que les éducations royales
n'apprennent pas toujours. Et cependant, avec toutes
ces supériorités morales que je reconnais à M. le comte
de Chambord, je me demande très-sincèrement si elles
suffiraient pour l'élever à la hauteur d'un rôle politique
dans le cas très-improbable, selon les prévisions humaines, où ce rôle lui serait créé par le cours des
événements.

M. le comte de Chambord serait un bon roi; je ne
ne dis pas un grand roi, parce que je ne crois pas que
la scène de l'avenir soit disposée de telle manière qu'un
Charlemagne ou un Louis XIV puisse s'y produire.
Pour des héros, il faut des temps héroïques; il n'y a
plus un Occident à conquérir et à disputer à la barbarie; il n'y a plus une maison d'Autriche à humilier

et à contenir. Il ne suffit plus, pour illustrer à jamais une maison royale, de tenir l'épée qui gagne une bataille ou de tenir une plume qui signe un traité. Ce qui faisait la grandeur royale, c'est qu'elle résumait toute la vie nationale. Il n'en saurait être ainsi désormais; les peuples sont majeurs; ils ont un compte ouvert dans l'histoire; ce qu'ils accomplissent de bien ou de mal est porté à leur crédit; plus ils sont grands et plus les rois qui les gouvernent ont de responsabilité, car leur propre grandeur n'est que la condition de leur affranchissement.

Un bon roi suffirait-il aujourd'hui au gouvernement de la France? Je ne l'espère pas. Louis XVI aussi était un bon roi, a-t-il empêché la révolution? Certes, je n'amoindris pas son jeune et noble héritier; je lui reconnais toutes les qualités de cœur et d'esprit, et je me demande tristement s'il pourrait hériter d'autre chose que de ses malheurs. Ce n'est pas sa faute, c'est celle du temps, qui a tout renouvelé et tout changé.

IV.

M. le comte de Chambord n'a régné jusqu'à présent que dans l'exil; son gouvernement a été anonyme. Un peu plus loin, j'en examinerai la pensée et les résultats, quand j'en serai à l'histoire secrète du parti légitimiste depuis la révolution de juillet. Avant de juger l'action patente ou cachée, je veux que l'homme autour duquel elle se développe soit complétement connu.

Deux caractères principaux apparaissent dans la conduite politique de M. le comte de Chambord depuis qu'il est homme : ces caractères sont la réserve et la patience. Sa réserve n'est pas seulement de sa part la dignité de son rang, elle est aussi la prudence de son esprit; il n'y a en lui rien de tranchant ni d'absolu; son honnêteté, sa droiture, sa passion du bien, le portent naturellement à la conciliation. D'un autre côté, l'inflexibilité de son dogme, le sentiment de son droit, lui donnent une sorte de décision calme et confiante qui est plutôt la conséquence de sa situation que la preuve de sa fermeté.

Sa nature d'opinion se retrouve dans sa nature d'esprit. Il n'est absolu que dans son droit; tolérant pour les hommes et pour les idées, il n'est exclusif que de ce qui est impossible. Cette tolérance s'élève même parfois jusqu'à l'indépendance. Il s'affranchit hautement de certains préjugés et de certaines solidarités; il ne craint même pas de désavouer certains dévouements trop ardents, sans jamais blesser cependant les intentions qui s'égarent ou les sentiments qui s'exaltent. C'est ainsi, par exemple, qu'il répudie sans hésitation toute pensée de guerre civile. Cela tient à ce qu'il se considère moins comme un prétendant que comme un principe. Il n'avancera pas; il attendra, et s'il est vaincu par le destin, on peut être sûr que ce ne sera pas dans une nouvelle bataille de Culloden.

M. le comte de Chambord honore l'émigration comme un grand acte de dévouement, mais il la désapprouve en même temps comme une grande faute politique. Cependant, il ne s'exprime sur ce point qu'avec de

justes égards pour une faute qui n'a été qu'une erreur
d'héroïsme et d'honneur. Ce sont de ces opinions qu'il
garde pour l'intimité.

Mais la pensée que la légitimité peut encore être un
parti dont il est le chef lui répugne visiblement ; il
s'applique toujours à lui donner un caractère plus général et plus élevé, et c'est pour cela que, loin de craindre de sortir des rangs, il cherche toutes les occasions
de toucher aux idées et aux hommes qui sont en dehors
de lui. Cette pensée éclate dans ses conversations publiques comme dans ses entretiens intimes ou dans ses
correspondances avec ses amis.

Dans ce caractère et ces opinions se retrouvent toutes
les conditions nécessaires pour faire un bon roi constitutionnel. M. le comte de Chambord est venu vingt
ans trop tard. C'est une statue sans piédestal. La monarchie représentative, son esprit, ses principes, ses
habitudes, son mécanisme, convenaient admirablement
à cette nature réservée, conciliante, tolérante, sans préjugés et sans rancunes, qu'aucune passion n'agite,
qu'aucune ambition n'entraîne. Ses défauts mêmes
eussent été des qualités. S'il est vrai, comme on l'a dit,
que M. le comte de Chambord manque d'initiative et
d'action, il n'en eût été que moins suspect à la liberté
et plus apte à cette fonction de la royauté qui, selon
l'expression de M. Thiers, appelle le roi à régner et non
à gouverner.

Ce n'est pas que la fermeté manque à ce caractère.
Non, mais c'est une fermeté douce, flexible, polie, qui
ne brusque aucune contradiction, qui ne blesse aucune

opinion et qui insinue la volonté par la grâce et par la sympathie, plutôt qu'elle ne la commande par l'autorité. Lorsque M. le comte de Chambord préside les conseils de son parti, il s'efface sans s'amoindrir, et il laisse la parole aux hommes dont l'expérience ou le talent ont droit à sa déférence, et dont les services méritent sa reconnaissance. Presque toujours il est d'accord avec ces hommes; non pas qu'il soit dominé, mais parce qu'il est convaincu. Si, par hasard, sa conviction résiste, il la défend avec énergie, sans rien perdre de sa courtoisie; il discute comme les gentilshommes se battaient à la bataille de Fontenoy.

Mais il discute avec une inexpérience complète des formes, des ressources et des habitudes de la délibération; aussi est-il plus entraînant que concluant. On voit qu'il sait manier les idées et qu'il ne sait pas manier les hommes; il les gouverne en les séduisant, bien plus qu'en les dirigeant.

V.

Le 29 septembre 1820 fut une commotion de joie et d'enthousiasme en France et en Europe. La naissance de M. le duc de Bordeaux était considérée comme le miracle de la résurrection de la monarchie, frappée au cœur par le poignard de Louvel. La dynastie de Louis XIV, stérilisée tout à coup par cet horrible crime qui semblait la condamner à s'éteindre dans le deuil de ses éternels regrets, se redressait sous le couteau du régicide, et pouvait regarder l'avenir avec confiance comme elle regardait le passé avec orgueil. Le berceau qui portait sa fortune portait aussi celle de la royauté européenne. L'Europe le comprit; et, par la voix de ses représentants réunis autour de Louis XVIII, elle appela de son nom cet enfant qui arrivait au milieu des agitations du siècle et des douleurs de sa race, comme un messager des compensations et des promesses de la Providence.

La sainte alliance des trônes avait créé une solidarité étroite entre toutes les monarchies. De cette alliance, la France était le principal anneau. Cet anneau brisé, tous les autres étaient dessoudés. Le grand Frédéric disait que s'il était le roi de France on ne tirerait pas un coup de canon en Europe sans sa permission. Cette souveraineté de l'influence française que Louis XIV avait improvisée par l'ascendant de sa politique et par l'héroïsme de ses capitaines, la révolution et l'empire l'avaient vulgarisée par l'éblouissement des idées nouvelles que leurs victoires merveilleuses apportaient à l'imagination des peuples plus encore qu'à leur intelligence et à leur raison. Désormais nous ne pouvions pas remuer une idée sans que le contre-coup de cette idée ne fût immédiatement ressenti au delà de nos frontières, et toute révolution à Paris devait être une révolution européenne.

Louvel avait compris cela : dans l'horrible scélératesse de l'assassin, il y avait eu comme un instinct de clairvoyance infernale. En frappant le duc de Berry, ce misérable ne frappait pas seulement un homme, un prince chevaleresque et brave, un roi qui pouvait devenir populaire et fort, il frappait la royauté européenne.

L'Europe dut donc se rassurer et se réjouir de la naissance du duc de Bordeaux. Cette naissance était pour elle le sceau providentiel de l'alliance qu'elle venait de signer pour étouffer la révolution et pour perpétuer la royauté.

L'enfant grandissait, mais la monarchie déclinait. Le roi Charles X avait succédé au roi Louis XVIII. L'esprit de cour se glissait dans le nouveau règne. Avec les vieux noms revenaient les vieilles idées. M. de Polignac était écouté, et M. de Chateaubriand était suspect. La France se retirait dans ses défiances. L'impérialisme vaincu déguisait ses espérances sous le libéralisme populaire. La gloire demandait ses armes à la liberté pour se venger. Les soldats se faisaient tribuns. Le général Foy remuait les esprits par ses accents : toute son éloquence était dans son patriotisme. La presse battait le rappel des passions et des idées. Le parti libéral se recrutait de tous les mécontentements, de toutes les ambitions, de toutes les déceptions, de toutes les inspirations. Il se multipliait dans le pays et dans les chambres. La royauté affaiblie, isolée, enfermée dans des impossibilités de gouvernement par la coalition des 221, placée entre une abdication et une témérité, inclinait visiblement vers un coup d'État. Enfin les ordonnances paraissent; le peuple se soulève; la révolution éclate et triomphe. Cette monarchie, qui se croyait inébranlable, penche et tombe. Cette dynastie, qui s'imaginait revivre dans le berceau du duc de Bor-

deaux, est jetée dans un nouvel exil; et cet enfant que
l'Europe avait adopté, et dans lequel elle avait vu la
jeunesse, l'espérance et la virilité future de la royauté,
en même temps que le gage de sa stabilité et de son
repos, est emporté dans les bras de sa mère, loin du
tombeau de son père et hors de sa patrie, comme une
victime expiatoire des grandeurs historiques de sa race
et de son nom.

La famille d'Orléans était restée dans l'imagination
de la France l'expression vivante de la révolution française. Ce nom retentissait encore comme un écho de
la condamnation de l'infortuné Louis XVI. Le chef de
cette famille, Louis-Philippe d'Orléans, avait puisé
dans son sang, dans son éducation, dans les leçons
d'une femme illustre, madame de Genlis, dans les
exemples de son père, dans les impressions de sa jeunesse, cet esprit philosophique qui était la négation
du dogme de la monarchie. A peine devenu homme il
avait été entraîné par la solidarité paternelle. Fils de
Philippe Égalité, il s'était cru jacobin comme lui. Depuis il avait essayé vainement de redevenir Bourbon en
se jetant aux genoux de Louis XVIII, en épousant une
fille de roi, en offrant son épée à la légitimité espagnole
contre la France, en jurant fidélité au trône quand il
avait été restauré, en couvrant des témoignages de sa
reconnaissance les bienfaits de ses parents. Il se trompait lui-même. Il était toujours un disciple de Sieyes,
un prince bourgeois, un roi du tiers état, et pour
tout dire en un mot, le dernier des voltairiens de son
siècle.

Ce prince ne représentait donc pas seulement une ambition, il représentait une situation. Avec lui, malgré son incontestable supériorité, c'est la monarchie abâtardie, dégénérée, affaiblie, qui arrivait. Monarchie sans grandeur, sans prestige, sans droit, sans force, qui marquait la décadence de son propre principe, et qui annonçait l'avénement d'un autre régime.

Louis-Philippe d'Orléans n'a pas comprimé la révolution, comme on l'a dit, comme on l'a cru. Il a tué la monarchie en la dénaturant dans une usurpation de famille. Mieux aurait valu mille fois pour elle qu'elle disparût tout entière avec la légitimité. Elle eût disparu dans sa dignité, et elle n'eût pas été réduite à monter en fiacre dix-huit ans plus tard, pour échapper à un outrage du peuple.

Au moins Charles X montait à cheval, et il marchait vers son exil entouré de ses soldats, qui pleuraient et brisaient leurs armes, de rage de n'avoir pu s'en servir pour le défendre !

VI.

Quelles avaient été les causes de la révolution de juillet? Était-ce seulement l'erreur de Charles X? Était-ce seulement l'ambition ou la défection du duc d'Orléans? Non! on se trompait étrangement en cherchant de si petits mobiles à de si grandes choses. Il faut voir de plus haut et porter son regard plus loin. La révolution de juillet a été la prise de possession du gouvernement par la bourgeoisie. La bourgeoisie, qui s'était élevée par le travail et par l'épargne accumulée,

13.

jusqu'à la puissance sociale, voulait s'emparer également de la puissance politique. Assez universelle pour
dominer, elle s'est crue assez forte pour gouverner. La
monarchie traditionnelle l'humiliait et la gênait, en lui
rappelant sa servitude, en lui montrant son infériorité.
La monarchie constitutionnelle, fondée sur le cens électoral, lui livrait toutes les influences et toutes les situations. Elle n'a su ni se contenir, ni se modérer, ni se
diriger. L'excès de sa force l'a entraînée à sa chute.

La révolution de juillet ne frappait pas seulement le
parti légitimiste dans sa puissance politique et sociale,
elle l'humiliait aussi dans sa dignité morale. Elle n'é-
tait pas la victoire d'un peuple sur un parti, elle était
une rivalité de dynastie et une usurpation de famille.
Elle devait donc laisser au cœur des vaincus de profonds ressentiments et de longues irritations. Aussi la
protestation fut-elle énergique et spontanée. Les officiers brisèrent leur épée, les magistrats descendirent
de leurs siéges, les administrateurs et les fonctionnaires
de tous les ordres se retirèrent en grand nombre, afin
de ne pas engager leur serment à une royauté dont ils
contestaient le droit. La vieille aristocratie rentra sous
ses tentes. Le faubourg Saint-Germain devint le foyer
de la conspiration de l'élégance et du bon ton. Les
femmes surtout se distinguèrent par leur zèle dans
cette nouvelle émigration. Comme toujours, elles pas-
sionnaient les âmes en charmant les cœurs. Il y a une
noblesse que le temps et les révolutions ne peuvent
dégrader, celle de la grâce et de l'esprit chez les
femmes. L'hérédité de la distinction a survécu à celle

des priviléges et des honneurs dans les races historiques.

Ce qui n'était qu'un caprice ou une mode dans le faubourg Saint-Germain empruntait une importance sérieuse en se mêlant aux mœurs, aux sentiments et aux passions de certaines individualités ou de certaines familles restées dans leurs croyances primitives, et qui s'étaient endormies pendant quarante ans, au dernier coup de fusil de la Vendée héroïque, pour se réveiller au premier signal d'une croisade nouvelle. Il y avait dans les provinces de l'Ouest comme un tressaillement de leur vieille foi monarchique et comme un écho de leurs luttes glorieuses. On se trompa de symptôme, et on prit pour un cri de guerre ce qui était à peine une plainte et un regret. La conspiration s'organisa donc activement. Elle établit son foyer au centre même de la Vendée, pour rayonner sur la Bretagne et sur l'Anjou. Mais le mouvement ne partait plus d'en bas comme autrefois; ce n'était plus une guerre populaire, c'était une guerre de gentilshommes. Les paysans restaient indifférents à ces préparatifs et à ces menées. Il y avait des officiers et pas de soldats.

Où serait le prestige et la force de cette insurrection? Quelle main serait assez puissante pour la soulever et l'universaliser? Quel nom serait assez populaire pour la passionner? La Vendée s'était longtemps souvenue qu'aucun prince n'était venu combattre dans ses rangs pendant qu'elle combattait et mourait pour le roi. Cette fois c'était mieux qu'un prince qui venait se mettre à sa tête, c'était une femme et une mère. Madame la du-

chesse de Berry allait proclamer elle-même la guerre
sainte au nom du droit de son fils. Elle allait se placer
entre les ombres de Lescure et de la Rochejaquelein
pour ressusciter leurs soldats. Hélas! elle ne trouva
que des ombres. Mais, fascinée et éblouie comme elle
l'était, elle ne devait pas hésiter. L'hésitation de sa
part eût été une abdication de la fortune, et la prudence une lâcheté de cœur. Elle n'hésita pas, et elle
partit de Massa sur le *Carlo-Alberto*, ayant à ses côtés
le maréchal de Bourmont, le général de Saint-Priest,
M. Adolphe Sala, ancien officier de la garde royale,
M. de Kergorlay, M. de Brissac, M. Sabathier et M. Le-
dhu, etc., tous braves jusqu'à l'héroïsme et dévoués
jusqu'à la mort. Ce fut le premier acte de ce drame
qui devait se dénouer si tristement dans la citadelle de
Blaye.

VII.

Madame la duchesse de Berry portait un cœur de
héros dans une poitrine de femme. Il y avait en elle
quelque chose de la dignité de Marie-Thérèse et de la
bravoure insouciante et un peu railleuse de Henri IV.
L'Italie et la France revivaient dans sa nature tout à la
fois pleine de feu et pleine de grâce. Italienne par le sang,
Française par l'esprit, elle unissait le goût des aventures à cette délicatesse de sensations qui épure tout
jusqu'à l'idéal. Le péril pour elle était un attrait, et le
dévouement une inspiration. Douée d'une volonté inflexible, elle dominait en commandant, et sa domination était encore une séduction. Son organisation frêle

et délicate ne servait qu'à rendre plus sensible sa virilité morale. Plus elle était faible, plus elle semblait
forte. Née pour être aimée, elle avait besoin avant tout
d'être admirée. Le bruit et l'éclat l'attiraient et l'eni-
vraient. L'amour, pour elle, n'était pas une passion,
mais un enthousiasme. Elle n'était femme que lorsqu'elle ne pouvait pas être mère. Son fils était son
orgueil. Elle avait voulu le prendre dans ses bras le
29 juillet 1830, et se présenter aux barricades en disant au peuple : « Français, voilà votre roi! » Le peuple, généreux d'instinct, eût été capable en effet de
désarmer devant cette majesté de l'innocence appuyée
sur l'héroïsme maternel. Rentrer en France, se jeter
en Vendée, apparaître au milieu de ses partisans, partager leurs privations, leurs dangers et leur sort; affronter les balles, jouer avec la mort, sans faiblesse et
sans forfanterie; coucher la nuit dans la bruyère ou
sous un arbre, à la clarté des étoiles; tromper la vigi-
lance de l'autorité, vivre d'alerte, d'émotion, d'imprévu; ranimer d'un regard les courages fatigués, ré-
compenser d'un sourire les courages infatigables; en
un mot, laisser à la postérité une Iliade moderne, tout
cela pouvait paraître bien épique pour notre siècle;
mais il n'y avait pas d'épopée que cette imagination ne
pût rêver et que cet héroïsme ne pût accomplir.

S'il y avait eu encore une Vendée en 1832, elle eût
tressailli sous les pas de cette femme et de cette mère :
il n'y en avait plus. Quelques gentilshommes suivis de
quelques paysans répondirent seuls au signal. C'était
moins un bataillon de soldats qu'un bataillon de victi-

mes. Ces généreux dévouements faisaient plus que de
s'exposer, ils s'immolaient. Plusieurs engagements sans
importance épuisèrent bien vite non leur courage, mais
leur force. Le château de la Penissière fut la dernière
scène de ce tableau. On s'y battit des deux côtés avec
une intrépidité toute française. Une musette était le
clairon de ce combat. Les coups de feu retentissaient
en s'affaiblissant à mesure que les assiégés s'éclaircis-
saient, et la musette jouait toujours les airs du Bocage.
Enfin le silence se fit. Les assiégés venaient de se retirer en mettant le feu au château. Ils ne laissèrent aux
vainqueurs qu'une ruine.

Madame la duchesse de Berry s'était trompée de quarante ans. Elle avait cru trouver une Vendée vivante,
et elle ne trouvait qu'une Vendée morte, mais immortelle, impossible à ranimer, à peine galvanisée pour
quelques heures en sa présence, pour retomber bientôt dans l'immobilité des ruines dont elle est couverte
et des tombeaux dont elle est peuplée.

VIII.

M. le comte de Chambord entrait dans son indépendance politique en même temps que dans sa majorité
légale. Maître de sa vie, il l'était aussi de sa direction
et de celle de son parti. En devenant homme, il avait à
devenir homme d'État. Son grand-père, le roi Charles X,
était mort. Le Dauphin était volontairement effacé.
Madame la Dauphine s'était élevée au-dessus des intérêts purement humains; elle n'exerçait sur son neveu

d'autre influence que celle de ses vertus par ses exemples, par ses souvenirs et par ses enseignements. Madame la duchesse de Berry avait une autre famille sans cesser d'avoir le même cœur et le même nom. Rien ne pouvait donc contraindre ni gêner cette volonté qui allait s'appartenir tout entière.

On a beaucoup parlé de l'entourage de M. le comte de Chambord. On a présenté cet entourage comme une espèce de petite cour de Coblentz, où se réfugiaient les hommes et les choses impossibles, où se tramaient les conspirations absurdes, où se préparaient les gouvernements futurs de l'OEil-de-bœuf. Tout cela n'a pas le sens commun. J'ai l'honneur de connaître quelques-uns des hommes que l'on présente ainsi comme les demeurants d'un autre âge. J'ai reçu leurs confidences à une époque où le sentiment royaliste, qui était toute la politique de ma première jeunesse, me rapprochait d'eux. Mon témoignage ne sera pas suspect, car si mon cœur comprend et honore leurs opinions, ma raison m'en affranchit. Eh bien! je déclare que j'ai trouvé en eux des inspirations de patriotisme et de libéralisme dont beaucoup de républicains pourraient s'accommoder sans se faire le moindre tort.

Parmi ces hommes je citerai notamment M. le duc de Lévis et M. de Monthel, qui sont plus particulièrement en rapport avec M. le comte de Chambord. Le premier de ces personnages a surtout toute sa confiance, c'est un véritable ministre de la maison du roi. M. de Lévis n'est pas du tout ce que l'on croit et ce que

l'on dit. Il n'a du grand seigneur que le nom. Un peu
bourgeois d'apparence, il l'est aussi d'opinion. Esprit
positif et net, sens droit et sûr, il n'a rien de Blondel
chantant sa romance de fidélité au pied de la tour du
roi Richard. Ce n'est pas l'enthousiasme qui l'attache
à la cause et à la personne de M. le comte de Chambord; c'est le devoir. Son dévouement est plutôt une
affaire de conscience et une tradition de son nom qu'un
entraînement de cœur. Il apporte dans sa conduite le
tact qui ménage tout et la mesure qui ne compromet
rien. Il connaît la France, et s'il a les espérances que
donne la conviction, il n'a pas les illusions que donne
l'optimisme.

Quant à M. de Montbel, ses rapports avec M. le comte
de Chambord sont d'une autre nature. Il est là plutôt
comme un ami que comme un conseiller. C'est un ministre sans portefeuille. Il avait signé les ordonnances
de juillet sans les ratifier. Ses opinions étaient plus
libérales que ses actes. Homme d'esprit et de cœur, il
n'a d'autre entêtement que celui de la fidélité. Comme
M. de Villèle, dont il est le compatriote, et dont il fut
l'ami, il voulait reconstituer la monarchie par en bas,
c'est-à-dire par des libertés communales, dans un vaste
système de décentralisation; il n'y a pas loin de là au
suffrage universel et à la démocratie. Combien n'y a-t-il
pas ainsi de démocrates qui s'ignorent!

IX.

Deux actes importants ont marqué la vie politique de M. le comte de Chambord depuis qu'il en a la direction. Ces deux actes sont : le voyage de Londres et la réunion de Wiesbaden.

À l'époque où M. le comte de Chambord vint à Londres, le parti légitimiste était en pleine voie d'opposition contre la monarchie constitutionnelle de 1830. Comme toutes les oppositions, celle-ci avait été obligée de prendre la cocarde de la liberté et de se faire progressive pour se faire populaire. Ce n'étaient ni ses souvenirs, ni ses sentiments, ni ses vœux, ni même ses principes, qu'elle portait habituellement à la tribune. Son grand orateur et son chef, M. Berryer, né et organisé surtout pour être un homme d'État, était plus ou moins tout à la fois : il était un tribun. Sa puissante logique, agrandie et enflammée par la passion qui s'échappait de ses lèvres en paroles brûlantes, poursuivait de conséquence en conséquence la monarchie sortie de la révolution, et l'acculait à l'impossible. D'immenses acclamations saluaient cette magnifique éloquence, et le grand orateur, étourdi de son triomphe, croyait y voir le triomphe de sa propre cause. Il se trompait.

Mais le parti légitimiste était de plus en plus entraîné par ce courant. Il se prononçait hautement pour toutes les libertés ; il demandait résolûment l'extension du droit électoral. Les plus hardis allaient même jusqu'au suffrage universel illimité et absolu. Républicains et

royalistes se donnèrent la main. Après avoir conspiré
ensemble, ils combattirent en commun dans les luttes
de tribune, d'élection et de presse. Il n'y avait entre
eux d'autre différence que la couleur de leur cocarde.

C'est cette situation que la manifestation légitimiste
de Belgrave-Square avait pour but de consacrer. M. le
comte de Chambord allait apparaître pour la première
fois sur la scène politique. Il y apparut entre M. Berryer et M. de Chateaubriand, c'est-à-dire entre les
deux hommes qui pouvaient lui donner la signification
la plus populaire.

Chateaubriand, né, il y a plus d'un siècle, dans un
vieux château de la Bretagne, mort, en 1848, sur
la frontière de la démocratie, presque heureux de la
république qu'il combattit dans sa jeunesse et qu'il
avait prophétisée dans sa vieillesse, était l'image la
plus saisissante de la France transformée. Le chevalier
s'était fait plébéien. Le courtisan des rois était devenu
le serviteur des peuples. A la lumière de son génie, il
avait marché d'étapes en étapes sur la route de l'esprit
humain, et parti de la vieille tradition monarchique,
il avait franchi de sa propre impulsion, par l'élan de
sa pensée, l'espace qui sépare le monde ancien du
monde nouveau. Il s'arrêta souvent sans doute. Il n'a-
vait pas toujours résisté à cette voix qui semblait s'élever du sein de la vieille Armorique comme un écho de
l'âme de ses pères, pour le rappeler en arrière et le
retenir attendri et fidèle près des idoles brisées de sa
jeunesse. Mais la poésie qui inspirait le barde avait été
vaincue par la raison qui dirigeait l'homme d'État, et

un jour la restauration ferma brutalement la porte de
son palais à celui dont l'éloquent patriotisme importu-
nait son aveuglement.

M. de Chateaubriand avait rêvé d'être le sauveur et
le régénérateur de la monarchie : il en fut le Cas-
sandre. En vain, de 1823 à 1830, s'était-il attaché
à dégager la royauté des liens qui l'attachaient à des
influences funestes, à des traditions vieillies, à des
idées impossibles ; en vain avait-il essayé de la retremper dans un baptême de progrès et de liberté ; la royauté
l'avait traité en ennemi et avait persisté dans cette voie
fatale qui devait la conduire à Cherbourg.

Dès ce moment, l'illustre écrivain désespéra de la
cause des rois. Il leur resta fidèle cependant, par honneur, afin, comme il le disait, de ne pas couper sa
vie en deux. Mais s'il s'attendrissait sur leur sort, il
n'osait plus croire à leur destinée. Son cœur portait un
pieux hommage à l'exil du dernier fils de saint Louis ;
sa raison acceptait la légitimité de la démocratie, et
s'associait aux espérances de Carrel et de Béranger.

Il y avait quelque chose de grandiose et de saisissant
dans le spectacle de ce jeune prince représentant un
vieux dogme, à côté de ce glorieux vieillard représentant la France transformée et rajeunie. L'effet fut complet. M. le comte de Chambord déclara hautement
que s'il désirait remonter sur le trône de ses pères,
c'était pour servir son pays avec les principes et les
idées de M. de Chateaubriand. Les principes monarchiques furent associés étroitement aux libertés nationales. M. de Chateaubriand, ému et remué jusque dans

ses sentiments les plus intimes, déclara qu'il entre-
voyait un nouvel univers. Il ne manqua rien au succès
de cette manifestation, pas même la flétrissure, encore
plus impolitique qu'injuste, dont l'outrage vint grandir les hommes qu'elle ne pouvait déshonorer.

X.

Dès cette époque cependant, M. le comte de Chambord marqua très-nettement sa pensée à l'occasion
d'un dissentiment qui existait depuis longtemps au sein
du parti légitimiste. La *Gazette de France*, alors dirigée
par M. de Genoude, comprenant ce qu'il y avait d'absolu et d'inconciliable avec le siècle dans le droit divin,
lui avait substitué le droit national. Toute cette doctrine reposait sur un système historique fort habilement
échafaudé, et défendu d'ailleurs avec un grand talent
par les écrivains de cette école. Un auxiliaire illustre
et brillant était venu à MM. de Genoude et de Lour-
doueix. M. de la Rochejaquelein, nouvellement élu par
un arrondissement de la Bretagne, avait adopté avec
chaleur le programme de cette monarchie populaire,
qui convenait si bien à son esprit chevaleresque et à
l'indépendance naturelle de son caractère.

Les hommes de cœur sont souvent les hommes d'État
des révolutions. M. de la Rochejaquelein pouvait faire
de grandes choses, parce qu'il était inspiré par de
grands sentiments. Plus Vendéen que royaliste, il portait dans les conseils politiques toute l'indépendance
d'un chef de partisans. Son indépendance allait même

souvent jusqu'à la révolte. Selon l'impulsion qui le poussait, il pouvait être un embarras ou une force. Cette impulsion était toujours honorable et noble; mais, comme il arrive souvent, on ne sut pas se servir de M. de la Rochejaquelein; on ne parvint qu'à le blesser.

Lorsqu'il arriva à Belgrave-Square, M. le comte de Chambord retint l'élan de cœur qui devait l'entraîner vers un tel nom et vers un tel homme, et il lui adressa ces paroles presque blessantes : « Monsieur de la Rochejaquelein, en vous voyant près de moi, je ne puis oublier les services que votre famille a rendus à la mienne. »

Ce blâme à l'homme, déguisé poliment sous un hommage au nom, fut vivement senti par M. de la Rochejaquelein, qui s'inclina avec dignité et se retira aussitôt. M. le comte de Chambord fit courir après lui, l'embrassa, et la réconciliation sembla faite.

Nous allons voir un peu plus loin que si elle fut sincère, elle ne fut pas durable.

XI.

La révolution de février ne causa à Frohsdorf ni surprise ni joie; elle fut envisagée comme un fait providentiel. Madame la duchesse d'Angoulème avait vu Philippe Égalité monter sur l'échafaud qu'il avait dressé pour Louis XVI; elle avait vu son fils Louis-Philippe d'Orléans venir rejoindre en exil ceux qu'il avait reniés en servant la révolution. Elle ne doutait pas que les élus du 7 août n'eussent à leur tour le sort des vaincus du 29 juillet : elle les attendait.

Le renversement de la monarchie constitutionnelle ne changeait rien à la situation de M. le comte de Chambord. Quels que fussent les événements de perturbation et de division, il se considérait comme un dénoûment; il ne voulait rien précipiter. La prudence était sa force; la résignation était son patriotisme.

Ce ne fut qu'après trois années de république que M. le comte de Chambord sortit de sa réserve et vint à Wiesbaden, près du Rhin, renouveler la démonstration de Belgrave-Square. Un acte politique, important par le retentissement qu'il a eu et par les résultats d'opinion qu'il a produits, est sorti de cette réunion; j'en parlerai avec une entière bonne foi et avec une complète indépendance.

Trois partis bien distincts divisaient le parti légitimiste; ils se résumaient dans trois noms, qui sont MM. Berryer, de Saint-Priest et de la Rochejaquelein.

M. Berryer était le chef politique. Il inclinait visiblement vers le parti conservateur de la bourgeoisie, et il donnait la main à MM. Molé, Guizot et de Salvandy sur l'autel de la fusion.

M. de Saint-Priest était toujours le général du *Carlo-Alberto*, non qu'il conspirât, mais parce que sa nature étant un mélange d'esprit chevaleresque et d'esprit diplomatique, le portait plutôt à l'action qu'à l'effacement et à la transaction. C'est lui qui criait : En avant! quand M. Berryer commandait de mettre les crosses en l'air et de conserver l'attitude de l'expectative et de l'observation.

M. de la Rochejaquelein, gentilhomme de race, royaliste d'honneur et de cœur, libéral d'instinct et de nature, était le drapeau de cette armée considérable, mêlée imposante et confuse de nobles, de paysans, de bourgeois, d'ouvriers, de prêtres, pour lesquels la légitimité était un culte et la liberté un entraînement, et qui associaient comme dans un dogme l'hérédité royale et la souveraineté nationale.

Ces trois partis étaient tous représentés à Wiesbaden comme dans un congrès; ils se disputaient l'adhésion du prince, ils venaient en quelque sorte près de lui pour être jugés.

Entre M. Berryer et M. de Saint-Priest, M. le comte de Chambord ne fut qu'un juge de paix. Le dissentiment, quoique sérieux, n'avait jamais eu d'éclat : le prince, au lieu de le trancher, l'assoupit et le calma; il recommanda l'union; il établit lui-même les points qui devaient rendre le rapprochement facile et honorable. Son tact et sa souplesse triomphèrent de toutes les susceptibilités; il se montra diplomate plein de ressources, et il obtint le traité d'alliance qu'il désirait.

Quant à M. de la Rochejaquelein, il fut sacrifié. M. le comte de Chambord l'avait reçu avec une politesse irréprochable; il l'avait invité à sa table avec tous les honneurs dus à sa situation et à son caractère; mais il n'avait pas marqué sa place à la table de son conseil.

14

XII.

On a beaucoup parlé du manifeste de Wiesbaden. Ce fut en effet un acte déplorable, et dont les conséquences ont été désastreuses pour le parti légitimiste. Il y a de tout dans cet acte. Il y a un peu de préméditation de la part de quelques influences secondaires, jalouses, ombrageuses, qui voulaient écarter du prince les grandes influences de situation et de talent, afin d'être moins effacées. Il y a en outre beaucoup d'imprudences et d'étourderie. Il y a enfin aussi quelque chose de ce hasard qui vient si souvent déranger les affaires humaines les mieux combinées, et que les anciens appelaient la fatalité.

Ce qui est certain, c'est que M. Berryer, auquel l'inspiration de cette circulaire a été attribuée, n'y fut pour rien. Seul, M. le duc de Lévis la connaissait parmi ceux dont elle porte le nom; encore est-il juste d'ajouter qu'il n'en mesura ni la portée ni les conséquences. Voici cette pièce, qui est historique :

« Wiesbaden, 30 août 1850.

» Nos journaux de Paris et des départements vous
» ont déjà fait connaître dans tous les détails ce voyage
» qui semble destiné à exercer une si grande et si heu-
» reuse influence.

» Vous savez maintenant avec quel religieux empres-
» sement des hommes de parti de tous les points de la
» France, et représentant les diverses positions sociales,
» se sont rendus auprès du petit-fils de Henri IV.

» En présence des graves circonstances où nous nous
» trouvons, et sous la menace des complications nou-
» velles qui paraissent devoir se produire, M. le comte
» de Chambord a pu ainsi étudier la situation de plus
» près.

» Tous ceux de nos amis de l'assemblée législative
» qui ont pu quitter la France se sont fait un devoir
» d'arriver les premiers à Wiesbaden, et M. le comte de
» Chambord, ainsi que nous l'ont appris les journaux,
» les a reçus chacun en particulier, afin de se faire une
» idée exacte du mouvement des esprits et des intérêts
» des populations dans chaque département.

» Dans ces différents entretiens, et chaque fois qu'il
» les a réunis auprès de lui, M. le comte de Chambord
» s'est montré constamment préoccupé de la ligne de
» conduite qu'en ce moment plus que jamais il importe
» de suivre avec ensemble pour activer le progrès de
» nos opinions et maintenir en même temps les prin-
» cipes au-dessus de toute atteinte.

» M. le comte de Chambord a déclaré qu'il se réser-
» vait la direction de la politique générale.

» Dans la prévision d'éventualités soudaines, et pour
» assurer cette unité complète de vues et d'actions qui
» seule peut faire notre force, il a désigné les hommes
» qu'il déléguait en France pour l'application de sa
» politique.

» Cette question de conduite devait nécessairement
» amener l'application définitive de la question de l'ap-
» pel au peuple.

» Je suis officiellement chargé de vous faire connaître

14.

» quelle a été à ce sujet la déclaration de M. le comte
» de Chambord.

» Il a formellement et absolument condamné le sys-
» tème de l'appel au peuple, comme impliquant la
» négation du grand principe national de l'hérédité
» monarchique.

» Il repousse d'avance toute proposition qui, repro-
» duisant cette pensée, viendrait modifier les condi-
» tions de stabilité, qui sont le caractère essentiel de
» notre principe, et doivent le faire regarder comme
» l'unique moyen d'arracher enfin la France aux con-
» vulsions révolutionnaires.

» Le langage de M. le comte de Chambord a été for-
» mel, précis; il ne laisse aucune place au doute, et
» toute interprétation qui en altérerait la portée serait
» essentiellement inexacte.

» Tous ceux qui sont venus à Wiesbaden ont connais-
» sance de cette décision; *tous* ont entendu M. le comte
» de Chambord se prononcer avec la même fermeté,
» tandis que l'émotion profonde et l'expression de vrai
» bonheur qu'il pouvait remarquer sur *tous* les fronts
» semblaient lui promettre que cette déclaration venue
» de l'exil serait désormais une règle *absolue* pour *tous*
» les légitimistes de France; mettre fin à toutes ces dis-
» sidences, qui l'ont si vivement affecté et qui n'abou-
» tissent qu'à notre amoindrissement; abandonner sin-
» cèrement, *absolument,* tout système qui pourrait porter
» la même atteinte aux droits dont il est le dépositaire;
» revenir à ces honorables traditions de discipline qui
» seules peuvent relever, après tant de révolutions, le

» sentiment *de l'autorité;* rester inébranlables sur les
» principes modérés et conciliants pour les personnes;
» tel est le résumé de toutes les recommandations que
» M. le comte de Chambord nous a adressées, et qui,
» nous en avons la confiance, seront fécondes en heu-
» reux résultats.

» Ce qui en ressort incontestablement, c'est que la
» direction de la politique générale étant réservée par
» M. le comte de Chambord, aucune *individualité,* soit
» dans la presse, soit ailleurs, ne saurait désormais être
» mise en avant comme représentation de cette poli-
» tique; en dehors de M. le comte de Chambord, il ne
» peut y avoir aux yeux des légitimistes que les man-
» dataires qu'il a désignés, et qui sont, vous le savez
» sans doute déjà :

» MM. le duc de Lévis, le général Saint-Priest, re-
» présentant de l'Hérault; Berryer, représentant des
» Bouches-du-Rhône; le marquis de Pastoret; le duc
» d'Escars.

» De retour en France, j'aurai, comme par le passé,
» l'honneur de vous transmettre leurs instructions, et
» j'ai la confiance que vous voudrez bien me continuer
» votre précieux concours et me tenir au courant de la
» situation de votre département.

» N'ayant pas apporté en Allemagne votre adresse,
» j'ai cru devoir attendre mon retour en France pour
» vous adresser cette circulaire.

» DE BARTHÉLEMY. »

Cette circulaire fut publiée d'abord par un journal

légitimiste de province qui l'approuvait et qui en triomphait. L'indiscrétion coûta cher. Il y eut comme une protestation universelle de la France contre ce manifeste insensé. Les vieilles antipathies endormies par le temps se réveillèrent. Les sympathies secrètes qui s'attachaient à l'éventualité d'une restauration, comme à un dénoûment possible dans l'inconnu de l'avenir, se désavouèrent. M. de la Rochejaquelein recevant en plein soleil de publicité le contre-coup de ce désaveu, se redressa fièrement dans son indépendance et dans sa dignité. Le parti légitimiste venait de perdre sa bataille de Culloden.

M. le comte de Chambord le comprit. En lisant cette pièce funeste qu'il ne connaissait pas, sa consternation fut plus grande encore que son étonnement. « Quelle tuile me tombe sur la tête! » s'écria-t-il. M. le duc de Lévis offrit immédiatement sa démission, qui ne fut pas acceptée.

La faute était immense. Le dommage qui en résultait pour M. le comte de Chambord semblait irréparable. On songea cependant à le réparer. Mais comment? M. Berryer proposa un désaveu formel. Cet avis ne fut pas partagé, et on décida que le désaveu devait tomber du haut de la tribune pour tomber de plus haut sur l'opinion, et pour anéantir plus sûrement la malencontreuse circulaire.

XIII.

M. Berryer s'expliqua enfin dans la séance du 16 janvier. Son discours fut un triomphe de tribune. Il ne fut pas un triomphe d'opinion. Les flots d'éloquence passèrent sur la faute de Wiesbaden sans l'effacer. Afin de rendre le désaveu plus formel, M. le comte de Chambord s'y associa en adressant à M. Berryer la lettre suivante, que je publie parce qu'elle a toute l'importance d'un manifeste officiel.

« Venise, le 23 janvier 1851.

» MON CHER BERRYER,

« J'achève à peine de lire le *Moniteur* du 17 janvier,
» et je ne veux pas perdre un instant pour vous témoi-
» gner toute ma satisfaction, toute ma reconnaissance,
» pour l'admirable discours que vous avez prononcé
» dans la séance du 16. Vous le savez, quoique j'aie la
» douleur de voir quelquefois mes pensées et mes
» intentions dénaturées et méconnues, l'intérêt de la
» France, qui pour moi passe avant tout, me condamne
» souvent à l'inaction et au silence, tant je crains de
» troubler son repos et d'ajouter aux difficultés et aux
» embarras de la situation actuelle. Que je suis donc
» heureux que vous ayez si bien exprimé des senti-
» ments qui sont les miens, et qui s'accordent parfai-
» tement avec le langage, avec la conduite que j'ai
» tenus dans tous les temps! Vous vous en êtes sou-
» venu; c'est bien là cette politique de conciliation,
» d'union, de fusion, qui est la mienne, et que vous
» avez si éloquemment exposée; politique qui met en
» oubli toutes les divisions, toutes les récriminations,
» toutes les oppositions passées, et veut pour tout le
» monde un avenir où tout honnête homme se sente,

» comme vous l'avez si bien dit, en pleine possession
» de sa dignité personnelle.

  » Dépositaire du principe fondamental de la monar-
» chie, je sais que cette monarchie ne répondrait pas
» à tous les besoins de la France si elle n'était en har-
» monie avec son état social, ses mœurs, ses intérêts,
» et si la France n'en reconnaissait et n'en acceptait
» avec confiance la nécessité. Je respecte mon pays
» autant que je l'aime. J'honore sa civilisation et sa
» gloire contemporaine autant que les traditions et les
» souvenirs de son histoire. Les maximes qu'il a forte-
» ment à cœur, et que vous avez rappelées à la tribune,
» l'égalité devant la loi, la liberté de conscience, le
» libre accès pour tous les mérites à tous les emplois,
» à tous les honneurs, à tous les avantages sociaux ;
» tous ces grands principes d'une société éclairée et
» chrétienne me sont chers et sacrés comme à vous,
» comme à tous les Français. Donner à ces principes
» toutes les garanties qui leur sont nécessaires, par des
» institutions conformes aux vœux de la nation, et
» fonder, d'accord avec elle, un gouvernement régulier
» et stable, en le plaçant sur la base de l'hérédité mo-
» narchique et sous la garde des libertés publiques à la
» fois fortement réglées et loyalement respectées, tel
» serait l'unique but de mon ambition. J'ose espérer
» qu'avec l'aide de tous les bons citoyens, de tous les
» membres de ma famille, je ne manquerai ni de cou-
» rage ni de persévérance pour accomplir cette œuvre
» de restauration nationale, seul moyen de rendre à la
» France ces longues perspectives de l'avenir, sans les-

» quelles le présent, même tranquille, demeure inquiet
» et frappé de stérilité.

» Après tant de vicissitudes et d'essais infructueux,
» la France, éclairée par sa propre expérience, saura,
» j'en ai la ferme confiance, reconnaître elle-même où
» sont ses meilleures destinées. Le jour où elle sera
» convaincue que le principe traditionnel et séculaire
» de l'hérédité monarchique est la plus sûre garantie
» de la stabilité de son gouvernement, du développe-
» ment de ses libertés, elle trouvera en moi un Français
» dévoué, empressé de rallier autour de lui toutes les
» capacités, tous les talents, toutes les gloires, tous les
» hommes qui par leurs services ont mérité la recon-
» naissance du pays.

» Je vous renouvelle encore, mon cher Berryer, tous
» mes remerciments, et vous demande de continuer,
» toutes les fois que l'occasion vous en sera offerte,
» à prendre la parole, comme vous venez de le faire
» avec tant de bonheur et d'à-propos. Faisons connaître
» de plus en plus à la France nos pensées, nos vœux,
» nos loyales intentions, et attendons avec confiance ce
» que Dieu lui inspirera pour le salut de notre com-
» mun avenir.

» Comptez toujours, mon cher Berryer, sur ma sin-
» cère affection.

» HENRI. »

XIV.

La conduite politique et privée de M. le comte de
Chambord, telle que je viens de la montrer, est irré-

prochable devant son pays comme elle le sera devant
l'histoire. Il n'y a pas eu de sa part, depuis qu'il est
homme, un acte ou une parole qui ait démenti la prudence et l'abnégation dont il a fait la dignité de son
exil. La France ne doit donc à ce jeune prince, pour
son attitude, pour ses sentiments, comme pour la grandeur de son infortune et de son nom, que des sympathies et des respects.

Mais si M. le comte de Chambord a fait tout ce qu'il
devait pour réserver sa situation et pour mériter l'estime de son pays, le parti légitimiste a-t-il bien fait
tout ce qu'il pouvait pour rajeunir sa cause et pour
conquérir l'avenir? Je ne le crois pas. M. le duc de
Valmy, homme de sens et d'esprit, disait un jour au
petit-fils de Charles X : « Monseigneur, le plus grand
» obstacle à votre rentrée en France, ce n'est pas vous.
» La France ne vous connaît pas, et si vous ne lui inspi-
» rez pas de bien vives sympathies, vous ne pouvez pas
» non plus lui inspirer de haine. L'obstacle, c'est le
» préjugé enraciné dans la bourgeoisie et dans les
» masses contre votre parti. »

Eh bien, oui, M. le duc de Valmy avait raison. Ce
préjugé est profond. Mais quelque profond qu'il soit,
il y avait cependant un moyen d'en triompher. Ce
moyen, le parti légitimiste n'a pas voulu ou n'a pas su
s'en servir.

Les aristocraties ne sont pas aussi incompatibles avec
les démocraties qu'on le croit. Tout ce qui s'élève sort
de la nation. Tout ce qui est en haut a pour appui ce
qui est en bas. Il n'y a que les aristocraties populaires

qui ne périssent pas. Un peuple qui se reconnaît dans ses illustrations historiques et personnelles n'en prend pas ombrage. Il voit l'image de sa grandeur dans les grandeurs qui personnifient, au sommet de la société, ses mœurs, ses idées, sa civilisation, sa force, son génie. L'Angleterre en est la preuve bien remarquable. Il y a deux siècles que l'Angleterre a fait sa révolution de 89, et même de 93, puisqu'elle a eu aussi sa funèbre et sanglante journée du 21 janvier, et cependant l'aristocratie anglaise, loin d'être ébranlée par cette secousse, s'est conservée dans toute sa puissance et dans tout son éclat.

La raison de ce phénomène politique est connue : c'est que cette aristocratie, au lieu de se laisser traîner à la remorque de l'esprit humain, l'a devancé et en a pris hardiment la tête; elle s'est faite initiatrice, et c'est ainsi qu'elle a mérité de conserver le gouvernement d'un pays entré depuis longtemps en pleine jouissance de son indépendance et de sa souveraineté.

Pourquoi le parti légitimiste français n'a-t-il pas suivi cet exemple? Pourquoi n'a-t-il pas cherché sa force dans les réalités du temps, au lieu de la chercher dans les fictions du passé? Pourquoi n'a-t-il pas essayé de renouer la tradition, qui est un résultat, à l'innovation, qui est une nécessité? Où donc est son appui aujourd'hui? Croit-il que son principe, quelque respectable qu'il soit, suffirait à la garde de la société actuelle? Parce que la monarchie serait légitime, serait-ce assez pour qu'elle fût inviolable? parce que la royauté serait restaurée, l'autorité serait-elle relevée? parce qu'il y aurait un roi, y aurait-il un gouvernement?

Eh bien, non. Les trois révolutions qui ont ébranlé ce siècle ne permettent pas une illusion sur ce point. La force monarchique a été déracinée du sol. Désormais il n'y a qu'un moyen, un seul, d'avoir un gouvernement fort, incontestable et durable : c'est de lui donner pour base l'assentiment national. Cela peut être un malheur; mais cela est un fait. L'autorité ne peut se refaire que par en bas. La société ne peut se protéger que par la liberté, et une monarchie elle-même, si elle était possible, ne serait qu'une démocratie couronnée; ou, si elle n'était pas cela, elle serait tout au plus une tyrannie de quelques jours, une dictature éphémère, ayant pour appuis la peur d'un côté et la terreur de l'autre.

Il y avait un grand rôle pour le parti légitimiste dans cette transformation : lui, le parti de la stabilité, pouvait donner à la démocratie sa prudence et sa modération; mais c'eût été à la condition d'accepter son esprit. Au lieu de cela, qu'a-t-il fait? Il s'est enrôlé dans les rangs de la bourgeoisie; il a abdiqué son individualité à son profit, sans lui emprunter aucun des avantages qui lui sont propres. Il lui a tout donné, et il n'en a rien reçu, pas même le sacrifice des préjugés qu'elle nourrit injustement contre lui. En un mot, il a fait de la conservation par le petit côté, au lieu d'en faire par le droit, par le progrès et par le peuple.

XV.

Quelle sera la destinée de ce jeune prince dont je viens d'esquisser le buste et d'étudier la vie? Grande et terrible question qui n'est pas seulement le problème de la vie d'un homme et qui est aussi le problème de la vie d'un peuple. Nous sommes à l'une de ces heures de l'humanité où tout paraît incertain, où rien ne paraît impossible [1]. Dieu seul peut frapper d'une incapacité éternelle et absolue les institutions que l'humanité répudie.

Sans doute la royauté a eu un passé glorieux et fécond. Elle a été tout pendant douze siècles. Elle a été la civilisation, la nationalité, la société, la liberté. Elle a tiré de la barbarie les éléments de notre grandeur et de notre puissance. Elle a taillé avec son épée l'unité des peuples dans le bloc européen. Elle a construit pièce à pièce l'édifice social. Elle a affranchi les communes. Elle a protégé les serfs et les bourgeois contre la féodalité. Elle a été en un mot la forme vivante et glorieuse de la France.

Nous la respectons profondément, nous l'honorons, nous l'admirons, nous l'aimons dans tout ce qu'elle nous a légué d'impérissable et d'immortel.

Mais, lors même qu'elle sortirait de ses ruines, aujourd'hui, serait-elle ce qu'elle a été? Retrouverait-elle sa puissance, sa grandeur et son éclat? Voyons : je

[1] Cette étude était écrite au mois de septembre 1851, deux mois avant le coup d'État qui a changé si complètement la face des choses et fixé la situation du pays.

suppose que M. le comte de Chambord soit Louis XIV ?
Je suppose qu'il soit assez privilégié pour rencontrer à
côté de lui un Turenne et un Colbert. Ressuscitera-t-il
le règne de Louis XIV? Non. Pourquoi ? Parce qu'il ne
trouverait plus la France de ce temps, la France des
privilèges et de la gloire.

La France est changée, cela est certain. Elle a d'autres besoins, d'autres mœurs, d'autres idées, d'autres
manières de sentir et de juger. Elle doit avoir aussi un
autre gouvernement. Sans doute la transition est orageuse et tourmentée ; mais elle n'en est pas moins
irrésistible et rapide. Ne nous plaignons pas, si elle
doit nous conduire au but ! Il n'y a pas une étape de
l'humanité qui ne laisse des générations entières fati-
guées et épuisées sur la route. Il n'y a pas un progrès,
pas une vérité, pas une liberté dont le triomphe ne soit
acheté par des deuils, par des regrets, par des déchi-
rements de l'âme et du cœur. Plus le sacrifice est
grand, plus il est agréable à Dieu. Les soldats qui tom-
bent n'y perdent que leur vie. Les rois qui succombent
y perdent leur droit. Soldats ou rois, tous ont mieux à
faire que de se révolter contre ces arrêts du destin :
c'est de s'y résigner. La résignation n'est pas seulement l'héroïsme du malheur, elle en est aussi le patriotisme. M. le comte de Chambord pouvait être un prétendant. Il pouvait agiter et troubler son pays. Il l'a
respecté. Que ce soit sa seule vengeance contre les
révolutions qui l'ont proscrit; c'est la plus digne de
son sang et de son nom !

LE PRINCE DE JOINVILLE.

I.

Voici un nom royal qui est en même temps un nom populaire. Il y a peu de chaumières de paysans dans les campagnes, peu de mansardes d'ouvriers dans les villes, où il n'ait retenti avec le souvenir de Sainte-Hélène, ou avec l'écho de Saint-Jean-d'Ulloa et de Mogador. M. le prince de Joinville est, de tous les membres de sa famille, celui que le peuple voyait le moins et connaissait le plus. Son souvenir a survécu à son prestige. Tombé des marches du trône, il n'a pas glissé dans l'oubli, cet abîme si voisin de la fausse grandeur, et pour lui la disgrâce de la fortune n'a pas été l'ingratitude de l'opinion.

Louis-Philippe d'Orléans avait au plus haut degré l'esprit de famille. Victime de la révolution, suspect à la royauté, inconnu de la bourgeoisie, dont il devait être le roi plus tard, il s'était enfermé dans l'ombre de la vie intérieure; il vivait sans faste, sans splendeur et sans bruit, entre sa femme, sa sœur et ses enfants, tous groupés autour de lui dans cette union étroite de sentiments et d'intérêts que l'affection forme et que la confiance cimente. Prévoyant, exact, calculateur, positif, il n'avait rien de royal dans ses mœurs et dans ses habitudes. Chef d'une branche cadette, il savait combien sa situation prêtait facilement aux interprétations et aux suppositions; aussi apportait-il dans sa conduite une réserve qui pouvait passer pour de la prudence et de l'abnégation, qui n'était au fond qu'un habile calcul. Placé comme un point intermédiaire entre le trône et la nation, le duc d'Orléans devait se tenir à égale distance des jalousies d'en haut et des faveurs d'en bas. Ce qu'il y avait de plus utile à sa fortune, ce n'était pas d'être exalté, mais d'être effacé, bien sûr d'ailleurs de ne pas être oublié. Il le comprit avec son tact supérieur, et il s'isola des affaires publiques pour se consacrer tout entier à ses affaires privées. Il fit de son existence l'exemple de tous les devoirs. Époux irréprochable, frère dévoué, père tendre et éclairé, il montra dans un prince un homme comme tout le monde, et captiva ainsi l'estime, qui est une force, sans attirer la popularité, qui est un péril. Il devint sympathique au pays sans devenir plus antipathique à la cour. Sa simplicité, son affabilité, son renoncement apparent, et jusqu'à son bonheur intérieur, séduisaient et charmaient les instincts bourgeois, sans inquiéter les susceptibilités dynastiques. Il restait possible, sans être menaçant.

Madame la duchesse d'Orléans, depuis la reine Marie-Amélie, secondait admirablement cette situation. Douée d'un tact égal à celui de son mari, elle savait mettre dans sa conduite toutes les nuances propres à détruire les soupçons sans décourager les espérances. Sa bonté relevée par sa dignité la faisait aimer et res-

pecter ; elle inspirait l'abandon sans autoriser la familiarité. Son bonheur d'épouse n'était dépassé que par
son orgueil de mère. Fille de roi, elle était femme
avant d'être princesse. Les sentiments, les affections
et les délicatesses de sa nature dominaient complètement les préjugés de son rang. La grandeur semblait
pour elle plutôt un fardeau qu'un privilége. Mais si la
femme repoussait par instinct et par vertu la perspective d'un trône, l'épouse et la mère y souriaient parfois. Son ambition n'était que l'écho de son cœur et
l'exaltation de son dévouement. Ne voyant rien au-
dessus de ceux qu'elle aimait, elle ne voyait non plus
aucune grandeur dont ils ne fissent pas dignes.

Madame la princesse Adélaïde d'Orléans, aussi exaltée dans ses affections, était moins contenue dans ses
ambitions. Son frère était tout pour elle. Élevée comme
lui à l'école philosophique du dix-huitième siècle,
formée par les leçons de madame de Genlis, vivement
impressionnée par la révolution, dont elle avait en
quelque sorte respiré l'esprit dans l'atmosphère de sa
première jeunesse, elle considérait la restauration
comme un temps d'arrêt qui touchait au triomphe de
ses opinions et de ses espérances. Elle attendait la
fortune de son frère avec la confiance d'un droit ; elle
la désirait avec l'impatience du dévouement. Elle voyait
en lui le Guillaume d'Orange de la monarchie française. Aussi, quand M. Thiers se rendit à Neuilly, le
30 juillet 1830, pour offrir une couronne, madame
Adélaïde n'éprouva aucun des scrupules ni aucune des
hésitations qui troublaient la conscience de sa belle-

sœur. Elle étendit la main pour saisir cette couronne avant même qu'elle fût tombée définitivement du front d'un enfant sur lequel Charles X l'avait placée comme pour lui donner l'inviolabilité de l'innocence. Ce n'était pas pour elle affaire de sentiment; âme plus virile que tendre, elle n'était susceptible ni de s'attendrir ni de s'émouvoir; mais elle était capable de s'élever à toutes les résolutions qui demandaient de la fermeté et de l'énergie.

Telle était la famille d'Orléans sous la restauration. C'est au sein de cette vie, qui touchait à toutes les situations, au trône par la parenté, à la bourgeoisie par les habitudes, par les mœurs, par les opinions, que grandissait cette pépinière de jeunes princes et de jeunes princesses, dont sir Robert Peel a pu dire un jour en portant un toast à Louis-Philippe : « Au roi des Français, à ce roi privilégié, dont tous les fils sont braves et dont toutes les filles sont vertueuses! »

II.

Comme tous ses frères, le jeune prince de Joinville s'était assis sur les bancs du collége avant de s'élancer dans la carrière à laquelle il était destiné. Il avait ainsi appris les devoirs de la vie en apprenant ceux du travail. L'écolier avait précédé et préparé le marin. Dans cette éducation si nouvelle pour les princes que le chef de la branche cadette faisait donner à ses enfants, il y avait autre chose que la sollicitude éclairée du père ; il y avait aussi une haute pensée politique de l'héritier présomptif d'un trône et de l'élu possible d'une révo-

lution. Les fils de sang royal, confondus, dans les rangs
de l'université, avec les fils des simples citoyens, devenaient aussi ceux de la nation. Ils n'étaient plus
considérés comme des émigrés volontaires de son
esprit, de ses mœurs, de sa civilisation. Ils populari-
saient leur illustration sans la dégrader. Ils devenaient
hommes enfin pour devenir dignes d'être rois.

La nature, les instincts, le caractère de M. le prince
de Joinville se prêtaient admirablement à cette éducation et à ces leçons. Il n'avait aucun orgueil de sa
naissance. Avant de savoir ce qu'elle lui réservait, il
avait vu une révolution s'accomplir. Cette révolution
était venue chercher son père dans le jardin de Neuilly
pour en faire un roi. L'élévation de sa famille était
sortie de l'humiliation de la royauté. Son intelligence
avait compris cet événement sans l'expliquer. Il voyait
que son père remplaçait le roi Charles X et ne lui succédait pas. Il devinait dans cette royauté plutôt un péril qu'un privilége, et avec cette pénétration d'enfant
qui n'est que l'instinct de la tendresse, il pressentait
dans cette couronne une grande responsabilité devant
l'histoire et devant Dieu. Aussi se montrait-il réfléchi
et sérieux jusque dans l'insouciance naïve de son âge.
La grâce pensive et recueillie de l'enfant annonçait déjà
l'énergie virile et le dévouement généreux de l'homme.

M. le prince de Joinville a tenu tout ce que son enfance promettait. On peut le juger à ses actes. Sa vie
est déjà pleine de gloire. Je l'étudierai plus loin. Voyons
la nature d'abord. L'histoire se caractérisera ensuite
avec bien plus de vérité.

15.

III.

On retrouve dans les princes de la famille d'Orléans le type bourbonien, avec moins de distinction peut-être, mais avec plus de grâce. On dirait qu'il y a entre les races les mêmes différences qu'entre les situations et les idées. Henri IV, prince chevaleresque, spirituel et fin, résume complétement ce type, dont la branche aînée a conservé la fierté, la dignité, la bonté dans les grandes figures de Louis XIII, de Louis XIV et de Louis XV, et jusque dans les formes un peu massives de Louis XVI, de Louis XVIII et du dernier héritier de ce sang, M. le comte de Chambord. La branche cadette, au contraire, semble lui avoir emprunté surtout la pénétration, la simplicité, la prudence et la réserve, révélées par des traits moins accentués, mais plus réguliers, par un regard moins lumineux, mais plus profond, par des allures moins royales, mais plus françaises. En résumé, on peut dire que les Bourbons naissent chevaliers, tandis que les d'Orléans naissent citoyens.

M. le prince de Joinville a dans sa personne toute l'élégance de sa race; mais cette élégance, sans avoir rien de chevaleresque, n'a rien non plus de vulgaire; elle est relevée par l'intelligence et la réflexion. Toutes les lignes du front sont fines, délicates et régulières. Le front, quoiqu'un peu bas, est noble et beau. La pensée y est transparente à travers le tissu qui le recouvre. Les yeux, bleus et doux, sous les sourcils noirs et arqués qui révèlent l'audace et la résolution,

sont légèrement voilés d'une teinte de mélancolie.
Quand le regard s'anime, cette teinte s'évanouit dans
le rayonnement de la lumière, et l'éclair qui s'échappe
de cette prunelle montre l'âme intrépide et calme du
soldat. Le nez droit et bien fait, la bouche gracieuse,
dessinée par des lèvres polies, sur lesquelles le souffle
de l'inspiration semble glisser sans efforts, la barbe
soyeuse et touffue, complètent l'ensemble de cette
figure mâle, bienveillante et méditative, où se retrouvent tout à la fois le signe de l'origine patricienne du
prince, la trace de la vie orageuse et rude du marin,
et l'empreinte puissante et profonde de la fierté nationale, assombrie par je ne sais quel pressentiment de
l'avenir dans une sorte de fatalisme se reflétant sur ce
visage comme l'ombre mystérieuse d'une destinée humaine.

IV.

Ce n'est pas seulement la figure qui est française.
L'esprit et le cœur sont également formés de toutes les
idées, de tous les sentiments, de toutes les impressions, et je pourrais même dire de toutes les erreurs
et de tous les préjugés qui constituent la vie nationale.
M. le prince de Joinville est avant tout de son pays et
de son siècle. Il aime la France avec fanatisme. Son
ambition n'est pas de la gouverner, mais de la servir.
Il l'a servie comme prince sous le règne de son père.
Il la servirait avec le même bonheur comme citoyen
sous tout autre gouvernement, monarchie ou république. Aussi n'est-ce pas peut-être la chute du trône

qu'il a le plus regrettée en 1848. Ce qu'il a regretté
plus amèrement, c'est son exil. Il acceptait avec dignité la perte de son rang. Il n'a subi qu'avec douleur
la perte de sa patrie.

« Je suis Français jusqu'au bout des ongles, » répète
souvent le prince à ses amis. Ce mot le peint tout
entier. Fils de roi, son pays, pour lui, passe avant
tout, et il est en effet tellement Français, qu'il con-
sentirait même à oublier qu'il est prince, s'il avait à
choisir entre son rang sur les marches d'un trône et
sa place en France.

C'est par ce sentiment fanatique de nationalité que
M. le prince de Joinville s'élève à l'intelligence de la
liberté. Il n'est peut-être pas libéral par nature. L'attrait de la gloire, l'habitude du commandement con-
tractée dans l'habitude de l'obéissance, la vie du marin,
l'unité d'action et de direction, dont la discipline maritime est le type le plus inflexible, ont dû naturellement
porter son esprit vers l'idée d'autorité. Un pouvoir tirant
sa force de sa concentration serait celui qu'il considé-
rerait sans doute comme le plus normal. Mais ce que
son éducation et ses penchants lui feraient préférer,
ses mœurs et sa raison le lui font repousser. « Français
jusqu'au bout des ongles, » comme il le dit, il en a
aussi l'esprit un peu frondeur. Il a au cœur comme
dans son attitude une force invincible de résistance
contre ce qui contracte le nerf énergique de sa nature.
C'est le dédain aristocratique corrigé par l'intelligence
et par l'empire des idées modernes. S'il avait vécu
sous Anne d'Autriche, il aurait pris volontiers le rôle

du prince de Condé. Il y a en lui le sentiment du devoir capable de s'élever jusqu'à l'héroïsme, et l'indépendance hautaine capable de s'égarer jusqu'à la
révolte.

Cette indépendance éclatait jusque dans ses rapports
les plus intimes de famille, et jusque dans les conseils
de la royauté. M. le prince de Joinville, toujours respectueux et dévoué, fut souvent insoumis à l'inspiration paternelle. Il plaidait avec chaleur, et quelquefois
avec aigreur, les intérêts de la marine contre l'indifférence ou l'hostilité du gouvernement. Il protégeait
de son patronage tous les services oubliés et dédaignés. Un officier avait-il montré trop de zèle et était-il
accusé d'avoir témoigné trop de susceptibilité pour
l'honneur du pavillon? Cette noble faute, car c'en était
une souvent devant la politique ministérielle et devant
la prudence royale, trouvait aussitôt M. le prince de
Joinville pour avocat et pour apologiste. Il se déclarait
solidaire de ceux que l'on menaçait d'un blâme ou
d'un désaveu. Il se découvrait personnellement comme
prince pour couvrir ses frères d'armes, et il détournait
ainsi les expiations prêtes à frapper le dévouement, le
patriotisme et le courage.

Peu mêlé à la politique, il n'y apportait, quand il y
touchait, ni moins de franchise, ni plus de complai-
sance. Sa loyauté se blessait de certaines pratiques de
gouvernement qui lui paraissaient plus propres à dé-
considérer le pouvoir qu'à le fortifier. Son impatience
s'irritait de la résistance que soulevaient toute initiative généreuse, toute réforme utile, toute innovation

possible. Né pour l'action, il ne comprenait pas l'immobilité. Ce n'était pas chez lui entraînement de système, c'était entraînement de nature. Son amour du
progrès n'était que la passion de ce qui était nouveau
et de ce qui était beau. Voyageur intrépide et infatigable, il avait, comme tous les marins, la confiance
qui pousse en avant. En politique comme en marine,
il ne craignait pas l'inconnu.

V.

Cette disposition un peu aventureuse de son caractère, ce sentiment exalté de sa nationalité, cette indépendance facile à passionner et à irriter, ont développé
chez le prince de Joinville un sentiment que je dois
signaler, et qui, tout généreux qu'il puisse être, me
semble indigne d'un esprit supérieur comme le sien :
il a la haine de l'Angleterre. Pendant que son père, le
roi Louis-Philippe, ne pensait qu'à affermir et à resser-
rer l'alliance anglaise, lui ne songeait qu'aux moyens
de soutenir la guerre contre cette vieille rivale, si
l'alliance préparée avec tant de soin et conservée au
prix de tant de sacrifices par la prévoyance royale venait à se rompre ; et non-seulement il le prévoyait,
mais il le désirait peut-être secrètement, malgré qu'il
ne se fît aucune illusion sur l'insuffisance de nos forces
maritimes. C'est sous l'empire de cette préoccupation
qu'il écrivit sa fameuse note dont je parlerai plus tard.

M. le prince de Joinville ne se trompait pas de sentiment comme prince français ; il se trompait d'époque

et d'intérêt comme homme politique. Sous la monarchie héréditaire, la France pouvait à son gré adopter l'alliance russe ou anglaise. De l'option de ces deux alliances découlait toute sa conduite en Europe, et surtout en Orient. Le lendemain du jour où la révolution triomphait, l'alliance russe, essentiellement anti-démocratique, devenait un contre-sens, et par cela même une impossibilité pour notre pays.

C'est cette fédération écrite ou non écrite des deux grandes puissances libérales, l'Angleterre et la France, en y adjoignant l'Espagne, une partie de l'Italie et de l'Allemagne, qui était la meilleure garantie de l'Europe contre le poids exorbitant de l'empire russe, penchant sans cesse contre l'indépendance du continent. C'est aussi cette alliance qui pouvait le mieux assurer la liberté de la Méditerranée pour notre commerce et pour nos exportations, la sécurité de l'Algérie pour l'accroissement plus nécessaire que jamais de notre colonie, et enfin l'inviolabilité et l'intégrité de l'empire ottoman, rempart formidable contre la Russie.

La révolution de juillet avait déplacé le pivot de nos alliances en le transportant logiquement et forcément de Saint-Pétersbourg à Londres.

Si M. le prince de Joinville n'est qu'un loyal et intrépide marin, il conservera sa haine de l'Angleterre. S'il est un homme d'État, il fera réparation à la mémoire de son père, et il reconnaîtra que l'alliance anglaise pouvait être le salut de la monarchie constitutionnelle comme elle a été la sauvegarde de la nationalité et de la liberté des peuples.

Ce préjugé contre l'Angleterre ne tient pas seulement à l'éducation du marin ; il vient surtout de l'exagération du sentiment de la nationalité. M. le prince de Joinville est si Français qu'il en est quelquefois injuste. Autant il est affable et bienveillant avec ses compatriotes, autant il est fier et dédaigneux avec les étrangers. Il semble que la patrie soit pour lui l'humanité. Il ne voit rien au delà de la frontière que des ennemis. Je crois pouvoir affirmer que le congrès de la paix ne le comptera jamais parmi ses membres.

VI.

Il y a un vieil adage marin qui dit : « Si vous voulez » connaître quelqu'un, naviguez avec lui. » L'adage est parfaitement juste. Il ne suffit pas d'être un officier de mérite quand on doit être à la tête d'une armée, il faut s'y créer non-seulement une notoriété, mais encore une popularité de bon aloi. Quand on est fils de roi, il faut se faire pardonner son rang, afin de faire accepter son grade.

Mais c'est surtout dans la marine que la situation d'un prince est difficile. La vie en pleine mer ne ressemble en rien à la vie ordinaire. Sur un vaisseau, les hommes ne sont séparés que par la hiérarchie qui maintient les rangs et par la discipline qui élève le commandement en imposant l'obéissance. Mais ils sont rapprochés par les mille rapports du service, par les impressions qui leur sont communes, par les dangers qu'ils bravent, par les joies qu'ils éprouvent. Ils se

touchent, ils se voient, ils se pénètrent, ils se jugent.
Tous se connaissent, parce que tous se font connaître.
Les qualités et les défauts, les défauts surtout, se montrent dans toute leur vérité, et comment pourrait-il en
être autrement? La fatigue, l'insomnie, le roulis et le
tangage, la nourriture échauffante, l'isolement du cœur,
l'absence de la famille, la séparation absolue avec le
monde vivant, le regard qui se perd dans d'immenses
horizons sans rien saisir, la pensée qui se consume
dans une activité intérieure sans pouvoir s'épancher
ni se renouveler, l'impatience qui s'irrite, la tendresse
qui rêve, le souvenir qui s'attriste, l'espérance qui
se décourage, tout enfin continue à aigrir les caractères et à en rendre plus sensibles les mauvais côtés.
L'officier qui a passé par les épreuves d'une campagne,
et qui en sort avec l'estime de ses camarades et avec
la confiance des matelots, cet officier est vraiment privilégié de la nature. M. le prince de Joinville eut ce
rare bonheur. Il triompha sans effort de toutes les difficultés de sa situation. Simple, affectueux, cordial avec
les officiers, affable et conciliant avec les matelots,
digne et juste avec tous, il sut se faire aimer en se
faisant respecter. Généreux jusqu'à la prodigalité,
comme il était nécessaire qu'il le fût dans sa position,
chaleureusement dévoué à ses amis et à ses compagnons de fortune, il popularisait le commandement
sans l'affaiblir. Bon camarade, il était en même temps
un chef inflexible, donnant le premier l'exemple,
comme pour prouver que l'élévation du rang ne pouvait élever personne au-dessus du devoir.

On a dit que le prince de Joinville avait autour de lui une coterie qu'il soutenait de son influence. Ce reproche, quoique fondé en apparence, n'a rien de sérieux. Il est vrai que le jeune contre-amiral protégeait avec un chaleureux dévouement les officiers dont il connaissait le mérite. Était-ce un tort? Qui pourrait l'admettre? La marine, en créant des intimités étroites de relation et de sentiment, crée aussi, par la même raison, des solidarités de fortune. Quand des hommes ont vécu de la même vie pendant de longs jours, suspendus entre le ciel et l'eau, ayant, selon la belle expression de lord Byron, l'immensité sous les pieds et l'immensité sur la tête, ballottés par les vagues et les tempêtes, renfermés entre quatre planches à jour, où ils se sont sentis vivre, penser, espérer, souffrir; quand des hommes ont ainsi confondu leur existence matérielle et morale, qui donc pourrait leur faire un crime de s'estimer, de se soutenir, de se grouper et de former pour ainsi dire une famille pour se prêter appui mutuel? Que ceux qui sont en haut donnent la main à ceux qui sont en bas pour les élever à la hauteur de leur mérite, cela est non-seulement légitime, mais honorable. Personne n'a prétendu d'ailleurs que M. le prince de Joinville eût protégé ses amis au mépris des règlements et au préjudice des droits acquis. Parmi les officiers dont il patronait la carrière, nous retrouvons aujourd'hui ceux dont la marine s'honore le plus, et qu'elle considère comme les plus dignes de la commander.

Le marin a formé l'homme et ennobli le prince.

Plus souvent sur son vaisseau que dans les palais de sa famille, M. le prince de Joinville a échappé à beaucoup de préjugés et à beaucoup d'impressions propres à altérer les meilleures natures. Forcé d'abord de reconnaître des supérieurs, entraîné ensuite à avoir des camarades, puis habitué à trouver des amis, il a peu de courtisans. D'ailleurs il ne les aimait pas, et il prenait autant de soin de les éloigner que d'autres en auraient mis à les attirer. Aussi les courtisans se sentaient peu à l'aise avec lui. Leurs flatteries banales et sottes glissaient sur son dédain. Il avait trop de fierté pour aimer le servilisme, trop de loyauté pour encourager l'hypocrisie, trop de dignité pour solder d'un sourire ou d'une faveur le mensonge d'un dévouement intéressé. C'est la vérité qu'il aimait et qu'il provoquait; il permettait même de la lui dire sans ménagement. Il savait que pour avoir le courage de déplaire aux princes il faut un dévouement bien vrai. Quand il trouvait ce dévouement, il l'approuvait et l'honorait.

VII.

Buffon a pu dire avec vérité : « Le style, c'est l'homme. » M. le prince de Joinville n'a jamais rien écrit qu'une note toute spéciale, qui ne permet d'apprécier que sa science pratique. Mais la préférence accordée à un auteur est souvent aussi une révélation du caractère. L'auteur préféré du prince, aujourd'hui dans son exil comme naguère dans ses voyages, c'est Ossian. C'était aussi celui de l'empereur Napoléon. Ce

barde du Nord, au génie mystique, aux fictions merveilleuses, aux pensées grandioses, aux couleurs multiples, attire et séduit les imaginations hardies, peut-
être parce qu'il les étonne. Rien ne ressemble plus
peut-être à l'âme d'un soldat que l'âme d'un poëte.
Qu'est-ce que la poésie, en effet, si ce n'est l'inspiration de ce qui est beau, élevé jusqu'au lyrisme? Et
qu'est-ce que la gloire, si ce n'est l'enthousiasme de
ce qui est noble, élevé jusqu'à l'héroïsme ?

A cette disposition d'une nature délicate correspond
un sentiment profondément gravé dans le cœur de
M. le prince de Joinville : c'est le sentiment religieux,
puisé sur les genoux d'une mère pieuse, développé
peut-être et rendu plus vif par les grands tableaux de
la vie du marin, qui élèvent l'âme. N'est-ce pas là en
effet que Dieu se révèle le plus dans la grandeur de
ses œuvres? L'Océan, ce miroir où le ciel se réfléchit,
ne montre au regard de l'homme qui le contemple que
deux choses, des abîmes sans fond et des immensités
sans rivages : double image des vérités divines qu'on
ne peut pas sonder et des espérances humaines qu'on
ne peut pas aborder !

Tite-Live cherchant dans la vie de Camille les traits
qui pouvaient le peindre, lui prête ces paroles : « La
fortune n'a point enflé mon courage, et l'exil ne m'a
point abattu. » Quoique M. le prince de Joinville ne
soit pas Camille, il pourrait cependant se rendre à lui-
même ce témoignage, que l'histoire lui rendra. L'un
des actes qui feront le plus d'honneur à sa vie sera
certainement la noble abnégation, la dignité calme et

résignée qu'il sut mettre dans sa réponse à la lettre
que lui adressa M. Arago au nom du gouvernement
provisoire. Dans cette réponse il n'y a pas un mot qui
ne soit une inspiration de patriotisme. M. le duc d'Aumale, alors gouverneur général de l'Algérie, rendit,
comme son frère, son épée à la France. Ces deux jeunes
princes se retirèrent en même temps, sans un murmure, sans une menace et sans une plainte, laissant
comme adieu leurs vœux ardents pour le bonheur de
leur patrie.

Mais l'un et l'autre avaient prévu cette révolution,
sous laquelle ils s'inclinaient. Déjà depuis quelque
temps M. le prince de Joinville voyait avec un redou-
blement d'inquiétude la marche politique suivie par
son père. Il s'en expliquait dans l'intimité de sa famille et de ses amis. Voici une lettre bien curieuse
tombée du portefeuille du duc de Nemours dans sa
fuite si précipitée des Tuileries. Cette lettre, publiée
déjà par la *Revue rétrospective*, m'a paru utile à reproduire. Elle peint son auteur dans la vérité même de son
caractère, de ses opinions et de sa situation. La voici :

Lettre du prince de Joinville au duc de Nemours.

« *Le Souverain*, à Spezzia, le 7 novembre 1847.

» MON CHER TAN,

» Je t'écris un mot parce que je suis troublé par
» tous les événements que je vois s'accumuler de tous
» côtés. Je commence à m'alarmer sérieusement; et
» dans ces moments-là on aime à causer avec ceux en

» qui on a confiance. La mort de Bresson m'a *funesté*,
» et je pense qu'elle t'a fait le même effet. Je laisse de
» côté le triste effet produit à Naples, où les lois sur
» le suicide sont si sévères; ce qui me touche, c'est
» la recherche des causes qui ont pu amener ce mal-
» heur. Bresson n'était pas malade : il a exécuté son
» plan avec le sang-froid d'un homme résolu. J'ai reçu
» des lettres de Naples, de Montessuy et d'autres, qui
» ne me laissent guère de doute. Il était ulcéré contre
» le père. Il avait tenu à Florence d'étranges propos
» sur lui. Le roi est inflexible; il n'écoute plus aucun
» avis; il faut que sa volonté l'emporte sur tout, etc., etc.
» On ne manquera pas de répéter tout cela, et on re-
» lèvera, ce que je regarde comme notre grand danger,
» l'action que le père exerce sur tout, cette action si
» inflexible, que lorsqu'un homme d'État compromis
» avec nous ne peut le vaincre, il n'a d'autres res-
» sources que le suicide. Il me paraît difficile que
» cette année à la chambre le débat ne vienne pas
» sur cette situation anomale, qui a effacé la fiction
» constitutionnelle, et a mis le roi en cause sur toutes
» les questions. Il n'y a plus de ministres, leur res-
» ponsabilité est nulle, tout remonte au roi. Le roi est
» arrivé à un âge auquel on n'accepte plus les obser-
» vations : il est habitué à gouverner; il aime à montrer
» que c'est lui qui gouverne; son immense expérience,
» son courage et toutes ses grandes qualités font qu'il
» affronte le danger audacieusement; mais le danger
» n'en existe pas moins. On relèvera, je le crois, cette
» année plus que jamais, cette fausse position; on dira

« que le gouvernement constitutionnel est particulière-
« ment établi pour éviter ces alternatives de rois trop
« jeunes et trop vieux, pour calmer ce que les souve-
« rains ont de trop ardent ou suppléer à ce qui leur
« manque. Dans le cas actuel, nous aurions besoin de
« deux choses ; mais ces deux choses nous manquent.

« Notre situation n'est pas bonne. A l'intérieur,
« l'état de nos finances, après dix-sept ans de paix,
« n'est pas brillant. A l'extérieur, où nous aurions pu
« chercher quelques-unes de ces satisfactions d'amour-
« propre si chères à notre pays, et avec lesquelles on
« détourne son attention de maux plus sérieux, nous
« ne brillons pas non plus.

« L'avénement de Palmerston, en éveillant les dé-
« fiances passionnées du roi, nous a fait faire la cam-
« pagne espagnole, et nous a revêtus d'une déplorable
« réputation de mauvaise foi. Séparés de l'Angleterre
« au moment où les affaires d'Italie arrivaient, nous
« n'avons pas pu y prendre une part active qui aurait
« séduit notre pays et été d'accord avec les principes
« que nous ne pouvons abandonner, car c'est par eux
« que nous sommes. Nous n'avons pas osé nous tour-
« ner contre l'Autriche, de peur de voir l'Angleterre
« reconstituer immédiatement contre nous une nou-
« velle sainte-alliance. Nous arrivons devant les cham-
« bres avec une situation détestable à l'intérieur ; et à
« l'extérieur, une situation qui n'est pas meilleure.
« Tout cela est l'œuvre du roi seul, le résultat de la
« vieillesse d'un roi qui veut gouverner, mais à qui les
« forces manquent pour prendre une résolution virile.

» Le pis est que je ne vois pas de remède. Chez
» nous, que faire et que dire lorsqu'on montrera notre
» mauvaise situation pécuniaire? Au dehors, que faire
» pour relever notre situation, et suivre une ligne de
» conduite qui soit du goût de notre pays? Ce n'est
» certes pas en faisant en Suisse une intervention aus-
» tro-française, qui serait pour nous ce que la cam-
» pagne de 1823 a été pour la restauration. J'avais
» espéré que l'Italie pourrait nous fournir ce dérivatif,
» ce révulsif dont nous avons tant besoin; mais il est
» trop tard; la bataille est perdue ici. Nous n'y pou-
» vons rien sans le concours des Anglais; et chaque
» jour, en leur faisant gagner du terrain, nous rejette
» forcément dans le camp opposé.

    » Nous ne pouvons plus maintenant faire autre chose
» ici que nous en aller, parce que, en restant, nous
» serions forcément conduits à faire cause commune
» avec le parti rétrograde, ce qui serait en France d'un
» effet désastreux. Ces malheureux mariages espagnols!
» nous n'avons pas encore épuisé le réservoir d'amer-
» tume qu'ils contiennent.

    » Je me résume : en France, les finances délabrées;
» au dehors, placés entre une amende honorable à lord
» Palmerston au sujet de l'Espagne, ou cause com-
» mune avec l'Autriche pour faire le gendarme en
» Suisse et lutter en Italie contre nos principes et nos
» alliés naturels. Tout cela rapporté au roi, au roi qui
» seul a faussé nos institutions constitutionnelles. Je
» trouve tout cela très-sérieux, parce que je crains que
» les questions de ministre et de portefeuille ne soient

» laissées de côté, et c'est un grave danger quand en
» face d'une mauvaise situation une assemblée popu-
» laire se met à discuter des questions de principes.

  » Tu me pardonneras cette épître, mais nous avons
» besoin de nous sentir les coudes. Tu me pardonneras
» ce que je dis du père; c'est à toi seul que je le dis.
» Tu connais mon respect et mon affection pour lui;
» mais il m'est impossible de ne pas regarder dans
» l'avenir.

» Fr. d'Orléans. »

VIII.

À mesure que les événements se caractérisaient,
l'opposition intime de M. le prince de Joinville se des-
sinait avec plus d'énergie et de conviction. Au moment
même où la révolution de février venait d'éclater,
lorsque son père n'avait pas encore franchi la frontière
de France, et lorsque le trône brûlait sur la place de
la Bastille, il écrivait à un de ses amis une lettre pour
ainsi dire prophétique. Cette lettre, complétement inédite, m'a été communiquée avec l'autorisation de la
reproduire. Elle sera certainement un des documents
historiques les plus curieux de la fin de ce règne, qui
devait s'affaisser si vite. Je la mets sous les yeux de
mes lecteurs :

« Mustapha, le 23 février 1848.

  » Merci, commodore, de votre longue et bonne let-
» tre; je vois les affaires de France plus en noir que
» vous. Je crois que les désordres qui pourront accom-

16.

» pagner les banquets seront réprimés, mais là n'est
» pas pour moi le danger.

 » Un gouvernement *ne peut jamais dire : Ma tâche*
» *est finie, je m'arrête, je puis me reposer.* Si ce repos
» convient à une certaine génération, une autre géné-
» ration plus jeune ne l'accepte pas, elle crie au gou-
» vernement de marcher, d'occuper son activité. Si le
» gouvernement ne fait rien pour satisfaire ce besoin
» d'activité, on s'occupe à le démolir, et quand le gou-
» vernement est le roi, on travaille à renverser le roi,
» voilà le danger. Comment en sortir? Rentrer dans la
» vérité du gouvernement représentatif, et pour cela
» changer de ministres.

 » Puis chercher à l'intérieur un aliment pour cette
» fougue de jeunesse, qui autrement ne reculerait pas
» devant la distraction d'une révolution. Voilà, com-
» modore, ce que je pense. Si j'étais le roi, une fois
» l'affaire des banquets passée, et les troubles, s'il y
» en a, réprimés, j'appellerais M. Thiers, je le charge-
» rais de faire un autre ministère, et je prorogerais les
» chambres pour deux ou trois mois..... »

 Un gouvernement ne peut jamais dire : « Ma tâche est
finie ; je m'arrête, et je puis me reposer. » Grande et
profonde pensée! Royer-Collard l'avait dit aussi du haut
de son génie et de sa conscience à la restauration ; et
la restauration n'avait pas compris ni à peine entendu.
Et voilà que cet enseignement s'élève d'un rivage loin-
tain, de la bouche même d'un prince dont la famille
tombe de la hauteur d'un trône pour avoir oublié cette

incontestable vérité. Au moins que cette vérité reste comme le testament de cette royauté proscrite, écrite par une main qui a noblement servi la France!

IX.

Le prince de Joinville devait être grand amiral de France. Cette haute dignité, dont son aïeul avait reçu la survivance des mains de Louis XVI après la mort du duc de Penthièvre, avait appartenu sous la restauration à M. le duc d'Angoulème. Afin d'honorer la marine comme elle méritait de l'être, on l'avait rattachée en quelque sorte à l'hérédité du trône. Mais le Dauphin ne fut jamais marin que de nom; il n'eut qu'un titre purement honorifique, qui ne profita ni à la splendeur de notre armée navale ni à l'influence de la branche ainée des Bourbons.

Le roi Louis-Philippe, ambitieux de l'hérédité de sa race, comprit tout le parti qu'il pouvait tirer de la nombreuse et brillante famille qui l'entourait. Père, il aimait tendrement ses enfants. Roi, il sut s'en servir pour la puissance et l'éclat de son trône. Trop habile pour songer à ressusciter des priviléges dont le souvenir blessait encore la nation, il était assez politique pour rattacher à sa dynastie, le plus étroitement possible, toutes les grandes forces nationales, et en particulier l'armée, considérée à juste titre comme la sauvegarde vivante des gouvernements de fait. Tout en destinant ses fils aux premières dignités de l'État, il ne voulut pas les leur donner comme une vaine décoration

de leur nom et de leur rang. Il voulut qu'avant de les
obtenir ils les méritassent. Il arrivait ainsi à son but
sans froisser les instincts d'équité et d'égalité de son
temps. Le duc d'Aumale avait porté l'épaulette de
simple officier avant de ceindre l'épée du général. Le
duc de Montpensier avait servi dans les rangs secondaires de l'artillerie pour se préparer à la commander.
Le prince de Joinville était destiné à la marine.

La France, cette fin de la terre, comme l'appelaient
les Romains, est adossée à l'Océan Atlantique et à la
mer du Nord. La Méditerranée baigne ses côtes méridio-
nales, et sur cet espace de près de quatre cents lieues
la nature a creusé de distance en distance des havres
magnifiques qui défient les vents et les flots.

La nature, l'histoire, les rapports internationaux,
les intérêts du commerce, tout en un mot fait à la
France l'obligation de rester une puissance maritime
de premier ordre. C'est par une marine imposante et
formidable que nous pouvons asseoir fortement notre
influence, prendre notre rôle véritable dans le mouvement européen, retrouver notre souveraineté sur la
Méditerranée et notre prépondérance en Orient, conserver en un mot le prestige de notre pavillon, ce porte-
respect du nom français aux extrémités du monde.
Louis XIV le comprit avec ce merveilleux instinct qui
fut la cause de la gloire de son règne. Admirablement
secondé par Colbert, il prépara notre grandeur navale
en même temps qu'il affermissait et qu'il fortifiait notre
grandeur militaire avec l'épée de Turenne.

Sous la monarchie constitutionnelle comme sous la

république, la marine n'était qu'au second plan. Il est de la nature des gouvernements où le pouvoir est mobile, où les hommes se succèdent rapidement au milieu des compétitions personnelles et de la lutte ardente des partis, de se détourner des moyens lents et graduels que les aristocraties et les monarchies emploient au profit d'une pensée poursuivie avec persévérance. La politique aujourd'hui n'aborde plus ces œuvres que le génie national fondait sur une tradition séculaire, et qui, semblables à ces édifices dont un ciment indestructible unissait les parties, pouvaient défier le temps. La vie des peuples a changé de nature. Nous ne vivons plus pour l'avenir, mais pour le présent. Le progrès n'est plus une élaboration, mais une improvisation. Nous découvrons tout, et nous ne fondons rien.

L'éloquence n'a cependant pas fait défaut à la marine. On se rappelle ce grand débat engagé à la chambre des députés en 1846, débat dont M. de Lamartine et M. Thiers eurent tous les honneurs, et qui, par un singulier hasard, eut pour témoin lord Palmerston lui-même. C'est ce qui fit dire à M. de Lamartine, en terminant l'un des plus beaux discours qui aient illustré sa parole : « N'oubliez pas, messieurs, que l'Angleterre nous regarde! » Les députés de la nation, entraînés et convaincus, votèrent les 93 millions qui devaient régénérer nos forces navales, et sur lesquels 13 millions seulement ont reçu leur application. Ils ne furent en cela que les interprètes du pays, qui sait instinctivement ses besoins, et qui ne se trompe jamais quand il s'agit de son bien-être, et, quoi qu'on en dise, quand il s'agit surtout de sa grandeur et de sa gloire.

X.

En dehors des intérêts de sa race, la détermination de Louis-Philippe de confier au patriotisme et à l'ambition de l'un de ses fils l'avenir de notre marine, fut un acte de haute politique française.

Mais, afin que cet acte fût fécond pour sa dynastie et pour le pays, afin que l'influence princière ne dégénérât pas, comme sous le règne précédent, en une simple influence bureaucratique, Louis-Philippe sentit qu'il devait donner à la France et à la marine non-seulement un prince, mais encore un marin de sa race.

Or, on ne fait pas un marin comme on fait un soldat. Un soldat peut s'improviser; il faut qu'on naisse marin. Un peu de sang généreux dans les veines, un peu de fumée sur la tête, un obus qui éclate, un boulet de canon qui gronde, un de nos airs nationaux qui retentit à travers la fusillade, un homme qui tombe et qu'il faut venger, et un conscrit devient un héros!

Mais il faut au marin autre chose que cette bravoure, d'ailleurs commune à tout homme de cœur. Il lui faut le calme, le sang-froid, la fermeté, la spécialité surtout, qu'il n'acquiert qu'après un long apprentissage. Il lui faut ce que nous ne recherchons pas assez en France, et ce que les Anglais développent par-dessus tout, il lui faut le goût de son état, l'habitude instinctive des flots, l'amour de la mer, et cette seconde nature qui fait qu'un vieux marin finit par considérer la terre comme un exil, et qu'il aime son navire comme on aime sa patrie.

Et cet amour ne vient qu'à ceux qui, encore enfants, se font en quelque sorte une nature nouvelle dans cette vie si étrange et si grande tout à la fois, qui est l'indépendance la plus haute de l'homme, ennoblie par le sentiment du devoir, par la passion de tout connaître et par l'orgueil de tout braver, tempérée par l'autorité du commandement et par le respect de la discipline la plus rude. Pour tout dire en un mot, j'ajoute que la vie de marin est la résolution du problème de la spontanéité dans ce qu'elle a de plus soudain, et de l'abnégation dans ce qu'elle a de plus noble et de plus héroïque.

L'éducation du prince de Joinville fut donc dirigée de bonne heure vers la marine. Et, nous devons le dire, si son ordre de naissance le désignait comme le futur grand amiral, ses qualités naturelles secondèrent admirablement les intentions de son père. Vif, enjoué, doué d'une étonnante activité et d'un esprit instinctivement porté aux aventures, aimant et la popularité et la gloire, le prince de Joinville était né pour être marin et semblait destiné à jeter un vif éclat sur la profession où l'entraînait autant sa nature que les intérêts politiques de sa race.

Ce fut en 1831, à l'âge de treize ans, que le prince de Joinville s'embarqua sur la frégate l'*Artémise*, pour faire son premier apprentissage pratique, en qualité d'élève de deuxième classe. Il parut à Valence, à Marseille et à Toulon, relâcha à Ajaccio, où il visita la chambre de Napoléon; et, après avoir pris terre sur plusieurs points de la côte d'Italie et de Sicile, il arriva à Alger, cette terre devenue française par la gloire de nos armes et par le sang de nos soldats.

Louis-Philippe avait voulu que son fils passât par tous les grades, non pas précisément selon la rigueur des règlements, mais avec assez de formalités pour que chaque grade fût la récompense d'un acte, et que le service spécial qu'il entraînait portât avec lui son instruction et son expérience pratique.

Le prince de Joinville subit son examen à Brest. L'examen eut lieu selon les formes prescrites et publiquement. Le succès du prince fut éclatant, et les examinateurs, ainsi que les officiers et élèves de marine convoqués pour y assister, le constatèrent avec étonnement et bonheur.

Après une courte campagne dans les eaux de Madère et des Açores, le prince s'embarqua sur *la Didon*, en qualité de lieutenant de frégate; il parcourut, en faisant le service actif de son grade, les côtes d'Angleterre et d'Irlande; il visita les grands établissements de la marine anglaise à Portsmouth et à Plymouth. Avant son départ pour cette dernière campagne, le prince de Joinville assistait à la néfaste revue du 28 juillet 1835, où la machine Fieschi atteignit son cheval et son chapeau.

Devenu lieutenant de vaisseau, le 7 août 1836, il s'embarqua sur la frégate l'*Iphigénie*, visita la Grèce, la Caramanie et la Syrie, fit une excursion à Jérusalem, où il alla s'incliner comme chrétien au tombeau du Christ, et rentra à Toulon.

Au mois d'août 1837, le prince de Joinville, qui montait le vaisseau *l'Hercule*, fit voile pour le Brésil. En passant, il touche à Gibraltar et à Tanger, relâche à l'île de Ténériffe, où il entreprend avec ses officiers l'ascension du pic, ce vieux cratère éteint dans la mer de nuages qui l'enveloppe. Il n'était qu'à deux heures du sommet lorsqu'il fut arrêté par un courrier qui lui apportait des nouvelles de France. L'expédition de Constantine venait d'être décidée, et, selon la promesse qui lui avait été faite, il était appelé à en partager les dangers et la gloire avec son frère le duc de Nemours. « Messieurs, dit-il à ses officiers, à d'autres temps les plaisirs. On peut tirer le canon, et je ne me pardonnerais pas si, par ma faute, nous n'y étions pas. »

En mouillant à Bone, le prince, ne trouvant ni armée ni instructions, s'élance dans les terres avec une escorte de neuf cents hommes. Mais il arrive trop tard : Constantine était occupée par nos soldats depuis cinq jours. Deux grands deuils se mêlaient à la gloire de notre drapeau : le brave colonel Combes et le général en chef Damrémont étaient tombés l'un et l'autre en héros. Le marin pleura ces grands capitaines enlevés à la patrie, et il rentra avec son frère à Alger, où il fut reçu par le général Négrier, qui, moins heureux que Damrémont, devait mourir en combattant des Français sous les balles fratricides de juin.

L'aimant de certaines âmes, c'est la gloire et l'activité. Pour elles le repos prolongé devient un supplice. Le prince de Joinville, alors que les émotions de la bataille vibraient encore, est impatient d'y joindre celle des voyages. Il court à Rio-Janeiro, s'enfonce dans les terres pour explorer les mines, visite les Antilles, la Havane, l'Amérique du Nord. Après une année complète de navigation, il rentrait en France déjà marin consommé, digne de son grade et de son nom.

A peine dans sa famille et sa patrie, l'expédition du Mexique vient l'enrôler pour de nouveaux périls, et confondre le souvenir de la glorieuse part qu'il y prit avec celui de ce beau fait d'armes de la marine française.

Pendant les pourparlers, le prince de Joinville fut envoyé à la Havane avec mission de demander au gouverneur, l'amiral Tropés, le plan de Saint-Jean-d'Ulloa. L'amiral refusa. « Eh bien, dit le prince, je le rapporterai, mais pris sur les lieux. »

Il tint parole. Il dirigea *la Créole*, qu'il commandait, de manière à canonner le bastion Saint-Crispin et la batterie rasante de l'est ; et lorsqu'un boulet, après avoir traversé la préceinte, vint briser un service de table dans la chambre du prince, il se mit à rire en saluant les Mexicains d'un coup de chapeau. Il montra beaucoup d'audace et d'habileté dans la manière dont il attaqua sous voiles et de très-près les batteries du fort. « Visons à la Negra, » disaient les Mexicains en désignant *la Créole*, qui était peinte en noir.

Le débarquement s'opère. Le prince de Joinville, suivi des officiers de *la Créole*, de son détachement de marins et d'une partie des artilleurs, se dirige au pas de course vers la maison habitée par les généraux Santa-Anna et Arista. Un combat s'engage sous le portique de la cour, sur l'escalier et jusque dans les chambres, qu'il faut forcer l'une après l'autre, en tuant les Mexicains qui les défendaient. Un d'eux veut barrer le passage au prince; celui-ci l'abat d'un coup de sabre et reçoit l'épée du général Arista.

L'amiral Baudin félicita publiquement le prince sur sa belle conduite dans la ville de la Vera-Cruz. L'escadre tout entière s'associa à cet hommage. Nous en retrouvons le témoignage dans la note suivante, adressée au prince par les officiers au sujet de l'enlèvement d'un pilote mexicain.

« Les officiers de l'escadre du Mexique présents au » port de Brest se doivent à eux-mêmes de flétrir les » impostures répandues dans certaines feuilles sur la » conduite du jeune prince français qui, pendant six » mois de fatigues, de privations et de dangers, vient » de se montrer à notre marine habile et hardi manœuvrier, intrépide soldat, ami et bienfaiteur constant du matelot, et n'a cessé de donner à tous » l'exemple de la subordination la plus passive et du » patriotisme le plus noble. »

XI.

Le roi Louis-Philippe voulut populariser son règne par une grande réparation nationale envers le nom le plus populaire de ce siècle. Le 12 mai 1840, M. de Rémusat, alors ministre de l'intérieur, vint annoncer à la chambre des députés que le gouvernement français était d'accord avec le cabinet anglais pour la res-

titution des cendres glorieuses de l'empereur. Le
jeune ministre s'exprima ainsi au milieu des acclamations des députés de la nation :

« Messieurs, le roi a ordonné à S. A. R. monsei-
» gneur le prince de Joinville de se rendre avec sa
» frégate à l'île de Sainte-Hélène pour y recueillir les
» restes mortels de l'empereur Napoléon.

» Il fut empereur et roi; il fut souverain légitime de
» notre pays : à ce titre il pourrait être inhumé à Saint-
» Denis ; mais il ne faut pas à Napoléon la sépulture
» ordinaire des rois : il faut qu'il règne et commande
» encore dans l'enceinte où vont le déposer les soldats
» de la patrie, et où iront toujours s'inspirer ceux qui
» seront appelés à la défendre. Son épée sera déposée
» sur sa tombe.

» Nous ne doutons pas, messieurs, que la chambre
» ne s'associe avec une émotion patriotique à la pensée
» royale que nous venons exprimer devant elle. Désor-
» mais, la France, et la France seule, possédera tout
» ce qui reste de Napoléon : son tombeau, comme sa
» renommée, n'appartiendra à personne qu'à son pays.

» La monarchie de 1830 est, en effet, l'unique et
» légitime héritière de tous les souvenirs dont la France
» s'enorgueillit. Il lui appartenait, sans doute, à cette
» monarchie qui, la première, a rallié toutes les forces
» et concilié tous les vœux de la révolution française,
» d'élever et d'honorer sans crainte la statue et la
» tombe d'un héros populaire; car il y a une chose,
» une seule, qui ne redoute pas la comparaison avec la
» gloire, c'est la liberté. »

Il serait superflu de raconter les circonstances de ce voyage tardivement expiatoire, qui est encore présent aux esprits. Mais je ne puis passer sous silence un fait caractéristique, qui a eu un grand retentissement, et qui a popularisé singulièrement le nom du prince de Joinville.

Le 2 novembre 1840, dans les solitudes de l'Océan, *la Belle-Poule* rencontre un bâtiment hollandais, qui lui remet les journaux de France en date du 5 octobre. Le prince apprend que l'Europe avait répondu aux armements de M. Thiers par le bombardement de Beyrouth et le blocus de la Syrie. Il voit dans ces événements le présage de la guerre. Sa pensée se reporte aussitôt sur les cendres dont le précieux dépôt avait été reçu par lui au nom de la France, et par M. l'abbé Coquereau au nom de la religion. « Avec le cercueil de Napoléon à bord, s'écrie-t-il, nous pouvons mourir; mais être pris, jamais! » Et il fait ses préparatifs de combat en prévision de cette rencontre.

Ce ne fut qu'une alerte, et le pieux voyage s'acheva sans encombre :

« Sire, dit le prince de Joinville en arrivant aux Invalides, je viens vous présenter le corps de l'empereur Napoléon.

— Je le reçois au nom de la France », répondit le roi.

Les années suivantes 1842 et 1843, le prince de Joinville, qui commandait toujours *la Belle-Poule*, visita New-York, Philadelphie et Boston, où on lui fit une magnifique réception; puis Lisbonne, et enfin

Naples, où il alla rejoindre l'amiral Hugon. De ce long
et intéressant voyage à travers l'Océan, je ne veux
citer qu'un trait particulier, qui mérite d'être connu,
d'abord parce qu'il est inédit, et ensuite parce qu'il
peint parfaitement le caractère aventureux et décidé
du prince de Joinville et sa susceptibilité pour l'honneur de la France.

XII.

La diplomatie est restée jusqu'à ce jour incertaine
sur la question de droit de *souveraineté absolue* que
s'arroge l'Angleterre dans la rivière Gambie, où nous
possédons le comptoir d'Albreda, à quelques heures
de l'embouchure.

Sainte-Marie Bathurst, établissement anglais, s'élève
sur la rive gauche devant l'embouchure elle-même,
qu'elle commande par ses forts. Les Anglais ont-ils ou
n'ont-ils pas le droit de faire mouiller sous le canon
de ses forts tous les navires français qui se rendent à
leur comptoir? Telle était la question à résoudre.

Cette question avait été résolue de fait négativement,
par le capitaine E. Bouët-Willaumez, commandant à
cette époque la station des côtes d'Afrique, qui avait
gagné directement Albreda, malgré les protestations
de toute sorte des autorités locales et de la diplomatie
anglaise.

Le prince de Joinville n'hésita pas, dans cette question de dignité nationale, à engager sa haute responsabilité en faveur du libre passage; il déclara donc que
là où la France faisait flotter ses couleurs, elle avait

de droit une servitude acquise pour se rendre librement dans ses possessions sans en demander l'autorisation. Voulant joindre l'exemple au précepte, il quitta
momentanément *la Belle-Poule*, et se rendit à Albreda
sur le vapeur *le Galibi*, passa fièrement devant les
forts de Sainte-Marie Bathurst, sans vouloir y mouiller
et sans s'inquiéter des réclamations et du conflit que
pouvaient entraîner son initiative et sa qualité de
prince français. Cette question de droit international
est encore pendante depuis cette époque, bien qu'elle
nécessite une prompte solution dans l'intérêt des relations amicales entre les deux peuples.

En revenant d'Albreda, le jeune capitaine de vaisseau longea la côte d'Afrique et montra le pavillon
français dans tous nos établissements, depuis le Sénégal
jusqu'à l'île du Prince en Guinée. Cette visite avait
son but et ne fut pas inutile. La traite des noirs et le
commerce de la gomme, ces deux grandes questions
de la côte occidentale d'Afrique, intéressent à la fois
et à un égal degré l'Angleterre et la France. Or, on le
sait, partout où les deux grandes nations sont en présence ou simplement en contact, les prétentions naissent en foule, les conflits surgissent de toutes parts, et
c'est tout au plus si la diplomatie peut parvenir, avec
ses faux-fuyants et ses tempéraments, à endormir cette
vieille rivalité dont les intérêts politiques n'ont pu réussir encore à triompher, et qui se redresse menaçante à
la moindre allusion et à l'empiétement le plus innocent.

Le prince de Joinville voulut voir par ses yeux ce
théâtre des conflits soulevés par le droit de visite, en-

tendre et apprécier sur les lieux les griefs de nos nationaux, afin de s'établir, de science certaine et avec
l'autorité de sa conviction, leur défenseur auprès du
gouvernement.

S'il n'a pas pris aux débats une part officielle, il est
du moins certain que ses opinions et ses démarches
ont été d'un grand poids dans la révision des traités du
droit de visite. Sa fierté nationale s'irritait de ces traités
comme d'une humiliation. On peut dire que leur modification fut pour lui un triomphe personnel.

Du Sénégal, le prince de Joinville se rendit à Rio-
Janeiro, où il se maria avec la princesse Juanita,
dont il avait gardé un doux souvenir depuis son voyage
en 1837.

XIII.

De retour en France, le prince de Joinville profita
de son séjour à terre pour résumer ses observations
maritimes. Les plaisirs qui suivirent son mariage ne
le détournèrent pas des choses sérieuses, et il publia
sa note sur l'état de la marine en France.

La position exceptionnelle de l'auteur, le rôle qu'il
était appelé à jouer, ses connaissances pratiques que
nul ne mettait en doute, la nouveauté des vues, la
netteté et la fermeté du langage, devaient nécessairement attirer l'attention publique. La note suscita des
controverses ardentes et souleva surtout la résistance
des vieux amiraux, dont elle immolait l'amour-propre,
plus encore qu'elle ne blessait leur conviction. Si nous
devons en croire les journaux de l'époque, il fut même

question de la désavouer officiellement. La note du
prince avait pour but de prouver :

1° Que l'on n'accordait pas en France assez d'attention à l'importance de la marine à vapeur et à la révolution qu'elle entraînait inévitablement dans les
guerres maritimes ;

2° Que sous ce rapport, l'amirauté britannique
laissait la France beaucoup en arrière, et s'assurait
l'avenir ;

3° Que notre rôle, si une guerre surgissait entre la
France et l'Angleterre, devait surtout consister à armer une immense flotte à vapeur, destinée à débarquer une armée sur la côte d'Angleterre; et le prince
faisait remarquer que c'était là précisément ce qui
avait manqué à l'empereur lors du camp de Boulogne.

Quelques citations rendront plus clairement la pensée de l'auteur.

« Sur mer comme sur terre, disait-il, nous voulons
être respectés. Là comme ailleurs, nous voulons être en
état de protéger nos intérêts, de maintenir notre indépendance, de défendre notre honneur, de quelque part
que viennent les attaques qui pourraient les menacer.

» Avec la marine à vapeur, la guerre d'agression la
plus audacieuse est permise sur mer. Nous sommes
sûrs de nos mouvements, libres de nos actions. Le
temps, le vent, les marées ne nous inquiéteront plus.
Nous calculons à jour et à heure fixes. »

« Ces cris d'alarme jetés au sein du parlement anglais devraient avoir, dans nos chambres et par toute
la France, un retentissement salutaire; notre ligne de

17.

conduite nous devrait être tracée de la main de nos voisins mêmes. Mais il n'en est pas ainsi : nous nous croisons les bras, l'Angleterre agit ; nous discutons les théories, elle poursuit les applications. Elle se crée avec activité une force à vapeur redoutable, et réduit le nombre de ses vaisseaux à voiles, dont elle a reconnu l'impuissance.

» Il est triste de le dire, mais on s'est endormi et on a endormi le pays avec des paroles flatteuses et des chiffres erronés ; on s'est persuadé et l'on a réussi à lui persuader qu'il possédait une marine à vapeur forte et redoutable. Erreur déplorable, source d'une confiance plus déplorable encore ! »

Voilà l'esprit de la note, d'ailleurs remplie de faits irrécusables et soutenue par une logique toujours française et toujours vraie. Il ne faut donc pas s'étonner si une vérité qui se faisait jour avec une aussi grande indépendance d'allures et une aussi haute autorité de situation irrita les susceptibilités d'un ministère temporisateur, qui vit dans la note du prince le blâme de sa conduite et de ses tendances maritimes, et si elle fit bondir l'Angleterre, qui crut y voir une menace et un défi.

Le prince avait raison, je n'en voudrais d'autre preuve que l'impopularité maritime qui s'attache encore à son nom de l'autre côté du détroit, et la brutalité des journaux anglais qui parlèrent de sa note. « C'est l'écrit d'un boucanier, » osa dire le *Morning Chronicle*. Le dépit d'un intérêt menacé se trahissait sous la violence des termes.

L'Angleterre et la France ont mieux à faire que de s'en tenir à ces défiances et à ces rumeurs. Est-ce qu'elles ne peuvent pas être émules sans être rivales? Est-ce que l'intérêt commun de la civilisation du monde n'est pas assez puissant pour les soulever l'une et l'autre au-dessus de leurs rivalités particulières? Qu'elles s'unissent donc au lieu de se suspecter! Cette union sera la meilleure garantie de la paix du monde et de la liberté des peuples [1].

XIV.

Abd-el-Kader, forcé de se retirer sur la frontière du Maroc, usait de son influence sur l'esprit fanatique des tribus pour les armer contre la France. Il persuada à l'empereur Muley-Abd-er-Rahman que la possession de Tlemcen par les Français, leur conduite à l'occasion de l'assassinat du consul espagnol, et la construction d'un fort sur la rive gauche de la Tafna étaient des preuves évidentes de la coalition formée contre lui. Une lutte s'engagea donc près des bords de la Mouilah. Le général Lamoricière, par une habile manœuvre, repoussa et dispersa les Marocains. Mais l'intervention de l'Angleterre, jalouse de nos possessions en Afrique, amena de nouvelles négociations. Le général Bedeau fut chargé de régler avec le caïd El-Guennaouï la délimitation de nos frontières. Les pourparlers devinrent inutiles; le général Bedeau fut insulté. Il montra beau-

---

[1] La politique extérieure du gouvernement de l'empereur Napoléon III a complètement justifié ce vœu exprimé en 1831, alors que l'alliance anglaise paraissait si difficile et si peu probable.

coup de dignité, de fermeté et de courage. « C'est
donc la guerre que vous voulez? s'écria le général
français; eh bien! vous l'aurez! — Dieu y pourvoira,
répondit le caïd. — Et les hommes aussi, » répliqua
le général. C'est alors que le maréchal Bugeaud fit
avancer ses troupes et mit les Marocains en pleine déroute. Forcé de prendre des mesures énergiques, le
gouvernement décida qu'on attaquerait le Maroc par
terre et par mer.

Une escadre composée de trois vaisseaux, une frégate, trois bricks, trois canonnières et onze bâtiments
à vapeur, fut confiée au prince de Joinville. Le diffé-
rend que la diplomatie n'avait pu éviter, la guerre
allait le résoudre.

Un fait caractéristique qui se rattache à la prise de
Mogador ne doit pas être oublié : le prince de Joinville, dédaigneux du danger et impatient de la victoire, s'était précipité de son canot à terre, une simple
cravache à la main, sans attendre que le feu des tirail-
leurs débusquant l'ennemi lui eût ouvert une marche
facile et sûre : « En avant! s'était-il écrié, c'est à visage
découvert qu'un soldat doit combattre de pareilles
gens! » et il avançait sans tenir compte des avertisse-
ments et des prières. Cette témérité allait lui devenir
fatale. Déjà deux ou trois de ceux qui l'avaient suivi
venaient de tomber mortellement frappés. Enfin un des
officiers que son exemple avait entraînés, le lieutenant de vaisseau Coupevent, voyant l'imminence du
péril, saisit fortement le prince et l'entoure de ses deux
bras pour l'attirer en arrière. Cet officier, victime de son

généreux dévouement, fut atteint d'une balle à l'épaule. On le crut mort; heureusement il n'était que grièvement blessé. Il a pu être conservé à l'armée et à la reconnaissance de celui dont il venait de sauver les jours.

XV.

Après la prise de Mogador, le prince de Joinville, nommé vice-amiral, rentra en France, où il s'occupa activement de tout ce qui regarde la marine à vapeur. Dans ce but, il visita nos principaux ateliers de construction, et, après avoir réuni en corps d'ouvrage tous les renseignements qu'il avait recueillis pendant ses voyages et ses propres observations, il jeta les bases d'une tactique pour les bâtiments à vapeur et pour les évolutions. Ce travail a été imprimé à la suite de la tactique à voiles qui sert de règle aux officiers.

Je ne puis passer sous silence un épisode du voyage du prince pendant la seconde campagne d'évolutions.

Après la capitulation de Baylen, en 1808, une partie du corps d'armée du général Dupont, devenu prisonnier des Espagnols, fut déportée à Cabrera, île extrême et isolée du groupe des Baléares.

Cabrera est un rocher désert, sans végétation, sans eau, sans aucun vestige d'habitation. Parqués comme des bêtes fauves sous des tentes insuffisantes ou dans les anfractuosités de la côte, nos malheureux compatriotes ne tardèrent pas à être livrés à toutes les angoisses de la faim, de la nudité et du désespoir.

Les vivres devaient leur venir de la côte ferme, et le

soin de pourvoir à leur nourriture avait été laissé à des
agents subalternes, toujours prêts à outre-passer les
ordres et à se faire un mérite de leur rigueur et de leur
sévérité. On comprend que les prisonniers furent souvent oubliés. Obligés d'errer, sans force et sans énergie,
sur cette terre inféconde, ils n'avaient souvent d'autres
aliments que les coquillages, aumônes de la mer, et
quelques maigres racines, qui se frayaient à grand'peine
un passage à travers les fissures des rochers. On dit
qu'une fois ils sont restés trois jours à se disputer quelques brins d'herbe, comme des animaux immondes.
Un prêtre espagnol, qui avait mission de leur porter
les consolations religieuses, répondit à leurs plaintes
en leur montrant sa canne et en ricanant : « Vous
aurez des vivres quand ma canne se sera changée
en or. »

Nous avons vu quelques rares débris de ce fatal épisode de nos grandes guerres, et, en les écoutant, nous
nous sommes surpris à maudire ces froides et inutiles
cruautés, qui appellent tôt ou tard des représailles, et
qui sont indignes des peuples civilisés.

Les prisonniers de Cabrera sont presque tous morts
avant de revoir la France; leurs corps ont été la pâture
des oiseaux de proie, et leurs ossements blanchis sont
restés quarante ans sans sépulture, irrécusables témoins d'une lente et douloureuse agonie. Cabrera a
fait pâlir tous les pontons de l'Angleterre et jusqu'aux
pontons de la Rochelle.

Le prince de Joinville, à son passage à Cabrera,
crut devoir laisser un souvenir tout français sur ce sol

déshérité et témoin du malheur de nos soldats. Voici l'ordre du jour qu'il publia à cet effet :

« Le commandant en chef a été informé que l'on voyait sur plusieurs points de l'île Cabrera des ossements sans sépulture, tristes restes de nos malheureux compatriotes faits prisonniers à Baylen et morts de misère sur les rochers.

» Le *Pluton* s'est rendu par son ordre au mouillage de cette île. Les officiers et l'équipage, guidés par un Espagnol qui a assisté à la lente agonie de nos soldats, ont recueilli une grande quantité d'ossements qui gisaient sur le sol, exposés à toutes les insultes. Demain, le *Pluton* retournera à Cabrera avec M. l'abbé Coquereau, pour déposer ces tristes débris dans une sépulture chrétienne... »

Cet appel à des cœurs français fut entendu. Toute l'escadre répondit avec un touchant empressement à ce pieux et patriotique élan, et la souscription nécessaire pour l'érection du monument réparateur fut couverte instantanément.

XVI.

Depuis qu'il est exilé, M. le prince de Joinville partage sa vie entre les affections de la famille et les consolations de l'étude. Il aime toujours la marine avec la même passion; quoiqu'il ne la commande plus, il suit avec une sollicitude pleine d'anxiété tout ce qui se rattache à ses intérêts et à sa grandeur. « Si j'ai perdu bien des illusions, écrivait-il dernièrement à un de ses amis, j'ai toujours foi dans notre marine. Je crois que nous lui verrons faire de grandes choses. Dieu veuille seulement que ce soit pendant que nous avons des bras et des jambes! Car un cœur pour sentir noblement et vivement, vous l'aurez toujours. » Cette sollicitude s'étend même à tous les officiers de la flotte, dont il suit les mouvements et les campagnes sur toutes les mers. Aussi nul ne connaît-il mieux que lui le personnel de la marine française.

Pour tromper les tristesses de son exil, le jeune contre-amiral entreprend encore des voyages maritimes; seulement, au lieu de faire le tour du monde, il ne fait plus que le tour de l'Angleterre et de l'Écosse.

Ce n'est pas sans tristesse que nous voyons la loi inexorable des révolutions frapper les plus nobles têtes. Comme l'Empereur, dont il nous a rapporté les cendres, comme les soldats qu'il a rendus à la terre chrétienne, le prince de Joinville en est réduit, à son tour, à consumer sa jeunesse et son activité dans les angoisses de l'exil. Si son nom a été invoqué pour en faire un drapeau dans les compétitions de pouvoir, nous croyons que c'est sans son consentement. Prétendant, M. le prince de Joinville ne pourrait être que l'instrument des divisions de son pays et des ambitions de partis; mieux vaut pour son honneur qu'il reste ce qu'il est : un noble et vaillant marin que la France estime et dont nous avons été heureux de rappeler les titres dans cette étude, impartiale comme l'histoire.

———

Nous ajouterons à ces pages, écrites depuis longtemps, un rapprochement bien curieux, né des événements qui se sont accomplis depuis la première édition de cette étude, et qui ne peut échapper à l'histoire.

C'est le prince de Joinville, le plus populaire des fils du roi Louis-Philippe, l'orgueil et l'espoir de sa race, qui a ramené en France le cercueil de Sainte-Hélène! L'esprit si pénétrant du jeune prince n'a pas pu s'y tromper. Pendant cette marche triomphale de huit jours, de l'embouchure de la Seine au tombeau des Invalides, en voyant ces populations immenses accourues sur les bords du fleuve pour saluer ces glorieuses dépouilles, en présence de ces respects, de ces hommages, de ces frémissements, de ces enthousiasmes, il a dû comprendre que dans ce cercueil ramené de si loin il y avait plus qu'un grand capitaine, plus qu'un héros, plus qu'un nom immortel. Lui, le fils du roi, devenait ainsi, par un étrange hasard de sa destinée, le précurseur d'une restauration impériale. Il ne ramenait pas seulement l'Empereur, mais l'empire. L'avenir était écrit dans cette solennelle réparation faite au passé. Si ce souvenir n'est pas sans regrets pour M. le prince de Joinville, nous pouvons dire qu'il est sans remords. Il peut regretter en effet que son père n'ait pas une tombe à Dreux et son neveu un trône aux Tuileries; mais il n'a pas à se reprocher d'avoir été l'instrument providentiel et involontaire de l'abaissement de son pays. Cet empire qu'il a contribué à préparer, sans le savoir et sans le vouloir, a déjà placé la France si haut qu'il est impossible même à

ceux auxquels il ne laisse pas de place sur le sol de
la patrie de ne pas en ressentir l'orgueil. Tout ce que
l'auteur de la note mémorable sur la marine avait rêvé
d'influence, de puissance maritime et de gloire pour
le règne de son père, le règne de Napoléon III l'a
réalisé. Qu'il trouve au moins dans cette satisfaction de
son patriotisme un adoucissement à son exil!

M. THIERS.

I.

La monarchie parlementaire, inaugurée le 9 août 1830 et tombée le 24 février 1848, a eu deux grands ministres : M. Guizot et M. Thiers ; celui-ci admirablement doué pour le pouvoir, celui-là merveilleusement organisé pour l'opposition ; le premier, conservateur par dogmatisme, libéral par conviction ; le second, antilibéral par système, révolutionnaire par éducation et par habitude plutôt que par tempérament ; tous les deux, partis de points différents, se rencontrant sans se confondre sur le terrain d'une révolution, s'unissant sans s'aimer dans les conseils du pouvoir et dans les coalitions des partis ; puis obéissant chacun à son instinct, à sa passion, à son ambition, luttant ensemble plutôt par antipathie de nature que par rivalité de politique ; élevant la lutte par leur éloquence et par leur talent ; ébranlant la tribune et la royauté par les secousses répétées qu'ils imprimaient au pays, jusqu'à ce que ce trône, dont ils avaient rendu l'équilibre et l'aplomb impossibles, s'écroulât tout à coup et les rapprochât forcément dans son humiliation, après avoir vainement essayé de les réconcilier dans sa fortune.

M. Thiers est un fils légitime et direct de Voltaire.
Né plébéien comme lui, au sein de cette Provence si
féconde en hommes de génie, il ne regarda pas en arrière dans un passé sans éclat et sans illustration pour
son nom : il regarda en avant dans la postérité que son
ambition et son talent pouvaient conquérir. La révolution de 1789 avait épuré et formulé cette philosophie
du dix-huitième siècle, qui avait si profondément
ébranlé le principe d'autorité dans ses deux expressions
les plus hautes : la religion et la royauté. La vieille société, inondée de doute, s'était abîmée dans la défail-
lance de toutes les forces séculaires sur lesquelles elle
reposait. Après avoir été ballottée pendant de longues
années entre la tyrannie et la force, elle avait cru trouver son point d'arrêt dans un système mixte, copié sur
les institutions anglaises, et, lassée de tant de crises
sanglantes, de tant de constitutions stériles, lassée
même de la gloire, elle faisait avec confiance l'essai
de la monarchie constitutionnelle.

Cet état nouveau, transitoire, de la société française;
ces souvenirs encore palpitants des grandes luttes oratoires de la Révolution dans l'âme d'un pays où la pensée avait été assourdie pendant vingt années par le
bruit du canon; cette ardeur d'une génération née des
tribuns et des soldats; cette impatience de l'avenir et cet
amour de l'inconnu laissaient alors un grand rôle à l'audace et au talent. M. Thiers ne manquait ni de l'une
ni de l'autre. Il comprit de suite ce qu'il pouvait faire
et ce qu'il pouvait être. Il ne mesura pas l'espace qui
séparait sa naissance de sa fortune. Il ne mesura que

son ambition, et il en trouva la portée assez haute pour
ne pas douter de sa force.

Par ses premiers travaux, par sa polémique aussi
vive que brillante dans le *Constitutionnel*, que dirigeait
M. Évariste Dumoulin, par l'esprit de sa belle *Histoire
de la Révolution française*, par la direction puissante
qu'il imprima au *National*, dont il fut le fondateur
avec M. Mignet et Armand Carrel, M. Thiers se plaça
de plus en plus dans ce courant révolutionnaire qui
répondait confusément alors à tout ce mouvement
d'idées, de passions, d'intérêts, de fanatisme, d'opinions que le dix-huitième siècle avait créés et que le
dix-neuvième siècle n'avait pas encore suffisamment
organisés. M. Thiers parlait de liberté, et il n'était pas
libéral. Il invoquait la tolérance, et il n'était pas tolérant. Il glorifiait l'Empereur, et il ne voulait pas l'Empire. Il attaquait la monarchie, et il ne croyait pas à la
démocratie. Il ébranlait l'autorité, et il détestait l'anarchie. Nature essentiellement éclectique, il avait des
instincts, des préjugés, des ambitions. Il comprenait
tout et il n'adoptait rien. Il y avait dans ses polémiques
puissantes et serrées contre la monarchie, quelque
chose du rire amer de Voltaire et de l'égoïsme tranchant
de Sieyès.

Dans un vieil article de M. Thiers, je trouve son
portrait tracé par lui-même dans une phrase qui peint
mieux l'homme que je ne pourrais le faire en multi-
pliant les coups de pinceau : M. Thiers rappelait cet
aveu de Gabrielle d'Estrées à Henri IV : « Je suis à
l'endroit des ligueurs de l'ordre de Saint-Thomas; je

commence à parler aux évêques. Ce sera dimanche
que je ferai le *saut périlleux*. » Ce que Henri IV appelait le saut périlleux, c'était sa conversion. M. Thiers
trouve cela charmant, puis il ajoute : « Que fit le roi
en habile politique? Ayant adopté la messe pour la
majorité, il donna l'édit de Nantes à la minorité. »

La politique que M. Thiers attribue à Henri IV serait en effet la sienne, cela n'est pas douteux, et je
crois sans peine que par esprit de transaction il eût
été capable de donner l'édit de Nantes à la minorité
après avoir adopté la messe pour la majorité.

II.

M. Thiers n'est pas *le plus éloquent de nos orateurs.*
Il n'a pas l'ampleur de M. Guizot; il n'a pas la splendeur de M. de Lamartine; il n'a pas la dialectique passionnée de M. Berryer; il n'a pas la grâce perfide et
caustique de M. de Montalembert; il n'a pas la fougue
parfois grandiose de M. Ledru-Rollin; mais il a la
netteté, la limpidité, la méthode, la logique, l'imprévu, l'audace, la vigueur, tout ce qui captive, tout
ce qui séduit, tout ce qui fascine; il ne discourt pas,
il cause. Sa discussion n'est qu'une conversation facile
dans laquelle viennent se placer avec un ordre parfait
tous les faits et toutes les idées dont il a besoin pour
le succès de son argumentation. Jamais une hésitation
dans sa parole. Jamais un oubli dans sa mémoire. Jamais un désordre dans son esprit. Chaque déduction
vient à sa place. Chaque mot traduit exactement, dans

sa nuance la plus délicate, la pensée à laquelle il s'applique. Plus le sujet sera confus, plus la discussion sera claire. Les chiffres sont aussi familiers que les faits à cette intelligence merveilleuse. Il les prend, il les démêle, il les classe, il leur donne un sens, une valeur, une lumière; il crée un attrait jusque dans l'arithmétique, et, après les avoir tournés et retournés, il s'en fait un faisceau puissant, formidable, invincible de preuves, et il en couvre, comme d'un bouclier, son argumentation triomphante.

L'auditoire se prend-il parfois de fatigue à ces démonstrations pratiques, M. Thiers, dont l'œil est aussi prompt que la voix, s'en aperçoit, et rallie tout à coup l'attention par une excursion dans le domaine de la politique ou de l'histoire; il éveille la passion pour conserver l'intérêt et la sympathie à sa parole. Alors sa petite voix de fausset s'attendrit, prend des intonations nouvelles, qui jouent admirablement l'émotion, l'enthousiasme, l'indignation et tous les sentiments qu'il n'éprouve pas. Sa figure elle-même, si mobile et si expressive, s'illumine, et son regard lance des éclairs sous le verre de ses lunettes. On croirait véritablement alors que le nain s'est fait géant, et que ce petit homme, dont la tête dépassait à peine le marbre de la tribune, s'est transformé subitement en un de ces athlètes antiques qui combattaient pour les dieux, en se montrant comme eux invincibles. Mais cela ne dure pas. Pour M. Thiers, le sublime n'est qu'un procédé de rhétorique. Il en descend bien vite pour raser la terre et pour revenir à l'analyse des faits et des chif-

fres, où il est toujours vrai, toujours puissant, toujours
éloquent, parce qu'il y est dans sa nature.

Un jour, c'était au commencement de sa carrière
parlementaire, M. Thiers se trouvait chargé de rédiger
un rapport sur le budget, œuvre laborieuse et difficile
qui demande beaucoup d'études et de temps. Ce rapport ayant été réclamé par la chambre plus tôt qu'on
ne devait s'y attendre, M. Thiers fut pris à l'improviste.
Il n'en avait pas écrit une ligne. Mais, sans se déconcerter, il monte à la tribune, et, dans une improvisation de quatre heures, il expose complétement, avec
une lucidité parfaite et une irréprochable méthode,
l'état général de nos finances. Il entre dans tous les
détails, il classe tous les chiffres, et il dicte ainsi son
rapport aux sténographes du *Moniteur*.

Tel est M. Thiers à la tribune. Sa vie parlementaire
est pleine de ces prodiges et de ces triomphes. Il était
né pour parler. Mais parler n'est pas gouverner. Voyons
l'homme d'État.

III.

Qu'est-ce qu'un homme d'État? Si pour mériter ce
nom il suffit d'avoir une intelligence très-élevée, un
esprit très-fécond, une audace qui ne recule jamais,
une perspicacité qui prévoit tout, une confiance qui ne
redoute rien, une expérience des affaires et des choses
pratiques impossible à mettre en défaut; oui, si c'est
assez de ces supériorités et de ces facultés, M. Thiers
a droit à ce titre : il est un grand homme d'État.

Mais est-ce assez? Je n'hésite pas à dire : Non! Sans

doute, parmi les qualités qui sont dans la nature de
M. Thiers, il en est beaucoup qui rentrent comme éléments indispensables dans la grandeur de l'homme
d'État.

Mais on n'est un homme d'État qu'à la condition
d'être un homme de gouvernement.

Tous les gouvernements, république ou monarchie,
ne peuvent vivre que par la vérité du principe d'où ils
sortent et que par la moralité des actes qu'ils accomplissent.

M. Thiers ne croit ni à la monarchie, ni à la république, ni au droit divin, ni au droit populaire. C'est
l'homme du fait. La monarchie de 1830 pour lui n'é-
tait qu'un fait, rien de plus.

Le 29 juillet 1830, il arrivait à Neuilly pour offrir
une couronne à M. le duc d'Orléans. Ce prince, incertain encore, s'était dérobé aux tentations de cette grandeur nouvelle, qu'il ne pouvait accepter qu'en se faisant le spoliateur de son neveu; il avait été cacher dans
une retraite inaccessible ses hésitations et ses réflexions.
M. Thiers essaya vainement d'ébranler madame la duchesse d'Orléans. La vertu de la femme se révoltait
contre les ambitions de la mère. Survint madame Adélaïde. Cette princesse, élève de madame de Genlis,
esprit plus fort que scrupuleux et cœur plus viril que
féminin, comprit M. Thiers, répondit à sa pensée, s'associa à ses vœux, et promit d'entraîner son frère.

Elle l'entraîna en effet, malheureusement pour lui et
sa race.

Cette couronne, tombée du front d'un vieillard, dé-

18.

robée à un enfant, portée à Neuilly, dans la surprise
d'une révolution, imposée par l'ambition d'une sœur
au front de l'oncle ; une famille royale proscrite ; une
dynastie nouvelle improvisée ; un peuple livré, sans
consentement, sans ratification, au mépris de tous les
droits et de tous les principes : voilà ce qui était sorti
du cerveau de M. Thiers ! voilà la monarchie qu'il avait
fondée.

IV.

Cette monarchie portée en maillot dans les bras de
M. Thiers, des bureaux du *National* au jardin de Neuilly,
repoussée d'abord avec horreur, comme une trahison,
accueillie et caressée par madame Adélaïde, acceptée
enfin par le chef de la maison d'Orléans, cette monarchie ne pouvait pas vivre. Ni les talents ni les vertus
ne lui ont manqué. Il y a eu sur le trône nouveau et
sur les marches de ce trône d'incontestables grandeurs.
Le roi Louis-Philippe savait connaître et conduire les
hommes. La reine Marie-Amélie n'inspirait qu'estime
et respect. Ses jeunes fils étaient de nobles et courageux soldats, aimés et honorés. L'armée était dévouée.
D'immenses intérêts semblaient liés à la stabilité de ce
trône. Des majorités nombreuses dirigées par des chefs
éminents secondaient l'œuvre du pouvoir. A quoi tout
cela a-t-il abouti ? A cette scène lamentable du 24 février,
lorsque ce vieux roi, que les balles des assassins avaient
épargné, venant de signer l'acte de son abdication, la
reine se tourna vers M. Thiers, et lui laissa ce douloureux adieu : « Monsieur, vous nous avez perdus ! »

Non! la reine se trompait! Le jour où M. Thiers a perdu la famille d'Orléans, ce n'est pas le 24 février quand il accourait noblement pour la défendre; c'est le 1ᵉʳ août 1830 quand il se glissait à Neuilly pour lui apporter une couronne.

V.

On a beaucoup calomnié M. Thiers. La calomnie est toujours la vengeance de la médiocrité contre la supériorité. M. Thiers, fils de ses œuvres, a dû laisser au-dessous de lui beaucoup de haines et de jalousies en s'élevant à la fortune. Tous ceux qui réussissent ont fatalement pour ennemis ceux qui ne réussissent pas. Il faut s'en prendre au cœur humain et se résigner.

On a dit que M. Thiers manquait de courage. On a dit encore qu'il avait profité du pouvoir pour s'enrichir. Puisque j'ai le devoir d'être sévère, j'ai bien le droit d'être juste. M. Thiers a montré en plusieurs occasions le mépris de la mort, qui est l'un des caractères des natures d'élite. Dans l'insurrection de Saint-Merry, on le vit aux côtés du général Bugeaud, devant une barricade. Il n'eut jamais ni la forfanterie de la bravoure, ni les prudences de la pusillanimité. Il s'exposa quand il le crut utile, et s'il compromit le pouvoir par ses témérités, on peut dire qu'il ne le déshonora jamais par une lâcheté.

Quant à la probité de M. Thiers, elle n'a jamais été attaquée que par de honteuses insinuations. Elle n'a pas besoin d'être défendue. Si sa retraite aujourd'hui n'est pas sans regrets, nous croyons sincèrement qu'elle

est sans souillure. Il n'y a de honte dans ces lâches
insinuations que pour ceux qui se les permettent.

VI.

M. de Talleyrand disait en parlant de M. Thiers :
« Il n'est pas parvenu, il est arrivé. » Le mot est aussi
charmant que vrai. Dans la nature comme dans la manière de M. Thiers, il n'y a rien en effet de la vanité
ou de la bassesse du parvenu. Il n'a ni le dédain affecté ni l'orgueil exagéré de la fortune et de la renommée. Il les prend comme des choses dues. C'est
un grand seigneur sans blason et sans ancêtres. Il en a
la politesse, l'affabilité, la distinction et la grâce, même
sous des dehors qui n'ont rien de patricien. Il aime
les arts avec passion; ce n'est pas qu'il les ait étudiés,
mais il les a devinés. Un beau tableau l'éblouit. La
musique le charme et l'émeut. Il arrive ainsi par les
délicatesses de sa nature à toutes les sensations et à
toutes les émotions qui sont presque toujours le partage exclusif des organisations où le spiritualisme domine. Ce phénomène explique comment le talent de
M. Thiers peut se prêter aux situations les plus diverses et aux sentiments les plus opposés, comment il
réussit à passionner la parole après avoir analysé les
faits et éclairé les chiffres.

VII.

Voici un souvenir curieux, et qui ne sera pas sans
intérêt dans cette étude. Personne n'a oublié la part

brillante que prit M. de Lamartine à la discussion de la régence. M. de Lamartine, qui, par son mémorable discours sur cette loi, se séparait ouvertement du parti conservateur avec lequel il avait marché jusqu'alors, devint tout à coup l'objet des avances de tous les chefs d'opposition qui désiraient attirer un auxiliaire aussi puissant. M. Garnier-Pagès prétendait que M. de Lamartine était décidément républicain. M. Odilon Barrot affirmait qu'il était libéral et dynastique; enfin, il n'est pas jusqu'à M. Thiers qui n'eût l'ambition de rallier au centre gauche celui qu'il appelait dédaigneusement *un grand poëte.*

M. Thiers demanda une entrevue à M. de Lamartine, qui l'accepta. Elle eut lieu sous les ombrages du Palais-Bourbon. La conversation fut telle qu'elle devait être entre deux interlocuteurs aussi illustres. Il paraît cependant qu'elle ne se termina pas comme l'aurait souhaité M. Thiers, et celui-ci, en homme habile, jugea prudent d'opérer sa retraite. « Il est impossible, dit-il à M. de Lamartine, que nous ne finissions pas par nous entendre. Un jour ou l'autre nous nous rencontrerons. — Oui, reprit M. de Lamartine, nous nous rencontrerons, mais ce sera pour nous combattre; car vous, monsieur Thiers, vous êtes révolutionnaire, et vous n'êtes pas libéral; moi je suis libéral, et je ne suis pas révolutionnaire. »

M. de Lamartine avait dit juste : M. Thiers est révolutionnaire et n'est pas libéral.

L'étude des principales circonstances de la vie politique de M. Thiers donnera leur véritable jour

aux différents aspects du tableau que nous venons
d'esquisser.

VIII.

Ne s'imposer jamais, s'exposer toujours, voilà en
deux mots comment les hommes d'État illustrent leur
nom et servent leur pays.

La révolution de juillet venait de s'accomplir. Une
royauté nouvelle était sortie de la victoire du peuple.
M. Thiers avait dit, en parlant des Bourbons : « Ren-
fermons-les dans la charte comme dans la tour d'Ugo-
lin. » Il les y avait renfermés et étouffés. Avec les Bourbons périssait le vieux droit monarchique ayant l'hérédité
pour racine et la noblesse pour appui. La bourgeoisie,
entraînée un instant par les excès de la première république, puis absorbée par l'empire, qui absorbait tout,
puis contenue et humiliée par la restauration, qui tendait à renouer la chaîne des traditions, la bourgeoisie
ne rencontrait plus d'obstacles ; elle avait fait son second
10 août contre le dernier frère du roi martyr. Charles X
s'était enfui des Tuileries comme Louis XVI, non pour
monter à l'échafaud, mais pour marcher vers l'exil.

Il y avait dans la bourgeoisie, représentée par l'école
libérale que la révolution de juillet portait au pouvoir,
deux nuances bien tranchées : l'une, en qui se retrouvaient l'instinct et la foi de la liberté, et qui s'était formée d'une sorte de mélange de rationalisme et de
christianisme tendant à faire passer dans la politique la
tolérance, l'égalité, l'examen ; l'autre, pour laquelle
l'idée du pouvoir n'était que l'idée de la force, et qui

ne royait dans le gouvernement des classes moyennes
que leur domination égoïste et exclusive.

Constituer une aristocratie dans la bourgeoisie, une
sorte d'oligarchie couronnée ayant son action libre et
souveraine dans les affaires publiques, en un mot, déplacer le privilége et mettre au milieu ce qui était en
haut, telle fut la pensée politique de M. Thiers.

M. Thiers ne voulut gouverner par la bourgeoisie,
en laissant régner une dynastie d'elle, que pour dominer en son nom. Je vais montrer le développement de
cette pensée politique dans tous les actes de sa vie parlementaire, comme ministre ou comme chef d'opposition.

IX.

M. Laffitte n'avait rien perdu de la jeunesse de son
âme ni de la noblesse de son caractère dans la pratique
des affaires. La naïve confiance de l'honnête homme se
joignait en lui aux facultés éminentes du financier. Les
millions avaient passé par ses mains sans dessécher
son âme. Il eut l'illusion de ses idées généreuses. Il
crut, comme Lafayette, à la meilleure des républiques.
Il s'était lié avec le duc d'Orléans sans le comprendre.
Il lui livra une couronne sans se défier.

M. Thiers était plus avisé, plus pénétrant, moins
désintéressé. Il ne s'était uni à M. Laffitte, dans les
jours de lutte, que pour faire servir l'influence de l'illustre banquier, sa probité européenne, sa popularité
universelle, son immense fortune, au triomphe de ses
ambitions. Quand il allait à Neuilly, le 30 juillet, il

savait ce qu'il allait y faire. Ce n'était pas pour y chercher un Washington. C'était plutôt pour y trouver un
Guillaume d'Orange !

Quand, quelques mois plus tard, M. Thiers jetait sa
popularité au vent, se séparait de M. Laffitte et se ralliait au ministère de M. Casimir Périer, ce n'était pas
assurément de sa part un dévouement chevaleresque.
Non! M. Thiers servait encore sa pensée politique ; il
suivait la logique de sa situation ; il n'était ni transfuge
ni traître, comme le disaient alors ses anciens amis
devenus tout à coup ses adversaires : il se dévouait tout
simplement au but qu'il s'était proposé, c'est-à-dire à
la consolidation du gouvernement absolu de la bourgeoisie dans la force du trône qu'elle avait élevé de ses
propres mains.

Ce trône, à peine édifié, chancelait déjà sur le sol
mouvant qui le portait. La révolution de juillet avait eu
des échos au delà de la frontière. La Belgique venait
de rompre l'anneau qui l'attachait à la Hollande. L'Italie rêvait son indépendance. La Pologne combattait pour
sa nationalité. Les peuples étaient émus. Les rois étaient
effrayés. Tout semblait vague, incertain, menaçant.

A l'intérieur, la situation était plus grave encore. La
jeunesse ardente qui avait renversé les Bourbons n'a-
vait recueilli que les déceptions de sa victoire. Elle se
croyait trompée et trahie. Elle ne voyait qu'une surprise dans cette monarchie de hasard sortie du jardin
de Neuilly, au moment où l'autre, la grande monarchie, fuyait du palais de Saint-Cloud.

Les légitimistes étaient vaincus, mais non résignés.

Ils se plaignaient de ne pas avoir combattu à Rambouillet autour de leur vieux roi. Leurs rangs regorgeaient de jeunes officiers qui n'avaient brisé leur épée qu'avec douleur, et dont la main était encore frémissante de l'impatience de la lutte. Leurs espérances et leurs regrets s'attachaient à la famille en qui vivait leur principe. Ce qu'il y avait de noble et de touchant dans cette cause était encore rehaussé par l'innocence d'un enfant, par l'héroïsme d'une mère, par la majesté d'un vieillard. A cette époque, M. Berryer parlait et M. de Chateaubriand écrivait. Les discussions ardentes de la presse et les harangues passionnées de la tribune retentissaient comme le rappel de la guerre civile : tout sentait la poudre.

M. Thiers n'hésita pas. Il laissa M. Laffitte glisser du pouvoir dans l'opposition; il tourna le dos à son ancien collaborateur, Armand Carrel, et il se constitua, dans la chambre des députés, où les électeurs d'Aix venaient de le faire asseoir, le défenseur le plus énergique et le plus éloquent de la politique conservatrice du ministère du 13 mars 1831, ministère bien mémorable, mais bien court, qui avait pour devise : « Guerre aux partis, paix avec l'Europe ! »

C'est de cette date que commence pour M. Thiers son rôle de résistance, qu'il n'abandonna qu'à l'époque de la coalition pour prendre définitivement son rôle d'opposition. Je vais l'y suivre.

X.

Le ministère Casimir Périer fut pour M. Thiers son noviciat d'homme de gouvernement. A cette époque, il est conservateur sans réserves et sans réticences. Il sourit aux rois. Il décourage les peuples. Il coquette avec M. de Metternich. Il refuse toute intervention à la Pologne et toute espérance à l'Italie. Il combat les républicains comme impossibles; il dédaigne les légitimistes comme impuissants. « Où sont les carlistes? s'écriait-il alors. Que l'on me montre un carliste. » Il pousse même l'impertinence du dédain jusqu'à l'imprudence du défi. « Plût au ciel, s'écriait-il un jour à la tribune, qu'il y eût des conspirations! On ferait d'elles ce que l'on fait de toutes les conspirations. On les découvrirait et on les punirait. »

C'est surtout dans la grande question de l'hérédité de la pairie que la pensée politique de M. Thiers se révéla tout entière. Ceux qui n'ont étudié cet homme d'État qu'à la surface de son esprit et de son opinion, ont jugé très-légèrement et jugent encore que cette théorie était une contradiction de lui-même. Erreur, profonde erreur! Si M. Thiers avait voulu constituer un pouvoir exécutif fort, libre, sérieux, oui, en effet, il se fût contredit en soutenant l'hérédité de la pairie. Mais tel ne fut jamais son but. Ce n'était pas un trône qu'il voulait fonder, je l'ai déjà dit, c'était une oligarchie couronnée à l'abri de ce trône, une oligarchie dont il pût être le Chatham ou le Fox. Dans ce système, l'hérédité de la pairie, menaçante pour l'indépendance de la royauté, devenait une force considérable pour la bourgeoisie élevée par une révolution à l'état de classe privilégiée, souveraine et dirigeante. Voilà pourquoi M. Thiers soutenait cette thèse. Révolutionnaire d'en bas, il s'était fait révolutionnaire d'en haut.

Cette manière de comprendre la fonction du pouvoir exécutif réduit au rôle de mannequin est d'ailleurs très-bien définie par M. Thiers dans ce fameux article du *National* où il donna le mot de sa politique : Le roi règne et ne gouverne pas. « Régner, écrivait-il alors, est quelque chose de fort élevé, de fort difficile à faire comprendre à certains princes, mais que les rois anglais entendent à merveille. Un roi anglais est le premier gentilhomme de son royaume ; il est au plus haut point tout ce que peut être un Anglais de haute condition : il chasse ; il aime les chevaux ; il est curieux du continent, et va le visiter quand il est prince de Galles ; il est même philosophe quand c'est l'usage des grands seigneurs ; il a l'orgueil anglais, l'ambition anglaise ; il souhaite les triomphes du pavillon ; il est le cœur joyeux de l'Angleterre après Trafalgar et Aboukir.... Mais il ne gouverne pas ; il laisse le pays se gouverner ; il suit rarement ses goûts dans le choix de ses ministres, car il prend Fox qu'il ne garde pas, et il prend Pitt qu'il garde ; il prend M. Canning qu'il ne renvoie pas et qui meurt au pouvoir. Plus anciennement le monarque anglais reçoit des réponses comme la suivante : Chatham le père, sorti du ministère, était l'homme nécessaire au gré des communes. Le roi lui envoie M. le secrétaire d'État Fox pour lui offrir le ministère : « Allez dire à Sa Majesté, répond Chatham, que lorsqu'elle m'enverra un messager plus digne d'elle et de moi, je répondrai à l'honneur de ce message. » Le messager plus digne fut envoyé, et Chatham devint le fondateur d'une dynastie de ministres *désagréables à leur roi, et maîtres de leur pays* pendant un demi-siècle. »

Dans ces lignes éblouissantes de verve, M. Thiers s'est révélé tout entier, et je suis bien tenté de croire qu'il songeait un peu à lui quand il parlait ainsi de ce fondateur d'une *dynastie de ministres désagréables à leur roi et maîtres de leur pays.*

Une dynastie de ministres souverains, un roi qui ne serait que le premier bourgeois de son royaume, voilà tout ce que voulait M. Thiers.

XI.

Après la mort de Casimir Périer, M. Thiers devient ministre en même temps que M. Guizot sous la présidence du maréchal Soult, ce ministère n'avait qu'une mission : continuer la politique de résistance inaugurée par le cabinet du 13 mars. M. Thiers résistait aux partis moins pour l'honneur de les vaincre que pour se faire de cette victoire périlleuse un moyen de domination sur la royauté. A cette époque, il donna tout afin de tout reprendre plus tard. Il donna son dévouement et sa popularité. Il exposa sa vie courageusement. Infatigable dans la lutte, il faisait face aux

difficultés les plus compliquées comme aux périls les
plus imminents. Il avait l'œil et la main partout où
il y avait à observer et à agir. Ni les rivalités qu'il
trouvait dans le conseil, ni les discussions qu'il soutenait à la tribune, ni les calomnies qu'il subissait
dans les journaux, ne réussissaient à le déconcerter
ou seulement à le troubler. Aussi souple d'esprit que
de parole, il échappait à la faiblesse apparente de sa
nature par sa prodigieuse agilité. Tant il était agile
qu'il devenait fort. Sa force n'était que le produit de
ses ressources intarissables multipliées par une intelligence nette et par une volonté précise.

Aussi aucune des crises de ce temps si agité ne le
trouva-t-elle en défaut de prévoyance et de décision.
S'il ne put prévenir l'insurrection à Paris, à Lyon, en
Vendée, il la réprima du moins avec une inflexible
énergie. Il ne recula devant aucun moyen, même devant le moins scrupuleux. Ce qui se passa pour l'arrestation de madame la duchesse de Berry en est
l'exemple.

M. Thiers avait résumé ses instructions à l'égard de
madame la duchesse de Berry par ces mots qu'il répé-
tait souvent : « Nous voulons prendre le duc d'Enghien,
mais nous ne voulons pas le fusiller. » On sait comment les choses se passèrent. Un jour, M. Thiers reçut
au ministère de l'intérieur un billet anonyme, par
lequel on lui donnait rendez-vous le soir à neuf heures
aux Champs-Élysées pour lui révéler l'asile qui cachait
aux recherches de la police l'héroïque mère du duc de
Bordeaux. M. Thiers, qui ne craint pas les aventures,

fut exact, et à l'heure convenue, à l'endroit désigné, il aperçut une ombre mystérieuse derrière un arbre. C'était Deutz.

La négociation fut entamée. M. Thiers emmena cet homme au ministère de l'intérieur, l'éblouit, reçut son secret, en paya le prix, et l'expédia à Nantes pour en faire le limier de la police sur les traces de la nièce du roi des Français. On sait le reste. Cela est impossible à oublier. Mais cela est encore plus impossible à absoudre. Non! il n'y a pas de raison d'État qui puisse autoriser de tels procédés de gouvernement. Ce que la conscience interdit, la politique ne le permet pas. M. Thiers a compromis sa main de ministre, le jour où il n'a pas craint de la mettre dans la main infâme de Deutz. Il n'y a pas de si grand péril qui puisse être évité au prix d'une honte. Ce qui tache l'honneur des gouvernements ne saurait augmenter leur force. La force n'est que dans le bien.

XII.

De 1832 à 1835, M. Thiers triomphe des crises des partis et des complications ministérielles. Il passe successivement du ministère de l'intérieur à celui des travaux publics, et de ce dernier ministère il revient à l'intérieur, après avoir obtenu cent millions de la chambre des députés pour les chemins de fer, les canaux et les routes.

C'est de là que date cette impulsion immense donnée aux travaux publics, impulsion qui a tant contribué à la prospérité des dernières années de la monarchie constitutionnelle. M. Thiers avait compris qu'il fallait ouvrir des chantiers en fermant l'arène des factions. En même temps qu'il balayait l'émeute dans les rues de Paris et de Lyon, il ralliait les ouvriers au travail, et il développait les intérêts en étouffant les passions. C'était là de la politique véritablement conservatrice, et celle-ci ne laisse ni déception, ni regrets, ni remords.

Dans toute cette première phase de sa vie politique, M. Thiers est tout entier à l'œuvre de la résistance. Après avoir vaincu l'émeute, il organise la compression légale. Il soutient la loi d'association, la loi sur les crieurs publics, les lois de septembre. Il est complétement uni d'esprit et de cœur à la royauté; il la couvre de sa responsabilité et de sa parole; il partage ses périls; il n'est pas de sacrifices qui lui coûtent pour la consolidation de ce trône. Sa vie alors si pleine de luttes s'élève parfois jusqu'à l'inspiration du dévouement. Voici un fait tout à la fois touchant et curieux qui mérite d'être cité :

C'était avant l'horrible attentat Fieschi. M. Thiers avait appris par la police qu'un nouveau complot se tramait contre la vie du roi. Des misérables devaient attendre au passage la voiture royale et y jeter un projectile enflammé. M. Thiers avait un grand intérêt à s'assurer de la réalité de ce complot. Il court aux Tuileries, prévient le roi et l'invite à envoyer sa voiture en la faisant occuper par ses aides de camp. « Y pensez-vous? dit le roi, exposer ainsi des amis si dévoués! —

Sire, vos aides de camp ne se plaindront pas, reprit noblement M. Thiers, quand ils verront au milieu d'eux votre ministre de l'intérieur. » Le roi voulut à son tour s'associer à ce péril. Mais la reine et les princesses intervinrent par leurs larmes et par leurs prières, et le projet fut abandonné.

Rien encore ne révélait dans M. Thiers un chef d'opposition. Il n'avait été jusqu'alors qu'un ministre dévoué. La cour le prônait. M. de Talleyrand reconnaissait quelque chose de lui dans ce fils de Voltaire; il y reconnaissait jusqu'à ces vices que le monde aime et qui faisaient dire à M. de Montrond en parlant de l'ancien évêque d'Autun : « Comment ne pas l'adorer ? il est si vicieux ! »

XIII.

En se séparant de M. Guizot, après le rejet de conversion des rentes, pour devenir le chef d'un nouveau ministère, M. Thiers ne change rien à sa politique. Mais la situation de la monarchie, en se modifiant, devait aussi bientôt modifier sa propre conduite. Le temps du dévouement absolu était passé. Celui de la domination allait venir. La monarchie de 1830 était sauvée. Les légitimistes humiliés en Vendée, les républicains vaincus dans la rue, ne pouvaient essayer de l'ébranler. Leurs efforts coalisés ou isolés n'avaient réussi qu'à fortifier le gouvernement. Après ces jours de convulsions, une phase de calme, de prospérité et de repos, allait s'ouvrir pour la France !

M. Thiers marqua son premier dissentiment avec la

couronne à propos de l'Espagne; il proposa l'intervention, qui fut repoussée, et il donna sa démission.

Il est toujours noble de tomber du pouvoir pour une conviction, et M. Thiers, en se retirant des affaires sur la question de l'intervention espagnole, ne pouvait avoir d'autre juge que sa propre conscience. Il agissait dans la plénitude de sa responsabilité et dans l'indépendance de sa volonté. Il était tout à la fois dans le droit et dans la dignité de sa situation.

Pendant ses quatre années de pouvoir, M. Thiers avait montré de hautes facultés d'homme d'État mêlées à de regrettables audaces et à de tristes défaillances. Ces quatre années sont les plus difficiles et les plus orageuses de la monarchie constitutionnelle. Complications à l'extérieur, luttes à l'intérieur, guerre civile en Vendée, insurrection à Paris et à Lyon, attentat contre la vie du roi, crises ministérielles, tout s'était réuni pour rendre le gouvernement impossible. M. Thiers avait fait son œuvre. Il l'avait fait avec éclat et avec succès. Il laissait l'Europe rassurée, le trône affermi, la France confiante, le travail prospère, la fortune publique améliorée. Ces grands résultats n'effaçaient pas certains souvenirs et certains actes, mais ils les atténuaient. Un pays est facilement généreux quand il est heureux.

M. Thiers laissait surtout une grande chose, compromise plus tard par lui-même, mais à laquelle cependant la France doit beaucoup, car elle lui doit la paix dont nous jouissons depuis vingt-deux ans: il laissait l'alliance anglaise.

19.

L'alliance anglaise a servi de texte bien des fois aux attaques des partis. Elle a eu ses inconvénients et ses déceptions. Mais on peut dire hardiment qu'elle a préservé l'Europe de la guerre, et qu'en prévenant la guerre européenne, elle a sauvé la civilisation.

Mais l'épreuve la plus difficile et la plus décisive pour un homme d'État n'est pas le jour de sa fortune, c'est le jour de sa disgrâce. Nous avons vu M. Thiers à l'œuvre de la consolidation de la monarchie : nous allons le voir maintenant occupé à détruire de ses mains ce qu'il a élevé. Ce faux conservateur va se montrer tel qu'il est, un vrai révolutionnaire.

XIV.

Un homme d'esprit parlant un jour du centre gauche, le définissait ainsi : « l'escalier qui devait servir tout à la fois à faire monter M. Thiers au pouvoir et à faire descendre Louis-Philippe du trône. »

Le mot s'est trouvé juste, car à la même heure où, après sept années d'opposition, M. Thiers mettait le pied sur la marche qui conduisait au ministère, il s'y rencontrait avec le roi Louis-Philippe sortant de la monarchie pour entrer dans l'exil, et bientôt après dans l'histoire.

M. Thiers tomba du pouvoir dans le centre gauche. Abbé de Gondi sans soutane, frondeur comme lui, et comme lui aussi amant infidèle de la popularité, qu'il trompait après l'avoir cherchée, et de l'autorité qu'il trahissait après l'avoir exercée, il se jeta dans l'oppo-

sition par goût autant que par calcul. L'opposition était
déjà sa nature avant d'être sa situation et son refuge.
Il s'en serait amusé comme d'un jeu d'esprit, alors
même qu'il n'aurait pas dû s'en servir comme d'une
arme d'ambition.

Le centre gauche n'était donc pas un parti, c'était
une fronde. Son drapeau n'était pas formé de couleurs,
mais de nuances. Il y avait un peu de bleu et un peu
de rouge; le blanc seul y manquait. Le centre gauche
avait deux issues, l'une qui ouvrait sur la révolution,
l'autre qui sortait en pleine conservation. Il était
conservateur avec M. Guizot et révolutionnaire avec
M. Odilon Barrot. A la cour il saluait très-bas; à la
chambre il parlait très-haut. Son orgueil était de la vanité et non de la fierté. Sa force n'était que de l'audace
et de l'adresse. Il taquinait le pouvoir, il le harcelait,
il le mordait aux talons, il lui criait aux oreilles, il le
fatiguait et l'étourdissait, mais il ne lui résistait pas.
Ce qu'il voulait, ce n'était pas de changer la politique,
mais de la diriger. Toute politique était bonne à ses
desseins, pourvu qu'elle devint la sienne. Il n'allait en
avant qu'avec des mots, et il allait en arrière avec des
actes. Il glorifiait le progrès et il restait immobile. Il
encensait la liberté et il l'immolait. Il s'empanachait de
guerre et il reculait. Il promettait tout et ne donnait
rien. Il n'avait que des menaces sur les lèvres et des
concessions dans la main. Son libéralisme ressemblait
à une magnifique enseigne sur une hôtellerie fermée.
Son patriotisme était vide et sonore. Il semait l'agitation et ne laissait que des déceptions; l'opinion, pour

lui, n'était qu'un caprice; il cherchait à la séduire et
ne voulait pas l'épouser ; il ne lui empruntait sa puissance que pour la désarmer et pour s'en faire un moyen
de domination sur la royauté. En devenant populaire,
il était bien près d'être maître, et quand il était maître
il cessait d'être libéral. S'agissait-il de la plus humble
réforme, comme, par exemple, de l'adjonction des capacités aux listes électorales, ou bien encore de l'incompatibilité parlementaire? le centre gauche en était
toujours la veille, mais c'était la veille d'un lendemain
qui ne venait jamais. Quand il gouvernait, il était trop
tôt; quand il ne gouvernait plus, il était trop tard. Il ne
rentrait dans le gouvernement que pour tromper l'opposition, et il ne revenait à l'opposition que pour contraindre le gouvernement; telle fut cette minorité qui
n'était qu'un groupe dans le parlement et un atome dans
le pays, et qui cependant, devenue redoutable, tant
elle était agile, souple et bruyante, finit par ébranler
l'aplomb de la monarchie constitutionnelle et par amener sa chute, en tombant elle-même sous le poids de
la révolution qu'elle avait imprudemment provoquée.

XV.

La coalition est née sur un banc du centre gauche.
M. Thiers l'a bercée sur ses genoux, l'a nourrie de son
esprit, l'a fortifiée de ses ambitions, l'a excitée de son
ardeur, et quand il l'a crue suffisamment formée pour
la lutte, il l'a lancée contre le ministère du 15 avril.
Ce jour-là la monarchie était asservie sous la main de

la puissance parlementaire ; elle était asservie et perdue. Le roi ne cessait de gouverner que pour bientôt cesser de régner.

Quel était en effet le sens de la coalition ? Pourquoi des points les plus opposés tous les chefs de partis se donnaient-ils la main ? Pourquoi M. Berryer, qui servait la légitimité, se rencontrait-il avec M. Garnier-Pagès, qui attendait la république, et avec M. Odilon Barrot, qui ne voulait ni la république ni la légitimité ? Pourquoi M. Guizot et M. Thiers, dont le divorce s'était accompli avec un éclat presque scandaleux, allaient-ils recommencer leur lune de miel en se jurant de s'entr'aider et de se détester? Pourquoi M. Duvergier de Hauranne, qui n'a jamais été d'accord qu'avec lui-même, jouait-il aussi son air dans ce concert discordant? Il y avait un but commun entre tous ces chefs de partis : c'était de subordonner, d'humilier la royauté.

Les uns le faisaient par rancune comme M. Berryer, les autres le faisaient par principes comme M. Garnier-Pagès ; ceux-ci obéissaient à leur tempérament, ceux-là à leur orgueil ; mais de tous ces hommes ainsi coalisés, il n'y en avait qu'un qui portât en lui la véritable pensée de la coalition : c'était M. Thiers.

M. Guizot était un conservateur sincère ; M. Berryer un légitimiste convaincu ; M. Garnier-Pagès un républicain loyal ; M. Odilon Barrot un libéral honnête ; M. de Rémusat un esprit facile et charmant ; M. Duvergier de Hauranne un pamphlétaire de parole, toujours prêt à lutter, à déchirer et à railler ; mais pour eux la coalition n'était qu'une arme, un caprice, une aventure ou un jeu. Pour M. Thiers seul elle était un but.

M. Thiers, après avoir couronné la bourgeoisie le 7 août 1830 dans la personne du duc d'Orléans, voulait organiser sa souveraineté active, permanente, exclusive dans le gouvernement. Il voulait constituer la chambre des députés une oligarchie parlementaire dont il serait le grand ministre. Nouveau Pitt d'un nouveau George III, voilà le rôle qu'il ambitionnait !

Qu'aurait pu un Pitt sans l'appui d'une aristocratie puissante, riche, illustre et dévouée ? Un Pitt peut être utile et grand dans un pays où le sentiment national et la force de l'esprit public se résument dans une classe privilégiée, éclairée et dirigeante au sommet de la société. Mais un Pitt dans un gouvernement qui a sa base sur les classes moyennes ! c'est impossible, et à la place d'un grand ministre on n'a qu'un grand tribun, et par conséquent un homme qui, en dominant la royauté, la perd au lieu de la sauver.

XVI.

Un homme d'État qui éleva le libéralisme à la hauteur d'une doctrine, Royer-Collard, toujours grand, parce que sa raison fut toujours honnête, sentit sa conscience se soulever au spectacle de la coalition. Il en réprouva le but et les moyens dans un discours aux électeurs de Vitry. On sait assez si les résultats donnèrent raison à Royer-Collard. Ce qu'il y a de plus triste, ce n'est pas cette veillée d'armes qui nous montre l'atliance de tant de drapeaux différents, de tant de principes incompatibles et de tant d'hommes irréconciliables. Non! ce qu'il y a de plus triste, c'est le champ de bataille après la victoire. Le ministère du 15 avril était renversé; la royauté était humiliée. Mais qu'est-ce qui allait sortir de cette humiliation et de cette défaite? Quelle combinaison pouvait être sérieuse? Quel homme pouvait être possible? C'est alors qu'apparaissent ces déplorables compétitions qui furent la vengeance des vaincus et l'expiation des vainqueurs. M. Thiers n'est ni plus modeste, ni plus désintéressé que le lion. Dans le partage il s'adjuge tout, et ne laisse rien à M. Guizot. M. Odilon Barrot, incapable d'une ambition honteuse, mais obligé, pour l'honneur même de ses amis, de ne pas accepter le rôle de dupe, intervient à son tour. Qui sera ministre de l'intérieur? Qui sera ministre des affaires étrangères? Qui sera président de la chambre? On se contredit, on se heurte, on se blesse, on se brouille. Les amis s'en mêlent et aggravent les choses au lieu de les arranger. Le roi boude; le maréchal Soult, pivot de ces diverses combinaisons, s'emporte et s'indigne; la chambre s'étonne et s'inquiète; le public rit, et l'Europe jouit de ces complications qui lui permettent de se moquer de nous et d'exclure impunément la France comme elle va bientôt le faire dans la question d'Orient : tel est le lendemain de la coalition.

Triste lendemain, qui devait être la veille de la chute de la royauté et l'avant-veille de la perte du régime parlementaire!

La royauté asservie et humiliée, le régime parlementaire compromis, voilà le double résultat que M. Thiers avait atteint par la coalition, dont il fut la main la plus agile et la voix la plus éloquente.

XVII.

Le ministère du 1er mars 1840 succède au cabinet du 12 mai 1839. M. Thiers arrive au pouvoir. La révolution tressaille. Le tambour bat et les clairons sonnent. Tout est à la guerre. L'armée est augmentée. Les fortifications de Paris sont proposées. Un mouvement électrique est imprimé à l'opinion. On chante la *Marseillaise* par ordre de l'autorité. Toutes les susceptibilités nationales s'éveillent en face de l'apparence d'une nouvelle coalition. Il s'agit de protéger la France et de maintenir sa situation contre la Russie qui menace Constantinople, et contre l'Angleterre qui menace l'Égypte. M. Thiers n'hésite pas, et il pose ainsi les deux termes de sa politique : « Maintien de l'empire turc et intérêt efficace pour le pacha d'Égypte. »

Ce n'est pas ici l'à-propos d'un coup d'œil rétrospectif sur la question d'Orient. Cette question n'est pas réglée ; elle est réservée pour l'avenir, et la France y prendra son rôle légitime et nécessaire sans forfanterie comme sans faiblesse [1]. Mais si ce grand intérêt avait pu être compromis, il l'eût été en 1840 par M. Thiers, qui manqua tout à la fois de cette mesure qui empêche

---

[1] Cette espérance n'a pas été trompée.

(*Note de l'éditeur.*)

la fermeté de dégénérer en menace, et la prudence de se changer en faiblesse. M. Thiers ne manqua de prudence d'abord que pour manquer de fermeté ensuite. Ce qu'il faut lui reprocher, ce n'est pas de n'avoir pas voulu la guerre, c'est de l'avoir préparée. Tous ces préparatifs immenses n'ont pas seulement obéré nos finances, ils ont de plus compromis notre dignité et notre influence. Quand la France arme, ce n'est pas pour reculer. Quand elle envoie une flotte dans la Méditerranée, ce n'est pas pour la rappeler. Quand elle signifie son ultimatum à l'Europe, ce n'est pas pour écrire la note du 8 octobre.

La guerre! c'est un mot tout à la fois terrible et glorieux. Il n'est pas permis de jouer avec ce mot. Que l'on s'en fasse une arme, mais non un hochet! Le tort de M. Thiers en 1840, c'est d'avoir cherché la popularité de son nom et de son parti dans cette parade ruineuse et presque ridicule, aboutissant à une faiblesse et à une concession. C'est ainsi que les hommes les plus éminents jugeaient à cette époque le ministère du 1er mars. «La guerre! s'écriait alors un des orateurs les plus éloquents de l'opposition, qu'est-ce donc pour les ministres de 1840? Un texte de popularité, rien de plus. Comme ils ont la main, par leur passé, dans toutes les tentatives contre-révolutionnaires du système des dix ans, comme ils ne pourraient revenir sur leurs pas sans rencontrer sous chacun de ces pas une loi qui les accuse ou des paroles qui les engagent, il faut bien qu'ils fassent diversion par quelque chose d'éblouissant et de sonore à l'opinion publique, qui leur demanderait satisfaction. Cet éclat et ce bruit, ils les ont trouvés dans *la guerre* : il leur faut du tapage pour couvrir les reproches de leur conscience politique. Il leur faut de l'éblouissement pour aveugler les yeux clairvoyants : ils prennent la guerre, ils ne la prennent pas bien au sérieux. N'ayez pas trop peur! ils jouent seulement avec le brandon. Ils veulent que cela chauffe et non pas que cela brûle. Leur feu n'est qu'un feu d'artifice. Cela s'éteint comme cela s'allume. Si l'Europe prend ce jeu au tragique, il y a toujours un peu d'espace derrière eux pour reculer, et une petite note du 8 octobre dans le fond du portefeuille pour désavouer des bravades et pour accepter l'*outrage accompli*. La France est héroïque. Le pays trépigne. Le bruit du sabre lui plaît; un frisson de la vieille gloire lui court sur le cœur. On est homme d'esprit; on sait tout cela; on fait sonner le talon de sa botte sur la tribune; on fait vibrer avec talent quelque note de ce clavier populaire. Mais le peuple s'aperçoit que ce n'est qu'une parade, et il revient sérieux et triste au travail et à la liberté. »

C'est ainsi qu'on jugeait la politique militante de M. Thiers. Ce jugement est passionné sans doute; il brûle comme un pamphlet. Mais il est vrai en plus d'un point.

XVIII.

Il faut être juste cependant, le ministère de 1840 a fait deux grandes choses pour l'honneur et l'indépendance de la France; il a ramené la dépouille mortelle de l'empereur de l'île Sainte-Hélène sous le dôme des Invalides; il a jeté les fondations des fortifications de Paris.

Le retour des cendres de Napoléon n'était pas seulement une réparation à une mémoire immortelle et une glorification de la France elle-même dans l'hommage qu'elle rendait à l'homme qui d'une main remaniait l'Europe, agrandissait notre territoire, universalisait notre influence, et qui de l'autre écrivait le code civil. Non! c'était autre chose et plus encore!

L'empereur mort en France, c'était l'esprit de nationalité dont il avait été le héros, consacré, glorifié et popularisé dans l'esprit public et dans l'âme des masses.

Le prince de Joinville, revenant de Sainte-Hélène avec son précieux dépôt, crut un instant qu'il allait avoir à subir une attaque des Anglais : « Messieurs, dit-il à ses équipages, avec le cercueil de Napoléon à bord, nous sommes invincibles. »

Le cercueil de Napoléon eût été au besoin pour la France ce qu'il était pour l'escadre du prince de Joinville : un gage de son inviolabilité.

Quant aux fortifications, elles soulevèrent beaucoup d'anxiétés et de résistances quand M. Thiers eut à les défendre devant les chambres. On y vit une menace à la liberté bien plutôt qu'un bouclier de notre indépendance. On fit alors d'éloquents discours pour prouver que Paris allait étouffer dans ce cercle de pierres, qui pouvait devenir un jour un cercle de feu. On montra dans ces forts armés les citadelles du despotisme. L'expérience a dû redresser bien des convictions loyalement

égarées. Les fortifications sont achevées; la capitale de
la France n'y a rien perdu; elle n'en ressemble pas
davantage à une ville de guerre. Enfin, malgré que
nous ayons eu, dans ces derniers temps, deux ou trois
révolutions, aucun gouvernement n'a même eu la pensée de faire bombarder les faubourgs. Seulement l'Europe sait que, si une seconde fois la fortune trahissait
nos armes, et qu'une nouvelle invasion pût franchir la
frontière, elle n'aurait pas à compter sur une capitulation du 31 mars pour livrer à sa merci notre nationalité et nos institutions. Non! pendant que Paris ré-
sisterait, la France se lèverait. Voilà pourquoi M. Thiers
a droit à la reconnaissance du pays pour ce grand acte,
dont l'initiative appartient à son administration, et dont
l'honneur revient à son nom.

XIX.

M. Thiers avait un moyen de sortir dignement de la
situation dans laquelle il s'est trouvé engagé en 1840:
c'était de convoquer les chambres après le traité du
15 juillet, de leur exposer l'état de l'Europe, les griefs
de la France, les nécessités de son honneur, et de provoquer leur décision solennelle. Ce moyen lui fut proposé par un député qui croyait alors comme aujourd'hui
que, pour échapper aux difficultés et aux piéges, il
n'y avait rien de meilleur que la loyauté. Ce député,
qui est aujourd'hui l'un des ministres les plus éminents
du régime actuel, ne fut pas écouté.

M. Thiers, gêné par le roi, ne pouvait pas lutter.

Il en fut réduit à ruser; il se jeta dans les petits moyens; il transigea pour garder quelque chose de son opinion et de sa politique, et en voulant conserver quelque chose, il donna tout. Plus tard, quand M. Thiers voulut revenir sur des concessions faites et se redresser contre l'outrage accompli, il était trop tard; il n'y avait plus à faire que ce qui fut fait : se résigner et attendre. Le ministère du 1er mars, qui avait tout compromis, ne pouvait rien réparer. Il n'avait été qu'une parade de guerre sur un théâtre; il avait défilé devant l'Europe et devant l'opinion comme une revue; il ne laissait derrière lui que les déceptions de la révolution trompée dans ses espérances, et de la France humiliée dans sa dignité, amoindrie dans son influence.

A peine disgracié du roi, M. Thiers se remet en coquetterie avec l'opinion. La réforme électorale, qu'il avait repoussée comme président du conseil, il la soutiendra bientôt comme chef d'opposition. La guerre qu'il n'a pas voulu engager pour la question d'Orient, il la provoquera imprudemment pour une misérable querelle sur un misérable rocher à quatre mille lieues de la France.

Il fera tout servir à ses vues, même la reine Pomaré! Pritchard deviendra tout à coup un personnage, presque un drapeau. Ce nom sera une étiquette, un stigmate sur le front de la majorité, il y aura des *pritchardistes* en France! Tout cela nous paraît bien peu sérieux à la distance où nous sommes, et cependant c'est de tout cela qu'on faisait vivre alors la tribune, la presse, l'opposition. Pauvre tribune! pauvre presse! pauvre

opposition! Étonnons-nous après cela de leur déchéance!...

Au milieu de toute cette petite stratégie, l'homme
d'État se redresse cependant, et apparaît de temps à
autre. Nous le retrouvons, par exemple, plus grand
que jamais dans la discussion de la loi de régence,
après la mort si douloureuse du duc d'Orléans. Dans
ce mémorable débat, M. Thiers imposa noblement et
religieusement silence à toute ambition et à tout ressentiment. Il fut l'homme de la dynastie qu'il avait un
jour été prendre par la main pour la conduire au trône
et à l'abîme qui en était si voisin; il n'eut ni le mauvais goût ni la cruauté de contester à cette dynastie,
dans un pareil moment, sa force, sa sécurité, son
avenir, et il fut noblement inspiré quand il s'écria à la
chambre des députés :

« Je suis l'adversaire du cabinet ; des souvenirs pé-
nibles m'en séparent, et je crois qu'il y a même mieux
que des souvenirs pour m'en séparer : il y a des intérêts du pays peut-être mal compris par moi, mais des
intérêts vivement sentis. Je suis donc l'adversaire du
cabinet ; les partis peuvent me calomnier, mais les
hommes intelligents qui ont la connaissance des affaires
savent la vérité de ce que je dis ; ils savent aussi que je
n'ai d'adhésion pour quelques-unes de mes idées que
sur les bancs de l'opposition. Malgré cela, malgré cet
intérêt très-grave de ma position, je viens appuyer aujourd'hui le gouvernement; je viens combattre l'opposition. »

C'est par de pareilles inspirations que les hommes

d'État s'élèvent à la hauteur de leur mission. M. Thiers, qui eut assez de talent et de courage pour s'élever un jour à cette hauteur, n'eut pas assez d'abnégation pour s'y maintenir. Il devait bientôt revenir aux pieds de cette idole de la popularité, idole ambitieuse et insatiable à laquelle il faut tout sacrifier, et dont les faveurs ne sont que des trahisons.

XX.

Les dernières années de la monarchie montrent M. Thiers dans toute l'impatience de son opposition. Je ne l'y suivrai pas. De 1844 à 1848, sa vie parlementaire n'est qu'un combat. Questions intérieures, questions extérieures, luttes contre le clergé, il s'empare de tout, il fait feu de toutes pièces. Que lui importe d'ébranler un trône en renversant un ministère !... son parti est pris. Enfant de la révolution, c'est la révolution qu'il veut servir. « Certes, s'écrie-t-il dans la discussion sur le Sonderbund, je ne suis pas radical, on vous le prouve bien ; il n'y a qu'à lire les journaux de ce parti pour vous en convaincre... Je suis du parti de la révolution en Europe ; je souhaite qu'il soit dans les mains des modérés ; mais quand il passera dans les mains des hommes qui ne sont pas modérés, je ne quitterai jamais la cause de la révolution, je serai toujours du parti de la révolution. »

En prononçant ces paroles, qui furent couvertes par l'extrême gauche d'une triple salve d'applaudissements, M. Thiers ne se doutait pas que la révolution était si près de se lever, et de s'appeler la République.

M. Thiers parlait de la révolution en 1848 comme il avait parlé de la guerre en 1840. Il l'invoquait sans y croire. Il en allumait la flamme pour l'éteindre. Quelques jours après, la révolution se levait, mais c'était pour entrer aux Tuileries avec la république quand M. Thiers en sortait avec la monarchie constitutionnelle.

XXI.

Il manque une dernière partie à cette étude : je renonce à la publier : l'heure n'est pas venue d'apprécier avec une complète impartialité le rôle politique de M. Thiers dans les trois dernières années qui ont eu pour dénoûment la journée du 2 décembre. J'aime mieux paraître incomplet que de ne pas paraître impartial.

M. Thiers, qui avait provoqué, soutenu et maintenu la loi du 31 mai pour y enfermer Louis-Napoléon comme dans une nouvelle prison de Ham, s'est pris à son propre piége, et le coup d'État qu'il voulait faire contre le président a été fait contre la majorité. Cela serait instructif à apprécier et curieux à raconter. Mais dans l'acteur d'hier je ne pourrais m'empêcher de voir le vaincu d'aujourd'hui, et je ne me sentirais pas libre.

J'arrête donc ce travail aux événements de la vie de M. Thiers qui appartiennent à l'histoire, et sur lesquels il est permis à tout le monde de porter un jugement. Quant à ceux dont les conséquences ne sont pas encore épuisées, j'en détourne ma plume comme d'un sujet qu'elle ne pourrait pas toucher sans trahir la vérité ou sans blesser les convenances.

M. Thiers est arrivé au sommet de la fortune; il a épuisé toutes les grandeurs, toutes les popularités et toutes les renommées. Il a écrit des volumes d'histoire que les générations futures liront avec admiration; il a gouverné son pays; il a parlé du haut de la tribune à des assemblées que son éloquence charmait et entraînait. L'Académie lui a ouvert ses portes; les rois ont recherché son amitié; il ne manque rien à la grandeur de sa destinée. Et cependant qui oserait dire que M. Thiers est un homme d'État complet? J'ai cherché pourquoi, et j'en ai trouvé la raison dans cette simple réflexion : Le talent donne la popularité; le caractère seul donne la postérité.

LE COMTE DE MORNY.

I.

En inscrivant dans ce livre ce nom encore nouveau, j'obéis à deux sentiments dont je dois compte à mes lecteurs. D'abord, ayant eu l'honneur de me trouver en rapport avec M. de Morny dans une circonstance bien critique, j'ai été de sa part l'objet d'un procédé de noble courtoisie. Cela ne s'oublie pas quand on est homme de cœur. En second lieu, la connaissance particulière que j'ai de son caractère, des ressources de son esprit, de sa manière de sentir et d'agir, me permet de parler de lui avec quelque autorité et me le fait considérer comme un des hommes d'État du régime actuel que l'avenir est appelé à mettre le plus en relief. A ce dernier point de vue, il est utile qu'il soit étudié et connu. Il faut que le pays se familiarise avec les individualités dont le rôle est pressenti ou marqué dans le gouvernement. En montrant ces individualités telles qu'elles sont, dans la vérité de leur nature, avec leurs qualités et leurs défauts, on éclaire l'esprit public, et on le préserve aussi bien des préventions sans justice que des engouements sans cause et sans mesure.

Parlons d'abord de la reconnaissance. C'est un sentiment si doux, si peu vulgaire, que nos lecteurs nous

permettront de nous mettre un instant en scène, afin
d'acquitter un devoir et de mieux dessiner une situation. Le coup d'État n'avait été ni prévu ni désiré par
celui qui écrit ces lignes. Néanmoins, avant le 2 décembre, il avait compris la destinée du président
de la république, et il n'avait pas craint de rompre
avec des solidarités aussi chères qu'illustres pour obéir
à l'impulsion de sa raison. Pourquoi ne pas l'avouer
cependant, il était de ceux qui regrettaient tristement
la chute des libertés politiques que les glorieux maîtres de la génération à laquelle il appartient, Chateaubriand, Royer-Collard, Lamartine, Guizot, lui avaient
appris à aimer. Il aurait voulu que cette liberté fût possible. Il aurait été fier de s'en servir et d'en exercer les
nobles prérogatives. Le coup d'État renversait la tribune
et la presse. Un écrivain devait en être ému. Quand une
dictature même légitime venait de surgir tout à coup et
que la censure était établie, il semblait qu'il n'y eût plus
rien d'utile et de digne à faire avec une plume. Celui qui
avait l'honneur, au 2 décembre, d'être le collaborateur de M. de Lamartine, dont il était séparé déjà par
de profonds dissentiments d'opinions, se retira donc
de la lutte et reprit son indépendance. Cette grande mesure l'attristait et le rassurait tout à la fois ; il en désirait ardemment le succès et il en déplorait de bonne
foi la douloureuse nécessité.

M. le comte de Morny était ministre de l'intérieur,
où son courage, sa décision, sa distinction d'esprit et
de caractère, lui avaient conquis dès les premiers
jours un irrésistible ascendant. Il manda près de lui

l'auteur de ce livre, qui le voyait pour la première fois:
« Je connais, lui dit-il, avec une dignité pleine de
» grâce, je connais votre situation; j'ai suivi vos tra-
» vaux. Je rends justice à votre modération et à votre
» indépendance. Il est naturel que vous ayez quitté
» votre plume en apprenant le coup d'État; cela vous
» honore. Mais après avoir payé ce tribut à d'anciennes
» et illustres solidarités de sentiment plutôt que d'i-
» dées, reprenez votre mission; aidez-nous à défendre
» la société, à traverser cette lutte suprême. Voyez ce
» qui se passe. Ce n'est plus la lutte des idées et des
» partis; ce n'est pas, comme il y a deux siècles en An-
» gleterre, le triomphe d'un nouvel Olivier Cromwell
» sur un nouveau parlement croupion. C'est la guerre
» sociale! J'ai sous la main les dépêches des préfets
» qui en apportent les plus horribles détails. On ne
» se bat pas; on égorge, on pille. Nous sommes en
» face d'un autre 93. Nous dominerons et nous écrase-
» rons ces parodies sanglantes de la terreur. Soyez avec
» nous, c'est votre place. »

À ce langage si noble, à ces arguments si décisifs et si
pressants, il n'y avait rien à opposer. Mais la censure
existait. On ne pouvait écrire que sous son contrôle.
Ce rôle n'était pas possible parce qu'il n'était pas
digne. L'observation en fut faite avec réserve, mais avec
fermeté. « La censure n'est qu'une précaution, reprit
» le comte de Morny; ce n'est pas un système. Mais
» vis-à-vis d'un écrivain aussi loyal et aussi modéré que
» vous, la censure est sans objet. Le président de la ré-
» publique se fie à votre patriotisme. Écrivez dans toute

» votre indépendance. Vos travaux ne seront pas cen-
» surés. »

En effet je repris ma plume, non pour frapper la
cause qui tombait, mais pour l'honorer au contraire,
pour regretter la liberté compromise par les excès des
factions, et pour faire entendre au milieu de cette
grande crise de la patrie la voix de la conciliation, du
patriotisme et de la raison.

II.

Le comte de Morny appartient, par certains côtés de
sa nature, de son caractère, de son éducation, de ses
habitudes et de son esprit politique, à l'école anglaise.
En Angleterre, la vie publique n'est pas comme en
France le hasard de la destinée, la conquête des apti-
tudes spéciales, des renommées diverses. On n'est pas
homme d'État parce qu'on est un grand avocat, comme
M. Berryer; un banquier opulent, comme M. Laffitte;
un manufacturier éminent, comme M. Cunin-Gridaine;
un vaillant soldat, comme le maréchal Soult. Là, il y
a des traditions qui se perpétuent, une science qui
s'apprend, des influences qui s'imposent, des préjugés
même qui s'invétèrent. L'aristocratie anglaise a, tout
à la fois, la fortune, la puissance sociale, la grandeur
morale, l'esprit du passé, l'instinct de l'avenir, le respect des usages et l'amour du progrès. Les jeunes lords,
élevés en grands seigneurs, sortant à peine des uni-
versités, où ils reçoivent une solide instruction, se préparent aux affaires publiques en se faisant hommes du

monde. Ils ne prennent pas de professions. Ils n'apprennent pas les choses spéciales que nous apprenons en France. La vie réelle, avec ses devoirs, ses entraînements, ses intérêts, ses passions, ses périls, les saisit, les entraîne, les façonne, les plonge dans le spleen ou les élève à la maturité, au bon sens, à la raison. En sorte que ceux qui ne se perdent pas à cette école dangereuse, où l'on connaît tout, deviennent très-vite des hommes d'État consommés, des orateurs distingués. Ils ont la science de la vie, la plus utile de toutes; ils ont le tact qu'elle seule peut développer, quand il est dans la nature; ils ont la décision, la tolérance, l'élévation, l'expérience même, et toutes ces supériorités que l'on ne possède jamais complétement qu'après avoir traversé le monde, et s'être instruit au contact de tout ce qu'il contient de bon ou de mauvais.

C'est ce qui est advenu au comte de Morny. Entré jeune dans la vie réelle, élevé dans un milieu aussi élégant que distingué, ayant en lui le sentiment de sa force, fier sans orgueil, confiant sans présomption, ambitieux sans égoïsme, fin sans rouerie, aimable sans légèreté, instruit sans prétention, ferme sans brusquerie, il avait tout ce qui est nécessaire pour réussir. Les plaisirs faciles l'avaient séduit d'abord, mais ne l'avaient ni entraîné ni enivré. Il en prenait la fleur d'une main légère et gracieuse, presque insouciante, en évitant toujours de laisser aux épines quelque chose de son cœur. Sa jeunesse eut ainsi plus de distractions que de passions. Recherché et admiré pour les agréments de sa personne, aimé pour les qualités

de son esprit, il s'abandonnait souvent et s'attachait
peu. Il n'y avait pas de chaînes pour lui, il n'y avait
que des succès. Cette vie de salons n'altérait en rien
la virilité de son caractère. Le soldat était caché sous
le dandy, l'homme d'affaires se formait dans l'homme
du monde; l'artiste s'instruisait, s'éclairait au goût,
aux instincts, aux habitudes du grand seigneur. Mêlé
à tout, touchant à des côtés opposés de la société, au
monde par le plaisir, à l'armée par son état, à la politique par ses relations et par une prédilection de son
esprit, aux intérêts par un certain sens net et sûr
des affaires, il se préparait sans effort, sans calcul,
sans ambition peut-être, aux destinées qui l'attendaient. Il se formait ainsi à la vie politique, non par une
aptitude spéciale, déterminée, en s'exerçant à la parole,
en approfondissant des systèmes ou des théories, mais
en passant successivement par la pratique de tous les
intérêts, de toutes les expériences, de toutes les
épreuves dont la vie sociale est le résumé et l'expression.

Mélange d'esprit militaire et d'élégance spirituelle
et fine, de positivisme et d'insouciance, de sens droit
et d'audace chevaleresque, de roideur anglaise et de
politesse française, de goûts sérieux et de goûts légers, d'homme d'affaires et d'artiste, tel était le jeune
comte de Morny à l'époque où il fit son apparition dans
les salons de Paris, c'est-à-dire à l'âge de vingt-sept
ans, lorsqu'il venait de quitter l'armée. Tel il est encore aujourd'hui. Seulement quelques traits de ce
caractère, trop saillants dans sa jeunesse, se sont mo-

difiés et corrigés plus tard, tandis que d'autres, effacés à cette époque, se sont développés depuis. La nature ne change pas ; elle a des aspects différents, dans sa forme morale comme dans sa forme physique, selon l'influence du temps. Mais le fond est invariable comme elle.

III.

Avant d'apprécier l'homme politique qui se révéla si vite et qui devait s'illustrer si jeune, il y a un côté curieux à étudier dans la vie de M. de Morny : c'est sa carrière militaire. Nous avons dit plus haut que le jeune officier ne s'était produit qu'à l'âge de vingt-sept ans, sur la scène du monde. Nous étions alors en 1838. Mais dès 1832, le comte de Morny sortait de l'école d'état-major, et entrait comme sous-lieutenant dans le 1er régiment de lanciers. A cette date de sa première jeunesse, le plaisir n'avait pas tellement d'empire sur lui qu'il ne songeât aussi aux choses sérieuses. L'homme d'État se révélait déjà dans le jeune officier chercheur et studieux. En garnison à Fontainebleau, ne pouvant trouver dans cette petite ville l'attrait du monde, il s'était laissé aller à l'attrait si noble du travail. Il lisait et s'instruisait, et il s'attachait de préférence aux choses les plus élevées, aux questions qui séduisent le moins l'imagination. Une femme d'autant de cœur que d'esprit, madame de Souza, qui avait pour lui l'amour et le dévouement d'une mère, était toute fière de voir dans celui qu'elle aimait comme un fils tant de grâce et de distinction alliées à tant de profondeur et de dis-

cernement; elle disait un jour à M. Sainte-Beuve, confi-
dent bien digne de ces aimables épanchements : « Vous
» voyez bien ce jeune homme dont l'avenir me préoc-
» cupe et m'intéresse ; quels livres croyez-vous qu'il
» choisisse pour ses lectures? Vous pensez qu'il lit des
» romans, des poésies légères, des mémoires agréa-
» bles, des contes de Voltaire? A tout cela, il préfère
» des livres de métaphysique, de théologie. Et savez-
» vous la raison qu'il m'en donne ? — J'étudie d'abord
» les livres de religion, dit-il, parce que je veux tout
» de suite couler à fond cette question-là. »

Mais il y avait quelque chose de plus irrésistible
chez le jeune officier du 1ᵉʳ lanciers que l'amour de la
science, c'était l'amour de la gloire. La bibliothèque
de Fontainebleau avait encore moins d'attraits pour lui
que le champ de bataille. A cette époque, nous étions
au début de cette guerre d'Afrique, qui devait donner
tant d'éclat à nos armes. Cette conquête, léguée par le
vieux roi Charles X à la France, qui brisait son trône
et proscrivait sa race, avait besoin d'être affermie et
complétée. Tout ce qu'il y avait de vivace dans l'armée était attiré par cette lutte. Là débutaient ces jeunes
et bouillants officiers qui devaient être plus tard de
grands généraux ; là s'exerçaient, se formaient ces soldats intrépides dont les exemples, les leçons, les habitudes ont préparé cette autre génération, plus jeune,
mais non plus ardente, qui vient de s'illustrer en
Orient. La guerre d'Afrique avait quelque chose de
nouveau, d'étrange, de hardi, de sauvage qui sédui-
sait la jeunesse française. Ce n'était ni la lenteur cal-

culée des siéges, ni la marche régulière d'une campagne sur le Rhin ou sur le Danube. C'était l'imprévu de la lutte, la surprise de l'embuscade, l'impétuosité de la charge, la course intrépide à travers les montagnes, les ravins et les torrents ; l'indépendance, en quelque sorte, dans la discipline et le devoir; l'inspiration du courage individuel hors des rangs, selon la nécessité du moment. Chaque combat, chaque danger était une occasion de gloire, non-seulement pour une armée, pour un régiment, pour une compagnie, mais pour un simple officier ou pour le dernier des soldats. Le jeune comte de Morny n'avait rien d'aventureux dans sa nature : calme et froid en apparence, toujours irréprochable de ton, de manières et de tenue, il ne semblait pas fait pour les fatigues de cette guerre de montagnes. En effet, tout cela ne le passionnait pas en apparence ; la fougue et l'ardeur lui manquaient peut-être. Avec sa haute distinction, sa politesse élégante, il eût été mieux placé sans doute à la bataille de Fontenoy qu'à l'expédition de Mascara. Une guerre de gentilshommes lui aurait mieux convenu qu'une guerre de partisans ; mais son courage l'emportait sur ses habitudes; il ne vit que des dangers à braver, de l'honneur à conquérir, et il obtint d'aller prendre sa part de cette lutte où il devait bientôt se distinguer.

Cette étude n'étant pas une biographie, nous ne suivrons pas M. de Morny en Afrique. Ce n'est pas l'officier que nous voulons étudier, mais l'homme politique. Qu'il nous suffise de dire que le jeune officier d'état-major fit preuve en toutes circonstances de cette intelligence nette et précise, de cette décision calme et intrépide que nous allons retrouver plus tard dans l'homme public. Ce qu'il y avait de remarquable surtout en lui, c'était la présence d'esprit alliée au mépris du danger. A Constantine, il eut le bonheur de sauver la vie au général Trézel, et l'honneur de recevoir quatre balles dans ses habits. Avec des qualités qui convenaient si bien au commandement, le comte de Morny devait nécessairement arriver aux plus hautes positions de l'armée. Mais il cherchait moins à s'élever qu'à se distinguer, et après avoir conquis en Afrique la réputation d'un officier plein de bravoure et de mérite, et la croix d'honneur, il rentra en France, donna sa démission, et revint à sa véritable vocation, qui était le monde, les affaires et la politique.

IV.

En 1838, la société française était profondément troublée. Déchirée par les partis, livrée aux théories les plus contraires, n'ayant ni principes pour la vivifier, ni autorité pour la protéger, ni frein, ni tradition pour la retenir, elle cherchait vainement sa route au milieu de ces luttes, de ces divisions : elle la cherchait sans la découvrir. La monarchie constitutionnelle, dans laquelle elle avait cru trouver la formule de ses besoins, de ses idées, de ses conquêtes, n'était qu'un orage permanent. Aux querelles de tribunes répondaient les querelles d'opinion et de partis. Aux insurrections de Paris, de Vendée et de

Lyon, succédaient d'horribles attentats, dont l'insuccès providentiel ne pouvait même ni décourager l'audace ni épuiser le fanatisme. La France vivait dans la fièvre, fièvre de révolution ou de spéculation : ceux-ci voulaient conquérir le pouvoir, ceux-là la fortune. Il n'y avait que des mécontents ou des ambitieux : libéralisme exagéré d'un côté, matérialisme effréné d'un autre, telle était la société de 1838.

Quel rôle prendre au sein de cette tourmente? Revenir d'Afrique à vingt-sept ans, avec une belle part de gloire, avec l'audace, la décision et la prudence que la guerre apprend; entrer dans un monde plus facile que scrupuleux, plus ambitieux de fortune que de grandeur; se sentir fort, actif, capable de choses difficiles et nobles; avoir son rôle à dessiner, son individualité à constituer, son avenir à assurer : cela était bien entraînant et bien périlleux tout à la fois. Qu'allait faire notre jeune officier? Il comprit d'abord, avec son sens si net et si sûr de la vie réelle, qu'à une époque positive comme celle-là, où les intérêts comptaient plus que les idées, il fallait donner à sa vie une base solide. C'était l'époque de sa plus brillante jeunesse. Les succès si enviés à cet âge s'offraient à lui, aussi nombreux, aussi charmants qu'il pouvait les désirer. Mais le soldat de Mascara et de Constantine aurait rougi de ses loisirs s'ils ne lui avaient servi qu'à devenir un héros de boudoir. Il se fit homme sérieux à un âge où tant d'autres n'auraient songé qu'à être un homme heureux. Il avait tenu garnison à Clermont, et il y avait formé d'étroites et bonnes amitiés. Ramené dans ce pays par ces souvenirs et ces solidarités, il devait y trouver la source de sa fortune personnelle et l'origine de son élévation politique.

C'est en Auvergne en effet que le comte de Morny trouva l'occasion d'essayer son esprit aux affaires industrielles, en y créant de grands établissements de sucre indigène. Cette industrie touchait à des intérêts très-graves; ses représentants, réunis en congrès à Paris au nombre de quatre cents, le choisirent pour leur président. Dès ce moment, son aptitude fut reconnue, et on sentit qu'il ne manquait qu'un théâtre à ce jeune homme pour devenir une des importances et des capacités du pays.

Le théâtre qui lui manquait lui fut bientôt donné. Les électeurs du collége de Clermont le nommèrent député aux élections de 1842. Encore bien jeune, le comte de Morny avait passé déjà par des situations diverses; il avait vu plusieurs des aspects de la vie; il s'était révélé avec des supériorités multiples, et qui d'ordinaire ne vont point ensemble : calme et courageux sur le champ de bataille, élégant et parfois frivole dans le monde, profond et instruit dans les conversations sérieuses, net, précis et positif dans les affaires. Quel meilleur apprentissage de la vie publique, qui après tout est bien plutôt la science de conduire les hommes que l'art de faire des discours!

V.

Avec cette pratique de la vie, cette expérience précoce du monde, le comte de Morny devait être nécessairement un homme d'autorité, mais il était aussi un homme de progrès. Conservateur par nature, progressiste par raison et par instinct, il comprit, dès son entrée à la chambre des députés, que le seul moyen pour le gouvernement de dominer l'opposition c'était de la devancer dans ce qui était utile et juste. Cette conviction fut la base de sa conduite. S'agit-il de la coupure des billets de banque, il lutte contre M. Thiers et M. Duchâtel, pour cette mesure où l'on voyait presque du socialisme à cette époque, et qui était tout simplement une mesure de bon sens et de nécessité. S'agit-il de la conversion des rentes, il traite la question en financier et en économiste. Il va plus loin que sa limite, et abordant dès cette époque, en 1845, un problème qui devait être bien remué plus tard, il s'exprime ainsi à propos de la liberté de l'industrie :

« Vous avez assisté dernièrement à la lutte des indus-
» tries. Les industries avancées demandent la liberté
» du commerce; les industries naissantes demandent
» des droits protecteurs. C'est au gouvernement qui
» plane au-dessus de ces intérêts à les contenir d'une
» main ferme, et à se rappeler qu'en économie poli-
» tique ce que l'on donne à l'un on le retire à l'autre.
» Mais il y a deux points sur lesquels vous les trou-
» verez toutes d'accord, deux points qui permettront à
» nos industries de lutter contre les industries simi-

21

» laires à l'étranger; c'est en diminuant les frais de
» transport et en diminuant le prix de l'argent. Notre
» infériorité industrielle et commerciale par rapport à
» l'Angleterre tient à ces deux causes plus qu'à l'infé-
» riorité de notre fabrication. »

Plus loin, dans le même discours, il aborde une
question qui était actuelle alors, et qui l'est encore,
car elle n'a pas été résolue : celle de la légalité des
marchés à terme. Écoutons sur ce point les inspirations
de M. de Morny : « Un sentiment moral très-respec-
» table nous a fait souvent désirer de nous appliquer
» la loi qui interdit les marchés à terme dans le but
» de détruire l'agiotage. A mon avis ce serait une
» grande faute. J'aimerais mieux qu'on les reconnût.
» Je crois qu'un gouvernement fait mieux d'autoriser
» ce qu'il tolère que de tolérer ce que la loi interdit.
» Mais enfin ce n'est pas la question à discuter aujour-
» d'hui, et si par un excès de moralité on voulait inter-
» dire les marchés à terme, on ferait, je le répète, une
» grande faute. Le marché à terme, c'est l'espérance,
» c'est le levier du crédit public; il s'interpose entre
» l'offre et l'achat du titre réel; il soulève le crédit;
» il joue en quelque sorte, si je puis emprunter une
» comparaison à la science, le rôle du volant dans la
» machine à vapeur, et s'interpose entre l'action et la
» réaction. » Est-il possible de parler avec plus de netteté, plus de force la langue des affaires que ne le fait
M. de Morny dans ce discours? il lui donne même
quelque chose de nerveux et de particulier qui, sans
nuire à sa clarté, en rehausse la noblesse.

Enfin, M. de Morny termine son discours par une opinion qui caractérise l'homme, car elle prouve qu'il apporte la même décision dans ses appréciations que dans
sa conduite : « Je considère pour ma part que le plus
» grave inconvénient en matière de finance, c'est l'in-
» certitude ; je pense que le ministère ne doit pas res-
» ter incertain dans cette question, et qu'il doit prendre
» un parti ; ou bien il doit en finir avec cette question
» devant cette chambre, ou chercher à vaincre les ré-
» pugnances connues des autres pouvoirs et en finir
» avec cette question à l'égard des rentiers. Pour ma
» part, je n'approuverai que l'une ou l'autre de ces
» deux conduites. » En effet, M. de Morny avait bien
hautement raison de demander au gouvernement de
cette époque de se décider, car c'est en ne décidant
rien que le gouvernement parlementaire a tout compromis.

VI.

Dans les questions politiques, M. le comte de Morny
était aussi net, aussi arrêté que dans les questions de
finance. Il n'admettait pas d'équivoque. Il ne transi-
geait pas avec ce que son bon sens et son patriotisme
repoussaient. Bien jeune encore, tout nouveau venu dans
les rangs de la majorité, ayant moins manié la parole
que l'épée, il n'éprouve aucun embarras à dire sa
conviction, même quand elle peut froisser. Sans avoir
ni l'habitude de la discussion, ni l'expérience d'un orateur, il a la hardiesse de la vérité quand il la croit bonne
à dire ; mais il la dit avec une mesure parfaite, un

21.

tact exquis, et de manière à ne pas froisser l'amour-
propre, même quand il s'attaque de front à des droits
que l'on exagère, à des prérogatives dont on abuse :
ainsi, par exemple, dans la session de 1845, à propos
des fonds secrets, il se détourne un moment d'une
discussion très-lumineuse sur la politique étrangère,
et il place cette observation : « Dussé-je déplaire à la
» chambre, qu'elle me permette de lui faire part d'une
» impression que j'ai reçue depuis que je fais partie
» de cette assemblée. Je déplore et je regarde comme
» un malheur que tous les efforts des oppositions por-
» tent sur les relations extérieures. Je déplore qu'on
» oblige sans cesse le ministère à apporter à cette tri-
» bune et à livrer ainsi à la publicité toutes les pièces
» diplomatiques. Dieu me garde de vouloir porter at-
» teinte à une seule des prérogatives de la chambre !
» mais je puis lui dire qu'il vaudrait mieux être sobre
» de ces discussions et de ces communications. Com-
» ment voulez-vous traiter à l'aise avec un pays jaloux
» de ses propres intérêts, si la négociation se com-
» mande et se dirige d'ici? Comment voulez-vous con-
» server longtemps le bénéfice d'un succès diploma-
» tique, si vous venez l'exalter à cette tribune, de façon
» qu'il soit reporté par la presse à l'endroit d'où il est
» parti, et qu'il retourne, sous forme d'humiliation,
» au gouvernement sur lequel il a été obtenu? On dit :
» L'Angleterre le fait bien? Vous avez eu la preuve du
» contraire dans la modération du langage de tous les
» membres du cabinet. Songez donc que les affaires
» exigent, avant tout, de la réserve et de la discrétion.

» Si un parti ou un ministre étranger vous est favorable,
» pour Dieu, gardez-vous de trop vous en vanter ; car
» vous le rendrez suspect dans son propre pays. Pour
» ma part j'ai été, en entrant dans cette chambre, for-
» tement frappé du sentiment que j'exprime ici. Je
» crois que ce système vous conduira inévitablement
» à l'un de ces deux résultats : ou de rendre toute di-
» plomatie impossible, ou d'en créer deux : une offi-
» cielle qu'on vous montrera, une secrète qu'on vous
» dérobera ; ce serait encore pis. Ne faites pas qu'on
» soit obligé de vous tromper un peu, on vous trom-
» pera beaucoup ; les cabinets étrangers, qui sau-
» ront le fond des choses, prendront en pitié la comé-
» die qu'on jouera devant vous, et la chambre y perdra
» de sa considération. Croyez-moi, la réserve et la dis-
» crétion sont plus dignes. Remarquez que notre diplo-
» matie se trouve en rivalité continuelle avec les di-
» plomaties russe, autrichienne et anglaise, que toutes
» sont mieux rétribuées que la nôtre et plus assurées
» des secrets de leurs actes. La chambre me pardon-
» nera, j'espère, ma franchise en cette matière. »

On peut dire sans aucune exagération qu'il y a plus
d'esprit politique dans cette simple réserve que dans
les plus brillantes dissertations de certains orateurs
sur des questions qu'ils ne soulevaient souvent que
pour les compromettre. Par ces sages observations,
M. le comte de Morny prouvait qu'il comprenait le régime parlementaire comme il est compris dans les
pays où il est le mieux pratiqué, en Angleterre, par
exemple. Jamais les orateurs anglais n'interviennent

dans une affaire pendante et ne mêlent les discussions
de tribunes aux négociations diplomatiques. De leur
part, cette habitude n'est pas un sacrifice de leur prérogative, mais une inspiration de leur patriotisme.
L'opposition n'en a pas moins de force ; mais elle a certainement plus de dignité. M. de Morny, ayant à cette
époque plutôt l'instinct que l'expérience des choses du
gouvernement, avait été choqué d'un abus qui tenait
bien plus aux habitudes révolutionnaires qu'à l'indépendance parlementaire, et au milieu de cette assemblée composée en grande partie d'avocats, plus exer-
cés à la parole qu'à la politique, il semblait dire une
chose nouvelle et hardie en disant tout simplement une
chose convenable et sensée. Mais le jeune député d'Auvergne se trompait de lieu ; il croyait être à Westminster,
dans le palais de la chambre des lords, et il était au
palais Bourbon , dans une chambre où la passion de
l'éloquence entraînait et égarait presque toujours l'esprit politique. Il croyait parler à des hommes d'État ;
hélas ! il ne parlait qu'à des tribuns.

VII.

Il est nécessaire de jeter ici un rapide coup d'œil
sur la situation du parti conservateur dans les dernières années de la monarchie constitutionnelle. En
1841, M. Guizot, succédant à un ministère qui avait
agité le pays avec des images de guerre et des souvenirs de révolution , se donnait la noble mission de raffermir le sol ébranlé sous les pieds d'une royauté po-

pulaire à laquelle manquait la consécration du temps. Assurer la paix du monde en renouant les alliances européennes qui auraient rendu à la France son rang, sa force, sa puissance d'initiative et d'action ; consolider l'ordre en fortifiant les institutions ; substituer les intérêts sociaux aux passions révolutionnaires ; introduire graduellement, sans secousse et sans crise, les perfectionnements nécessaires ; réaliser les progrès en repoussant les chimères et les utopies ; enlever aux partis pour se les approprier les idées justes et ne leur laisser que les idées fausses ; augmenter la prospérité de l'État en réduisant les impôts qui se prélèvent sur la vie du peuple, sur les besoins moraux et intellectuels de la société, comme l'impôt du sel et le tarif postal ; honorer, protéger le travail, organiser l'assistance, encourager l'agriculture ; en un mot, accepter tout ce qui était nécessaire afin de résister à tout ce qui était dangereux : voilà quel devait être le programme du parti conservateur lorsqu'il arrivait au pouvoir avec la haute et noble personnalité de M. Guizot.

Hélas, l'histoire dira qu'il n'en fut point ainsi. A l'intérieur comme à l'extérieur la politique conservatrice se signala par la même indécision, par la même absence de vues larges et nationales. Au lieu d'élever, de diriger l'esprit de la classe moyenne dont elle était l'expression, elle se laissa inspirer et conduire par elle. En sorte que, comme le remarquait M. de Lamartine à cette époque, cette classe puissante à laquelle le gouvernement de Louis-Philippe appartenait par les

lois électorales et par les fonctions publiques était
persuadée qu'elle avait tout à perdre à des innovations
qui auraient fait participer de plus grandes masses de
droits, de lumière, de travail, d'intérêts, à l'organisation du pouvoir public. Erreur profonde qui perdit la
monarchie de 1830 et qui fut comprise, même avant
la révolution de 1848, par des hommes cependant
bien dévoués au parti conservateur, en tête desquels
nous sommes heureux d'avoir à placer le comte de
Morny!

On se souvient du dissentiment grave qui, dans la
session de 1846, éclata dans les rangs de la majorité
ministérielle. M. Desmousseaux de Givré, qui était un
homme de sens et d'esprit, avait donné un avertisse-
ment bien juste au pouvoir qui dormait alors. Personne
n'a oublié cette incisive apostrophe qui caractérisait si
bien la politique conservatrice : « Que fait-on? Qu'a-
» t-on fait? Que veut-on faire? Rien! toujours rien!
» rien sous toutes les formes! » Hélas! le mot de M. Desmousseaux de Givré était sanglant, mais il était vrai.

En effet, rien, rien, rien, c'était bien là toute la politique du parti conservateur; c'était la seule réponse
du ministère à tous les projets de réforme politique,
administrative et économique, dont il laissait échapper l'initiative, pour l'abandonner aux partis, qui
allaient bientôt s'en servir comme d'une arme de révolution. Conversion des rentes, réduction de l'impôt du
sel, réforme postale, réforme électorale et parlementaire, colonisation d'Afrique, liberté d'enseignement,
rien, toujours rien! Tout était donc parfait dans les

lois, dans les institutions, dans l'administration, et il semblait que la France n'eût plus qu'à dormir pendant cent ans, comme cette belle princesse qui, après un sommeil d'un siècle, se réveillait toujours aussi jeune, aussi jolie, dans son palais où tout avait dormi comme elle !

Mais pendant que les gouvernements sommeillent, les nations vivent et agissent. Le besoin incessant d'activité, de progrès, est la loi de Dieu dans l'ordre politique comme dans l'ordre physique. Les gouvernements qui ne le secondent pas sont des instruments inutiles, qui manquent à leurs fonctions et dont l'heure est marquée. Les hommes qui sentent en eux la force et l'espérance de la vie ne sauraient s'attacher à ce qui est impuissant et stérile. Aussi, en 1847 comme en 1829, vîmes-nous des conservateurs qui cessèrent d'être ministériels. A ces deux époques, ce divorce qui aurait dû éclairer ne servit qu'à irriter. Les conservateurs progressistes qui se séparèrent de M. Guizot furent considérés comme des transfuges, aussi bien que l'avaient été, vingt ans plus tôt, les royalistes constitutionnels qui s'étaient séparés de M. de Polignac.

En 1847, M. le comte de Morny était à la tête de ce groupe d'hommes nouveaux qui dans la chambre croyaient la monarchie compromise par cette résistance aveugle, et qui auraient voulu l'attirer dans d'autres voies. La tentative était au moins noble et généreuse. Elle ne réussit pas ; mais l'honneur en reste aux noms qui s'y sont associés. Qui peut dire ce qui serait arrivé si, au lieu de s'entêter à cette politique de

négation et de résistance, M. Guizot, avec sa haute
autorité d'homme d'État et son admirable talent d'orateur, avait loyalement adopté quelques-unes des idées
qu'il crut utile de combattre à outrance? Qui sait si un
sang plus jeune, infusé à cette monarchie qui, à
cause même de son origine et de son principe, ne pouvait vivre que par l'action et le progrès, ne lui aurait
pas assuré de longues années d'existence? C'était la
pensée du comte de Morny, et il la consigna dans un travail remarquable, que la *Revue des Deux-Mondes* avait
publié au mois de janvier 1848, et dans lequel on lisait
ces lignes prophétiques :

« A mes yeux, la situation politique est plus grave
» et plus difficile qu'elle ne l'a été depuis longtemps.
» Du calme le plus parfait, le monde semble passer su-
» bitement à de grandes agitations. D'où viennent ces
» fièvres qui saisissent les peuples à certaines époques?
» Accusent-elles un besoin réel et moral, ou sont-elles
» causées par une surexcitation physique passagère?
» Je ne me charge pas de l'expliquer. Mais en vérité,
» quand on voit qu'à aucune autre époque connue de
» l'histoire il n'y a eu dans le monde moins de barba-
» rie, moins de préjugés, plus de bon sens, plus de
» science, plus de bien-être ; quand toutes les questions
» philosophiques sont épuisées, lorsque tout le monde
» a pu apprécier les bienfaits d'une paix de trente
» années, quand chacun a pu juger que l'ordre est le
» seul chemin qui conduise à une liberté durable,
» on se demande si les sociétés sacrifieraient tous ces
» avantages à un moment de délire; on se demande

» si elles resteraient sourdes à la voix de la raison et
» de leur intérêt. Aujourd'hui l'absolutisme et le radi-
» calisme sont aux prises en Europe ; le communisme
» mine sourdement la base des sociétés et des gouver-
» nements. Des concessions modérées, des réformes
» intelligentes, une étude consciencieuse des questions
» financières et sociales, le zèle pieux des classes
» riches en faveur des classes pauvres, en même temps
» qu'une résistance courageuse aux factions, empêche-
» ront-ils les maux qui nous menacent? voilà la véri-
» table question ! »

Et plus loin, dans le même article, l'écrivain s'élevant à une pénétration bien remarquable, s'écriait avec
une conviction trop vite confirmée par l'évidence :
« Une révolution ne s'accomplirait pas au profit d'une
» opinion, elle s'accomplirait au profit du commu-
» nisme ! » Cette prédiction n'a été que trop près de
se réaliser. Elle se serait réalisée le 24 février, sans le
courage de M. de Lamartine, qui abattit le drapeau
rouge. Elle se serait réalisée en 1852, sans le coup
d'État qui dispersa la démagogie. S'il n'y avait pas eu
un sublime poëte pour endormir la terreur, et un Napoléon pour la vaincre, la république tournait au communisme, ainsi que le prévoyait le comte de Morny
avant même qu'il fût possible d'entrevoir son avénement.

C'est dans ce rôle de conservateur progressiste, dans
la conduite, les discours et les écrits qui le caractéri-
sent, que se dessine la personnalité politique du
comte de Morny. Homme d'ordre et de progrès, d'au-

torité et de modération, aussi ferme dans la résistance,
quand elle est raisonnable, que facile aux concessions quand elles sont nécessaires; n'ayant rien d'absolu, ni de tranchant, même dans sa décision, faisant la part des choses et des hommes, transigeant à
temps pour ne pas céder trop tard, tel est le fond de
sa nature et de sa conduite, qui n'est après tout que
le résultat de l'étude profonde qu'il a faite de la vie
réelle et du cœur humain. Il y a des esprits forts qui
prennent cela pour du scepticisme, ce n'est tout simplement que de la sagesse et du bon sens.

VIII.

Nous avons montré le comte de Morny avec les goûts
et les habitudes de son éducation et de sa jeunesse;
nous l'avons suivi dans les camps; nous l'avons étudié
dans les applications sérieuses des facultés de son esprit à l'industrie, à la politique; nous avons successivement examiné l'orateur et l'écrivain. Nous allons le
retrouver maintenant dans un rôle autrement plus important : l'homme d'action va se dessiner. M. de Morny
avait suivi avec une profonde attention toutes les phases de la situation depuis l'élection du 10 décembre.
Ses antécédents parlementaires, ses lumières, sa courtoisie, son autorité, qui s'imposent par la grâce autant
que par la supériorité, le rendaient merveilleusement
apte à servir d'intermédiaire entre le président de la
république et les chefs de la majorité. Il représentait
le bonapartisme politique, entre les orléanistes qui

l'aimaient et les légitimistes qui le recherchaient. Il s'était employé à faciliter les rapprochements. Il était au milieu des rangs ennemis un ambassadeur de conciliation et de paix. Mais quand il reconnut que tout était inutile, et qu'il trouva devant lui les mêmes coalitions aveugles et ardentes qu'il avait combattues naguère avec le patriotisme d'un véritable homme d'État, l'ambassadeur se fit soldat, et il fut le premier à conseiller de combattre après avoir vainement essayé de négocier une fusion des éléments divers dont se composait le parti de l'ordre, fusion qui seule pouvait le rendre invincible au socialisme.

Le comte de Morny, qui vivait d'ailleurs aussi près que possible du président de la république, dans l'intimité de ses sentiments et de ses conseils, était donc désigné à tous les titres comme le principal acteur du grand drame qui se préparait. Le coup d'État, ses causes, son but, ses résultats, ont été étudiés d'une manière générale dans une autre partie de ce livre. Nous n'avons pas à y revenir. Nous voulons seulement caractériser le rôle du comte de Morny dans ce grand événement.

Ce rôle fut celui d'un homme qui se donne tout entier à ce qu'il croit juste et nécessaire. M. de Morny est naturellement mesuré et prudent; mais il comprit que dans cette circonstance suprême, la meilleure prudence c'était l'audace. Loin de craindre la responsabilité, il la chercha. Ainsi, à lui seul, il résume toute l'action du pouvoir à l'intérieur. Secondé par M. de Maupas, préfet de police, qui avait toute la confiance

du président de la république, et qui sut la justifier,
il eut à prendre en quelques heures l'ensemble le
plus formidable de mesures exceptionnelles pour prévenir ou vaincre les résistances qui pouvaient tout
compromettre. Sa prévoyance combina tout, et sa confiance était si grande, qu'il n'eut pas un instant de
doute et d'hésitation. Il se jetait dans cette entreprise
sous l'influence d'un double sentiment : un dévouement personnel sans limite à Louis-Napoléon, et la
conviction que cette cause était liée à celle du salut
social.

Aussi le poids de la responsabilité qu'il acceptait
n'avait altéré en rien la sérénité de son caractère, l'affabilité de ses manières. On a retenu de lui un mot
charmant, jeté avec une spirituelle insouciance, dans
une causerie de l'Opéra-Comique, où il assistait, le
soir du 1er décembre, à une première représentation.
Ce mot mérite d'être historique, et il le sera. Une
femme élégante, qui était dans une loge voisine, se
pencha vers lui en disant : « On assure qu'on va ba-
layer la chambre ; que ferez-vous, monsieur de Morny?
— Madame, s'il y a un coup de balai, je tâcherai de
me mettre du côté du manche. »

Le succès du coup d'État put sembler un instant
compromis. C'est au moment où plus de deux cents
députés se réunirent sous la présidence de M. Benoît
d'Azy à la mairie du dixième arrondissement. Si ce
centre de résistance légale avait pu s'organiser et
rayonner sur les quartiers insurrectionnels, tout était
perdu. Le ministre de la guerre avait refusé de signer

l'ordre de disperser ou d'arrêter cette réunion de représentants. La responsabilité était pénible, délicate ; M. de Morny n'hésita pas ; aussi modéré que personne, il comprit qu'en pareil cas, c'est la décision prompte, énergique, inflexible, qui était commandée. Il signa donc, et en signant cet ordre, non-seulement il prit une mesure d'une haute importance, au point de vue du succès du coup d'État, mais encore il contribua à prévenir une lutte, à épargner le sang français.

Cette fermeté de résolution que les circonstances rendaient indispensable était tempérée d'ailleurs, par la courtoisie la plus exquise. M. de Morny, ministre du coup d'État, jouant sa vie, ne reculant devant aucune responsabilité, restait, jusque dans ces extrémités, gentilhomme et grand seigneur. À côté d'une mesure inflexible, il savait placer le procédé le plus délicat. Il restait aimable et poli, même en se montrant menaçant. Aussi, parmi ceux qu'il fut obligé de traiter en adversaires, ce jour-là, en est-il peu qui soient devenus ses ennemis.

La confiance que montrait M. de Morny au ministère de l'intérieur répondait d'ailleurs au calme dont le président de la république ne s'était pas départi une seule minute pendant cette crise suprême de sa destinée. Quand tout Paris était en proie à de si grandes agitations, quand tout le monde hésitait entre la crainte d'une dictature et l'horreur de l'anarchie, le ministre, aussi résolu que le chef, était aussi tranquille que lui. Il y avait entre ces deux âmes comme une relation de sentiments, d'impressions et de devoirs. L'une reflétait l'autre. Elles se communiquaient sans se parler. Elles s'entendaient sans se concerter. Dans la journée du 2 décembre, M. de Morny vint à l'Élysée. Il y vint avec la sécurité qu'il était certain lui-même d'y trouver. Le prince était peu entouré. Quelques amis éprouvés, son oncle, le roi Jérôme, aussi dévoué que résolu, sa cousine, madame la princesse Mathilde, dont l'âme si noble répond si bien à la dignité de son rang, l'avaient à peu près seuls visité à ce moment critique. Mais le vide ne pouvait ni effrayer ni étonner le prince et ses vaillants auxiliaires. Quand M. de Morny entra, Louis-Napoléon ne lui montra aucune inquiétude. Il ne lui adressa aucune félicitation : il l'embrassa. Seule récompense digne de celui qui la donnait et de celui qui la recevait !

M. de Morny n'a occupé le ministère de l'intérieur que comme un poste de combat. Il y a passé comme un général passe sur un champ de bataille. La victoire assurée, il lui aurait peu convenu sans doute d'assujettir l'indépendance d'une grande existence aux obligations régulières du pouvoir. Mais une circonstance grave décida sa retraite avant l'heure. Les décrets du 23 janvier venaient de paraître. M. de Morny ne les approuvait pas. Il se retira avec deux de ses collègues, M. Fould et M. Rouher, qui partageant ses scrupules, n'hésitèrent pas à sacrifier leur portefeuille à leur conviction.

IX.

Cette retraite, qui entraîna également celle de M. Magne, privait le nouveau pouvoir, à son début, d'hommes importants, dont les noms, quoique nouveaux aussi, avaient cependant acquis déjà la notoriété de grands services rendus au pays. M. Rouher, arrivé tout jeune à la tête de l'administration de la justice, s'était élevé rapidement à la hauteur de cette responsabilité. Son talent, son courage avaient justifié sa fortune. M. Magne avait la réputation d'un esprit pratique et solide. M. Fould avait donné patriotiquement la garantie de son nom au crédit public, dans un moment où le ministère des finances pouvait être le vestibule du donjon de Vincennes. La présence de M. Fould aux affaires, à l'heure de cette crise, avait beaucoup contribué à imprimer à la rente le mouvement ascensionnel dont le contre-coup, si heureusement ressenti en province, releva partout la confiance prête à défaillir, découragea la démagogie, et, en définitive, rassura l'Europe.

L'empereur des Français, appréciant la valeur de ces hommes, ne s'est souvenu que de leurs services, et les a tous rappelés aux affaires. Il a confié précisément le portefeuille le plus intime à sa personne, à M. Fould, qui est aujourd'hui ministre d'État. Les rapports incessants de ce ministère avec l'empereur demandent des qualités d'un ordre supérieur vis-à-vis d'un souverain du caractère et de la nature de Napoléon III : c'est par l'activité, par la précision, par la modération et par l'indépendance qu'un ministre d'État peut s'élever à la confiance et à l'estime dont il a honoré M. Fould. A cette tâche délicate, un courtisan aurait certainement échoué. Il fallait le dévouement éclairé, le tact, l'expérience et l'autorité d'un homme politique.

X.

Un acte important marqua le ministère de M. de Morny : c'est le manifeste dans lequel il faisait connaître la ligne de conduite que le gouvernement entendait tenir dans les élections. Ce manifeste exposait toute une politique où les idées les plus élevées sur le caractère du suffrage universel, sur le respect de la conscience publique, sur la puissance souveraine de l'opinion, se mêlaient aux vérités pratiques les plus appréciables sur les devoirs de l'administration à tous les degrés.

Il faut bien le dire ici, ce langage si ferme, si digne et si net, parut hardi en France, presque anormal. Il démentait nos habitudes, nos mœurs politiques, nos préjugés les plus invétérés. Le pouvoir avait été pendant de longues années une sorte de domaine aux enchères de l'intrigue et de l'ambition. Attaqué de toutes parts, comme un ennemi, par les partis ligués contre lui, le pouvoir en était réduit à ruser pour se défendre. N'ayant pas de force d'opinion qui lui fût propre, il cherchait des forces factices dans des majorités mobiles et incertaines. Dominé par les brigues électorales et par les brigues parlementaires, il n'avait que l'alternative de tout livrer ou de tout exposer. S'il capitulait, il se dégradait. S'il résistait, il se perdait. Ainsi, par la corruption ou par la violence, on arrivait fatalement à une révolution.

C'est à cette situation si dangereuse qu'il s'agissait de remédier. Comment y arriver? M. de Morny posa résolûment les principes, en indiqua les applications et les conséquences avec cette raison froide et ferme que donne seule la conviction. Le rôle du nouveau gouvernement, selon lui, n'était ni de fausser, ni de corrompre, ni de surprendre, ni d'intimider l'opinion; mais son devoir était de la diriger. Le jeune ministre s'emparant de cette thèse, s'élevait à toute la hauteur d'un grand esprit politique quand il disait : « Avec le suffrage universel il n'y a qu'un ressort pressant, immense, qu'aucune main humaine ne peut comprimer ni détourner du courant qui le dirige : c'est l'opinion publique, ce sentiment imperceptible, indéfinissable, qui abandonne ou accompagne les gouvernements sans qu'ils puissent s'en rendre compte, mais rarement à tort. Rien ne lui échappe, rien ne lui est indifférent; elle n'apprécie pas seulement les actes, elle devine les tendances; elle n'oublie rien, elle ne pardonne rien parce qu'elle n'a et ne peut avoir qu'un mobile, l'intérêt égoïste de chacun; elle est sensible à tout, depuis la grande politique qui émane du chef du gouvernement jusqu'aux moindres procédés des administrations locales..... »

Cette solide et belle définition de l'opinion n'était pas seulement une leçon de haute politique : elle était

surtout une leçon de politique pratique pour tout le
monde dans le gouvernement, depuis le ministre qui
la donnait jusqu'au dernier des employés auxquels les
préfets avaient à la transmettre. Rien de plus vrai en
effet que cette influence des procédés administratifs
sur l'esprit public. Cela est vrai surtout dans un pays
comme la France, pays sensible jusqu'à l'excès, et dont
la nature facile, généreuse et délicate subit toutes les
influences extérieures et reproduit jusque dans ses in-
constances et dans ses mobilités les impressions diverses
qu'elle reçoit. Il en résulte que l'on peut dire que si
l'opinion fait les gouvernements, les gouvernements à
leur tour font l'opinion pour les soutenir ou pour les
détruire.

Chose remarquable! cette circulaire a été écrite sur
la même table où M. Ledru-Rollin rédigea celle qui fut
si fatale à la République et si répulsive au pays. L'une
était un programme de révolution; l'autre était un
programme de gouvernement. La première menaçait
l'opinion pour l'asservir; la seconde la respectait pour
la concilier. Entre ces deux actes il y a la même différence qu'entre les deux époques dont ils sont la date.
En 1848, la révolution mal comprise, et détournée de
son but par le socialisme brutal, a eu le malheur de
tout ébranler. En 1852, le gouvernement fondé sur le
droit, et ramené à des conditions puissantes d'autorité,
a eu l'honneur de tout réparer.

XI.

Si M. de Morny n'avait été qu'un ambitieux, il aurait pu trouver dans sa retraite une popularité d'opposition et devenir peut-être un chef de parti. Il y avait dans le pays des ressentiments, des passions prêts à l'accueillir et à l'adopter; on lui aurait même pardonné d'avoir fait le Deux décembre pour l'honneur de la démission qu'il avait donnée le 23 janvier Mais on s'était trompé sur le mobile auquel avait obéi M. de Morny. En quittant le ministère de l'intérieur, il ne se séparait pas du gouvernement qu'il avait contribué à fonder. Simple député, il donna en toute occasion l'exemple de l'esprit le plus gouvernemental. Une ou deux fois, au sein du corps législatif, il crut apercevoir une tendance d'opposition, et ce fut lui qui, par l'autorité de sa parole, écarta ces malentendus et fit acclamer le principe d'autorité, dont il lui appartenait à tant de titres de relever le drapeau après l'avoir si noblement défendu.

Autrefois, il n'en était pas ainsi. Un ministre sorti du pouvoir comme en était sorti M. de Morny, le 23 janvier, aurait boudé tout au moins, s'il n'avait pas pris une attitude hostile; mais il n'y a que les médiocrités qui boudent, et il n'y a que les ambitions qui se révoltent. Homme d'État par sa nature et par son esprit, M. de Morny n'a pas cru qu'il n'eût plus de devoirs parce qu'il n'avait plus de puissance officielle, et il est resté dévoué au prince et au pays après comme avant. Noble exemple bien rare en France, mais heureusement assez commun en Angleterre où l'indépendance, le patriotisme et la dignité sont de tradition dans l'aristocratie qui la gouverne.

XII.

Nous ne suivrons pas M. de Morny dans les dignités et les hautes responsabilités auxquelles l'a élevé la confiance de son souverain. Cela ne serait pas du ressort de cette étude. Nous avons voulu simplement apprécier l'homme politique, expliquer son caractère, analyser les causes de sa supériorité. Nous n'avons point à faire cortége à l'ambassadeur extraordinaire de S. M. l'empereur des Français à Saint-Pétersbourg. Ce serait changer un acte d'impartialité historique en acte de déférence officielle. Ce n'est pas notre rôle. Arrêtons-nous donc ici. Nous en avons dit assez pour faire comprendre ce que le pays peut attendre d'une volonté aussi ferme, d'un patriotisme aussi noble, d'une intelligence aussi droite. Nous ne craignons pas d'ailleurs d'être démenti par l'avenir en affirmant qu'il n'est pas de devoir si haut qui soit au-dessus de son dévouement !

L'empereur le sait, et le pays s'associera de plus en plus à cette confiance du souverain en apprenant à connaître l'homme qui a eu l'honneur de l'inspirer. Il n'est personne qui n'ait tressailli au noble langage tenu par M. de Morny, comme président du corps législatif, à l'occasion de la naissance du prince impérial. Ce discours est plus qu'une harangue officielle : c'est une page éloquente d'histoire et de philosophie politique. On y trouve tout à la fois l'homme d'État et l'homme de cœur. Cette étude serait incomplète si nous ne l'y placions pas. M. de Morny s'exprimait ainsi : « Sire, le Ciel a béni votre union ; à l'aube d'un saint anniversaire, l'impératrice a donné à votre affection un fils, à la France un futur empereur. Si cet événement a causé une joie universelle, ce n'est pas seulement parce que, plein de reconnaissance et d'attachement pour vous, le pays prend part à votre bonheur, c'est encore parce qu'il accueille cet enfant comme un gage de sécurité et d'avenir.

» A d'autres époques, de semblables espérances ont été conçues et n'ont pas été réalisées ; pourquoi celles auxquelles nous nous livrons aujourd'hui avec tant d'effusion nous inspirent-elles une si grande confiance ? C'est que les deux dangers qui ont renversé les trônes, la révolution à l'intérieur et la coalition à l'étranger, vous, Sire, vous les avez conjurés : la révolution, vous l'avez vaincue par la force, distraite par le travail, calmée par la clémence ; l'étranger, vous l'avez réconcilié avec la France, parce que vos armées ne se sont couvertes de gloire que pour le maintien de la justice et du bon droit, et que vous avez su grandir la France sans humilier l'Europe.

» Ainsi, lorsque tout Français vous doit le repos de sa famille, l'avenir de ses enfants et, par-dessus tout, le droit d'être fier de sa nationalité, vous comprendrez, Sire, qu'il fasse bon accueil à ce jeune prince, et qu'il fonde tant d'espérances sur la tête d'un enfant.

» Je viens donc, Sire, au nom du corps législatif, complimenter Votre Majesté, la prier de mettre aux pieds de l'impératrice nos félicitations, nos vœux pour son prompt rétablissement, et enfin renouveler sur ce berceau les serments de fidélité et de dévouement que nous vous avons prêtés, et que nous tiendrons jusqu'à notre dernier jour. »

XIII.

Il y a un revers à cette effigie, et comme nous faisons un portrait, et non un panégyrique, nous avons le devoir de rendre visibles jusqu'aux nuances du caractère que nous étudions. Sans doute le comte de Morny aime la vie politique dans ce qu'elle a de grandiose et d'élevé; mais peut-être l'indépendance de ses goûts et de ses idées répugne-t-elle à quelques-unes des obligations qu'elle impose. Il ne sait pas se plier à ce qui le gêne et le contraint. Ces mille rapports qui en sont le côté banal, si l'on veut, mais néanmoins très-important, l'ennuient et le fatiguent, et pour s'en affranchir il serait disposé peut-être à renoncer aux honneurs qui en font la nécessité de la vie officielle.

Ces dispositions tiennent, selon nous, à un peu d'excès de personnalité, et aussi à une appréciation inexacte des conditions de notre état social. M. le comte de Morny, qui appartient à l'école anglaise, comme nous le disions au commencement de cette étude, ne se rend pas assez compte de la différence profonde qui existe entre les deux pays et les deux sociétés. En Angleterre, il y a une aristocratie traditionnelle, puissante, éclairée, riche, qui a son importance propre, qui est la tête de la nation et du gouvernement. Là, il n'est pas nécessaire d'avoir un haut emploi pour compter ; la vie politique n'est que l'accessoire de la vie sociale ; la fonction est effacée par la situation ; par cela seul qu'on est grand seigneur, on a l'influence, l'autorité, le prestige.

En France, la révolution de 1789 a créé d'autres conditions et d'autres mœurs. Il n'y a plus d'aristocratie ; ce qui en reste n'est que l'illustration des souvenirs dans des familles qui en sont justement fières. Mais l'aristocratie française n'a plus de privilége ni de prépondérance sociale. Quand un nom qui se rattache à elle surgit et s'élève à la renommée, ce n'est pas seulement parce qu'il rappelle le passé, c'est, avant tout, parce qu'il représente le talent ou le courage. Aussi, chez nous, la fonction est-elle le complément de la situation. C'est ce qui explique pourquoi les honneurs politiques sont si recherchés en France, pourquoi, par exemple, au sein des dernières assemblées de la république, nous avons vu le duc de Broglie, le comte Molé, le comte de Saint-Priest, le duc de Luynes, et même le fils d'un roi, le prince Murat, venir siéger à côté de simples ouvriers.

Dans notre pays, on ne compte plus, ou l'on compte peu, dès que l'on est en dehors de la vie politique. C'est pour cela qu'il ne faut pas la dédaigner, et que, pour s'élever à la renommée qu'elle donne, aux responsabilités qu'elle impose, il ne faut pas craindre d'accepter les contraintes qu'elle entraîne.

M. de Morny a trop de tact, d'esprit pratique et de patriotisme pour ne pas comprendre cette situation et pour ne pas l'accepter résolûment. Nous disons très-sincèrement qu'il manquerait à son pays et à lui-même, en renonçant à la haute influence que lui donne le rang qu'il occupe dans l'État et que ne lui donnerait pas celui qu'il occuperait dans la société, quelque élevé qu'on le suppose. Il est donc engagé dans la vie politique ; il n'a pas le droit de s'en dégager. Nous espérons qu'il en juge ainsi. La résolution qu'il vient de prendre de se retirer de toutes les affaires industrielles auxquelles il était mêlé, nous permet de penser qu'il n'a voulu recouvrer son indépendance que pour se consacrer tout entier à son pays et à son souverain. Nous devons dire d'ailleurs, à ce propos, que cette résolution nous paraît tout à fait d'accord avec la dignité d'un homme d'État. Ce n'est pas que, selon nous, l'aristocratie ternisse son blason en touchant à l'industrie. Toutes les formes du travail, toutes les manifestations de l'intelligence, sont, à nos yeux, quelque chose de noble et d'éminemment social. L'individu y gagne, la société en profite. Les ouvriers dans leurs ateliers, les cultivateurs à leurs charrues, les fabricants dans leurs manufactures, les industriels, les capitalistes qui se servent de l'esprit d'association dans un but honorable, concourent à l'œuvre de civilisation, comme le soldat qui verse son sang, comme l'écrivain qui épuise sa pensée. Ainsi, point de préjugés et de faux orgueil ! M. le comte de Morny, gentilhomme élégant, officier brillant, député, ancien ministre même,

s'est intéressé à des affaires sérieuses ; il y a engagé
son nom ; rien de mieux. Mais il se serait amoindri en
restant dans de tels liens ; maintenant qu'il en est dégagé, il gagnera beaucoup en importance et en autorité morale. Gouverner, c'est se dévouer ! C'est là une
vérité de tous les temps et de tous les régimes, et
que nous retrouvons dans ces belles paroles du cardinal de Richelieu au roi Louis XIII : « La première
» condition de celui qui a part au gouvernement des
» États est de se donner du tout au public, et de ne
» penser pas à soi-même. »

LE GÉNÉRAL CAVAIGNAC.

I.

Ce qui a manqué à la république de 1848, ce n'est pas le génie d'un Platon pour l'idéaliser. Cette république, à peine sortie du sein d'une révolution, était bercée entre les bras de la poésie, couvrant de fleurs les taches de sang de l'émeute, et s'armant de toute la majesté de l'éloquence pour écarter l'horrible drapeau rouge. Mais ce n'était pas assez d'un Platon; il aurait fallu de plus un Périclès. Où était Périclès? Où était cette dynastie immortelle de législateurs et de héros qui perpétuaient dans le gouvernement d'Athènes les vertus de la liberté et les traditions du patriotisme? Où étaient surtout les Athéniens, parfois si légers, souvent si injustes, et qui cependant, selon la remarque de Thucydide, surent toujours conserver à leur démocratie sa grandeur et sa pureté, afin d'en faire le foyer de cette glorieuse civilisation de la Grèce, dont les clartés brillantes laissaient déjà voir la civilisation chrétienne prête à se lever sur le monde?

En voyant revenir d'Afrique ce jeune général, dont la fortune rapide n'avait pu altérer ni les sentiments ni les convictions, la république de 1848 eut comme un tressaillement d'orgueil et d'espérance. Dans le frère de Godefroy Cavaignac, dans le fils de cette mère qui avait transmis à ses enfants l'enthousiasme et la foi de la révolution, elle devinait l'homme de ses destins. Dès son entrée aux affaires comme ministre de la guerre, le général Cavaignac devint le premier rôle de ce grand drame, bientôt assombri et ensanglanté par la bataille du socialisme. Du 24 juin au 10 décembre, il a été toute la république; il a été son épée dans le combat, sa voix à la tribune, sa main dans le conseil. Il est aujourd'hui sa statue dans l'histoire, après avoir été son héros dans la lutte et dans l'action. A lui seul, ce dictateur naguère si puissant est donc toute une époque. C'est ce qui me donne le droit de le juger dans sa vie publique, sans m'affranchir du devoir de le respecter dans sa chute et dans sa retraite.

II.

Qu'était-ce que la république avant le 24 février 1848? qu'a-t-elle été après cette date de son avénement jusqu'au 10 décembre, qui fut la date de son humiliation? Ce double tableau est utile à esquisser avant de peindre l'homme qui doit s'y détacher en saillie avec toute l'importance de son rôle. Sa figure apparaîtra ensuite plus complète et plus vraie au milieu des événements et des situations qui en éclairciront tous les aspects et tous les détails.

La république, comme parti, n'a été qu'un souvenir et un instinct, et comme gouvernement, elle n'a été qu'un parti. Voilà, en deux mots, la double cause de son impuisance et de sa déchéance.

Le bruit de l'empire avait tout couvert, même les échos de ces grandes luttes qui avaient ébranlé le vieux monde, et dont Robespierre, Danton, Vergniaud, Saint-Just, Brissot, furent les athlètes, tour à tour sanguinaires ou sanglants. Quand ce bruit eut cessé, quand cette impatience de l'inconnu qui dévorait toutes les âmes ne trouva plus devant elle les déserts de l'Égypte, les plaines de l'Italie et toutes ces routes frayées ou non frayées par lesquelles nos armées ouvraient un passage à notre civilisation et à notre drapeau, alors il y eut comme une commotion de l'esprit public qui en détourna le cours et qui en faussa la direction. N'ayant plus la gloire, n'ayant pas encore le progrès, dont l'application de la vapeur devait inaugurer l'ère définitive, on se remit à aimer la révolution. De jeunes imaginations s'enflammèrent. Les unes furent purifiées par la philosophie et élevèrent le sentiment de la liberté à la hauteur d'une doctrine. Les autres furent retenues par les mœurs, par les intérêts et par la raison. D'autres s'abandonnèrent à toutes les frénésies et à tous les dérèglements. A côté des convictions loyales il y eut des conspirations odieuses. On jurait sur des poignards la haine des rois et la destruction des autels. On divinisait Robespierre; on admirait Danton; 93 était une date de l'émancipation de l'humanité. La république n'était qu'un nom de colère au lieu d'être un nom de paix, de liberté et de concorde.

De tout ce chaos de souvenirs, de passions, d'ins-

tincts, de haines, d'aspirations, d'enthousiasme et de
frénésie; de ce mélange confus de vérité et d'erreur,
de bien et de mal, de lumière et d'ombre, devait sortir
un parti républicain nouveau, mais incomplet et impuissant jusque dans sa régénération. Ce fut ce parti
dont Armand Carrel devint l'écrivain, et dont le
général Cavaignac devait être l'homme d'État et le
soldat.

Cette école de républicains n'était libérale que de
nom. Elle avait emprunté aux montagnards le sentiment du pouvoir exagéré jusqu'au culte de la force.
Elle ne leur avait laissé que les horreurs de la tyrannie
qu'elle répudiait. Pour elle, gouverner, c'était dominer. Sa domination n'eût pas été sanguinaire, mais
elle eût été implacable. Elle n'entendait pas façonner
un pouvoir à l'image de la société; c'est la société
qu'elle voulait découper et tailler sur le patron de ses
principes. Cette école tuait le libre arbitre au nom de
la liberté. Elle niait, elle méprisait le sentiment chrétien dans l'homme pour lui substituer le rationalisme
froid, égoïste et sec. Pour elle l'État était tout, et la
patrie vivante, la patrie composée de tant d'intérêts
divers, de tant de croyances pieuses, de tant de traditions précieuses, disparaissait dans cette unité froide
et absolue comme un cercle de fer. D'après ce système,
l'enfant lui-même, cette propriété de la nature et du
cœur, l'enfant n'appartenait plus à la famille : il appartenait à l'État. En un mot, ce qu'il y avait au fond
de ce dogme, c'était le despotisme légalisé, organisé,
hiérarchisé, montant d'en bas comme la force du peu-

ple pour enserrer toute une nation, son activité, son initiative, son intelligence, sa volonté.

Dans ce républicanisme, il y avait aussi quelque chose de militaire, un mélange de Rome et de Sparte, un sentiment d'indépendance civique uni à la fierté du soldat; on y sentait l'esprit d'autorité bien plus que le besoin de la liberté.

Après la révolution de février, l'avenir de la république ne pouvait être qu'à cette école de républicains, la seule école gouvernementale de ce parti. Mais où étaient ses forces? Quels étaient ses moyens de gouvernement? Elle n'était qu'une petite fraction de la bourgeoisie, une sorte de secte séparée du peuple, qui ne la comprenait pas, et des classes élevées, qui ne l'aimaient pas. D'un côté le socialisme la débordait; de l'autre, les mœurs, les habitudes, les intérêts, les traditions, la réprouvaient. Elle était ainsi condamnée à s'isoler, à se parquer, à se compter, à exagérer sa dictature, à écrire des circulaires menaçantes, à envoyer des commissaires généraux, à intimider les électeurs, à opprimer les élections, à passionner les clubs, à exciter la révolution, et par conséquent à se perdre en sortant de sa nature et en s'alliant à des forces qui devaient l'absorber et l'anéantir.

A vrai dire, la république gouvernementale, qui entendait tirer un pouvoir de parti de la souveraineté du peuple, n'avait plus qu'une seule espérance après la chute du gouvernement provisoire, et cette espérance était le général Cavaignac.

23

III.

Les Arabes appelaient le général Cavaignac « un roseau peint en fer ». Il y a, en effet, dans l'organisation physique et morale de l'homme que je voudrais peindre toutes les apparences de l'inflexibilité. Sa tenue est roide, son regard est froid, son front sévère, son geste impérieux, sa parole brève et rapide, son esprit absolu ; tout annonce en lui l'instinct et l'habitude du commandement. En le voyant, en l'entendant, on croit reconnaître un chef. Il en a le prestige, la dignité, la noblesse ; mais il manque de la chose la plus essentielle à un chef : la volonté qui brise les obstacles sans les irriter, et qui domine les ambitions sans les humilier.

Le général Cavaignac n'a pas reçu de la nature cette volonté active, souple, persévérante et réfléchie qui fait les grands hommes d'État. Son inflexibilité apparente n'est chez lui que de l'obstination calculée. L'initiative manque à son esprit. Il restreint la vérité à la mesure des règles, au lieu d'élargir les règles à la mesure de la vérité. Formaliste scrupuleux, il emprisonne les principes dans les textes. Moins apte au gouvernement qu'au commandement, il commande et il ne dirige pas. Son noble métier de soldat a été son seul apprentissage politique. Il ne comprend la justice que dans la force et le devoir que dans la discipline. La nation n'était guère pour lui qu'une légion. Il aurait voulu l'enrégimenter, la faire marcher au pas de son parti et la dresser à l'exercice de la liberté comme on dresse les conscrits à l'exercice à feu. Son patriotisme avait dans son expression quelque chose de bref, de net et de froid qui imposait la crainte, commandait le respect et n'inspirait point la sympathie. On sentait en lui l'entêtement de système plutôt que la foi d'une conviction. Il n'était réellement convaincu que parce qu'il était fortement obstiné. Son obstination ne venait d'ailleurs que de sa conscience. Habitué à tout raisonner, il n'adoptait une idée qu'après l'épreuve d'une démonstration mathématique. Dès que cette idée lui était démontrée, peu importait qu'elle fût juste ou fausse; elle devenait aussitôt à ses yeux absolue comme une vérité. Nature loyale et droite, il ne voulait que l'honnête et il ne cherchait que le bien. Mais il était si sûr de ses intentions, qu'il ne soumettait jamais son esprit. La force de sa probité produisait en lui une sorte d'orgueil d'infaillibilité.

Ce que l'on appelle *la volonté* chez les hommes d'État ne s'apprend ni dans les théories, ni dans les pratiques. La volonté n'est ni une règle, ni un procédé, ni un mécanisme. C'est Dieu qui la donne aux organisations d'élite comme le titre du commandement qu'elles sont appelées à exercer. Elle n'est une force créatrice qu'à la condition d'être une force active, et son activité est moins un effet du caractère qu'un résultat de l'esprit. Pour avoir toute la puissance féconde de la volonté, il ne suffit donc pas de s'élever à la probité ou à l'héroïsme par la noblesse et par l'inflexibilité du caractère : il faut aussi s'élever à la vérité par la supériorité de l'esprit.

Les hommes d'État ne dominent les autres hommes qu'en se montrant supérieurs à eux, et en prouvant qu'ils sont capables non-seulement de les commander, mais encore de les diriger. Le gouvernement d'un peuple est bien moins une domination qu'une direction.

IV.

S'il ne s'était agi que d'exercer la domination par la grandeur du caractère, le général Cavaignac aurait admirablement gouverné la république. Il avait toutes les qualités et toutes les vertus qui conviennent à un tel rôle. Pour que le général Cavaignac fût un excellent chef de gouvernement, il n'a manqué à la France que de ressembler à l'Afrique. Mais ce n'était pas la force qui pouvait diriger la France; elle ne pouvait que la contenir dans un jour de crise. La véritable puissance de direction a un autre nom : elle s'appelle l'autorité.

La force n'est qu'un instrument. L'autorité est une doctrine et une institution. Avec la force on domine; avec l'autorité on dirige. L'une produit le despotisme, l'autre produit le gouvernement. Le despotisme appuyé sur la force, c'est l'état de guerre et de révolution. Le gouvernement fondé sur l'autorité, c'est l'état de paix et de civilisation. Avec celle-ci, on fait le comité de salut public; avec celle-là, on fait le consulat et l'empire.

La convention, quoiqu'elle eût une tribune, n'était que l'expression de la force. Napoléon, quoiqu'il eût une épée, était la représentation de l'autorité.

Le général Cavaignac n'a pas le sentiment de l'autorité; il n'a que celui de la force. Ce sentiment s'est ennobli dans le soldat et a produit l'amour de la discipline; dans l'homme d'État, il n'a produit que l'excès de pouvoir. Le soldat est héroïque. L'homme d'État est défiant, exclusif, ombrageux. Le premier a appris à commander en apprenant à obéir. Le second ne s'est habitué qu'à dominer en s'exerçant à contester. La domination est la nature du général Cavaignac. La révolution est son dogme. C'est, en politique, un protestant qui ne reconnaît le libre examen qu'à la condition de lui tracer sa route. Partisan déclaré de la souveraineté du peuple, il n'accepte ses arrêts que s'il les a dictés. Sa république ne se discute pas, elle s'impose. Si la France n'en veut pas, tant pis pour elle! Elle n'est pas républicaine pour être libre; elle n'est libre que pour être républicaine. Sa volonté importe peu. Deux fois en trois ans, le 10 décembre 1848 et le 20 décembre 1851, la volonté nationale se prononce par deux manifestations aussi unanimes que décisives. Le général Cavaignac ne se soumet pas. Ce n'est que la nation qui a parlé! Le parti républicain n'a pas voté comme la nation, et la souveraineté du peuple n'est pour lui que la souveraineté d'un parti.

Une république ainsi faite n'est donc pas l'autorité, elle est encore moins la liberté. Elle ne peut être qu'un accident de la révolution, le lendemain d'un 10 août ou le lendemain d'un 24 juin. Elle ne peut créer qu'une force de négation, bonne à résister pour quelques jours, mais impuissante à fonder pour l'avenir.

Cette république, absolue comme un axiome, inflexible comme un système, étroite comme un parti, et cependant imposante et noble comme le sentiment de la patrie dont elle est l'expression faussée et dénaturée, c'est celle du général Cavaignac et de ses amis.

V.

Voyez à quels excès de paradoxe cette école de républicains est conduite par la doctrine de la force. Elle n'est pas cruelle ; elle renie la terreur ; elle n'admire dans les fondateurs de la révolution que leur patriotisme et leur audace, et elle déteste leurs crimes. Au besoin, j'en suis convaincu, et je lui rends hautement cette justice, elle se jetterait en travers de la démagogie, elle s'immolerait à ses vengeances pour en préserver la société. Le général Cavaignac l'a prouvé par son exemple dans les sanglantes journées de juin. Lui et ses amis étaient à l'assaut des barricades pour la défense de l'ordre. Et cependant qu'auraient-ils fait à leur tour, si la France n'avait pas voulu de leur république? Ils l'auraient imposée! et pour l'imposer, il aurait fallu opprimer. Alors ce n'eût pas été la république, mais la révolution s'emparant du gouvernement; la révolution armée des foudres qui la rendent irrésistible et terrible, frappant ceux qu'elle ne peut entraîner, jetant le défi à tout ce qui n'est pas elle, et faisant trembler le sol pour assurer son règne au milieu des ruines. Voilà la pente de ce système. C'est cette pente qu'ont descendue tous les révolutionnaires

qui ont sacrifié la société à une doctrine. Ils ont commencé par invoquer la liberté, et, quand la liberté les
a condamnés, ils ont fini par se servir de la force. La
force elle-même n'a plus suffi, et il a fallu bientôt recourir à la tyrannie. D'obstinés qu'ils étaient, ils sont
devenus cruels. La tyrannie s'est changée en terreur,
la lutte en sacrifice, et la politique n'a plus été qu'une
mêlée confuse de bourreaux et de victimes, de malé-
dictions et de haines, de plaintes et de vengeances,
jusqu'à ce que la réaction de la justice et du droit se
faisant, un 9 thermidor se levât pour écraser la souveraineté révolutionnaire sous la souveraineté éternelle
de la raison et de Dieu. Voilà l'histoire ! voilà ce qu'elle
apprend et ce qu'elle dit !

VI.

Le général Cavaignac n'aurait jamais été jusqu'à ces
conséquences extrêmes du dogme de la révolution. Le
paradoxe de son esprit eût été brisé par la probité de
son caractère. Il se serait arrêté dans sa propre logique, avant qu'elle l'eût entraîné à des excès que sa
conscience répudiait. L'amour de la force n'aurait pas
pu le dégrader dans l'excuse de la tyrannie. Il n'eût
pas craint de se montrer inconséquent pour rester irréprochable et honnête. C'est ce qui explique pourquoi
le général Cavaignac ne pouvait pas avoir de rôle de
gouvernement après avoir rempli le rôle de résistance
sociale que les événements lui donnèrent au mois de
juin 1848. La révolution vaincue, il succombait avec elle.

La révolution victorieuse le dépassait aussitôt, se jetait dans le socialisme, et le laissait seul ou presque seul entre la liberté, qu'il n'aimait pas, et l'autorité, qu'il ne comprenait pas. La république allait à 1852, et lui restait en 1848. Cette date était pour lui ce que 1790 fut pour la Fayette. Tout avait marché. Mirabeau s'appelait Robespierre. L'évêque d'Autun s'appelait l'abbé Grégoire. L'autel de la fédération avait été remplacé par la plate-forme de l'échafaud. Un jour la Fayette regarda devant lui, et il s'aperçut qu'il était en 1793. Il était trop tard pour sauver la patrie, mais il était temps pour sauver l'honneur et la pureté de son nom. 1852 arrivant, le socialisme débordant, le général Cavaignac aurait eu le même courage, après avoir eu les mêmes illusions.

Si la tradition républicaine, épurée par les mœurs, agrandie par l'étude, régénérée par la philosophie, vivait dans le général Cavaignac, on peut dire que la puissance de la révolution n'était plus en lui, même avant sa chute politique. Chef du pouvoir exécutif, il n'avait plus de parti que dans l'assemblée. Ce parti était un état-major derrière lequel il n'y avait pas d'armée. Chef de l'opposition après le 10 décembre, il avait vu s'évanouir jusqu'à l'état-major lui-même. Il n'était plus qu'une noble et forte individualité. Nous le voyons encore à son banc, à mi-côte de la gauche, au-dessous de la montagne, dans son attitude tout à la fois pleine de tristesse et de dignité. Quand il parlait, tout le monde écoutait et personne n'applaudissait. La droite le trouvait trop républicain, la gauche le trouvait trop conservateur. Évidemment il ne correspondait à aucune des fibres de cette assemblée. Son isolement ne prouvait pas qu'il fût tombé : il prouvait que la révolution avait marché. La force dont il avait été la main armée et glorieuse ne suffisait plus à son élan. Ce n'était pas assez que la république fût indiscutable, inviolable, imprescriptible, il fallait de plus qu'elle devînt universelle, sociale, qu'elle détruisît tout, qu'elle changeât tout, qu'elle fît trembler l'Europe et le monde, et qu'elle fît sortir de ses ruines une société nouvelle, sans précédents, sans tradition, sans lois, sans famille, sans propriété, sans Dieu, une société qui fût un outrage à la nature, un mensonge à l'histoire et une dérision au sens commun.

Le général Cavaignac semblait aussi étranger à cette anarchie morale que si le bruit n'en avait jamais frappé ses oreilles. A quelques pas de ces tempêtes qui éclataient à chaque minute, de tous les points de l'horizon parlementaire, on aurait dit qu'il ne comprenait rien et qu'il n'entendait rien. Impassible et froid, la tête haute et fière, les bras croisés comme un soldat désarmé qui se repose et qui attend, il était seul avec son idéal. De loin en loin, un geste impérieux et sec révélait seulement son profond dédain. On devinait, à cette attitude, qu'en dépit de cet isolement le général Cavaignac doutait encore de son impuissance. Il était seul, mais il était avec son idéal. La réalité le condamnait ; la révolution le dépassait, l'opinion l'oubliait ; mais lui, ferme dans sa foi, croyait à la république comme par le passé. Amant trompé, il restait fidèle et dévoué quand son idole prostituée ne lui appartenait déjà plus et venait de passer dans les bras du socialisme.

VII.

Après l'homme d'État passons à l'orateur. Le général Cavaignac, chef du pouvoir exécutif et chef d'opposition, a eu de mémorables journées parlementaires. Il est juste de dire que, dans ces deux rôles si différents, il n'a pas été semblable à lui-même. Le pouvoir l'a grandi, l'opposition l'a diminué. Après les journées de juin, la tribune était encore un champ de bataille. Pour s'y montrer orateur il suffisait d'y paraître en soldat. A cette heure suprême, parler, c'était encore lutter. On sentait dans l'éloquence parlementaire quelque chose de vibrant qui résonnait comme le cri d'alarme du patriotisme. Le combat était engagé sous toutes les formes et avec toutes les armes. Dans la rue on tirait des coups de fusil. A la tribune on attaquait à coups de paradoxes toutes les vérités et tous les principes de l'ordre social. La scène était donc magnifique pour un chef de gouvernement. Il était impossible que sur cette scène l'homme ne fût pas grand. Le général Cavaignac trouva souvent de nobles inspirations et de généreux élans. La hauteur de sa mission l'éleva parfois à un véritable talent. Sa parole s'était trempée dans les périls comme l'acier se trempe dans le feu. Elle était devenue mâle et virile comme son épée.

Mais l'éloquence du général Cavaignac, comme sa force politique, était moins en lui que dans sa situation. Sa statue avait besoin d'un piédestal pour con-

server son prestige. Le piédestal venant à manquer,
elle le perdait. Le général Cavaignac retombait sur
lui-même le jour où il en était réduit à sa personnalité.
Il restait honnête, éminent par le caractère et par
l'esprit, mais impuissant. On aurait dit qu'il avait été
désarmé de sa parole en même temps que de son épée.
Le rôle s'étant détaché de l'homme, et l'acteur dépouillé de son armure, l'homme seul restait avec ses
nobles qualités morales et sa gloire de soldat. Comme
orateur, on peut donc dire que le général Cavaignac n'a
eu qu'un jour. Heureux ceux qui peuvent dire, même
d'un seul jour de leur vie : « J'ai sauvé ma patrie ! »

Il y a dans les discours du général Cavaignac de ces
mots qui valent mieux que tous les discours, de ces
mots brefs et profonds qui gravent la pensée, et dans
lesquels la grandeur du caractère se détache avec toute
la noblesse du bas-relief. Le 13 juin 1849, M. Dufaure
venait d'apporter à l'assemblée législative la proposition
de la mise en état de siége de Paris. M. Pierre Leroux
s'y opposa, en rappelant que malgré l'état de siége le
général Cavaignac était tombé du pouvoir. « Vous vous
trompez, répliqua le général Cavaignac, je ne suis pas
tombé du pouvoir, j'en suis descendu ! »

Il en était descendu en effet le 20 décembre 1848,
par la volonté de la France, pour laisser le gouvernement de la France à Louis-Napoléon Bonaparte, qui
venait d'y être porté par six millions de suffrages, et
qui entrait sur cette grande scène avec le prestige de
son nom, la force de son droit, la puissance de sa volonté et le mystère de sa destinée.

VIII.

La réputation militaire du général Cavaignac est plus solide qu'éclatante. Il a apporté dans son commandement des qualités qui s'imposent de près, mais qui n'attirent pas de loin. Il n'a pas, comme ses émules de gloire, l'élan qui pousse les soldats aux expéditions aventureuses et aux actions téméraires ; mais il a cette fermeté froide et calme qui maintient leur moral dans les résistances désespérées. C'est l'homme des rudes épreuves et des garnisons bloquées. L'impassibilité est bien plus dans sa nature que l'initiative. Il eût mal commandé peut-être une campagne de Russie, il eût admirablement dirigé la retraite de Moscou ou la défense d'Huningue.

C'est par le sentiment du devoir que le général Cavaignac arrive parfois au sentiment de l'héroïsme. Il obéit glorieusement à la consigne qu'il reçoit, mais il prétend aussi qu'on obéisse aveuglément à la consigne qu'il donne. Lorsque le gouvernement provisoire l'appelle au commandement de l'Algérie, le premier mot que le nouveau gouverneur général adresse à ses soldats est celui-ci : « ... Quant à vous, vos devoirs se résument dans un mot : l'*obéissance*. » Lorsque le conseil municipal d'Alger vient lui dire que l'Algérie doit être désormais assimilée à la France, et ne reconnaître d'autre loi que la loi française, il répond avec sévérité : « On n'administre pas avec des discours, on administre avec une règle écrite : il n'y a pas de règle si mauvaise qui ne vaille mieux que le désordre. »

Tel se montrait le général Cavaignac arrivé au pouvoir, tel il s'était montré aux jours des épreuves. Pour lui la discipline était tout à la fois l'honneur et le devoir. Le sentiment en était si profond dans sa conscience, qu'il la pratiquait toujours sans ostentation, sans orgueil et avec une noble simplicité : sa grandeur ne venait pas de son génie, mais de son inflexibilité !

IX.

C'est vers l'Afrique que le jeune Cavaignac avait jeté les yeux après la révolution de 1830. Il savait qu'il y trouverait la guerre et qu'il n'y trouverait pas la politique. « Marcheriez-vous contre les légitimistes? lui demandait-on un jour. — Oui. — Et contre les républicains? — Non. » C'était clair. Le républicanisme du citoyen était toujours vivant sous l'uniforme de l'officier. En Afrique il n'y avait pas à marcher contre la république, il n'y avait qu'à combattre pour la patrie.

L'opinion bien connue du jeune officier pouvait nuire à son avancement; il s'y résigna et ne se plaignit jamais. Malgré quelques actions d'éclat et des services signalés, il était encore capitaine en 1836, lorsque le maréchal Clausel, qui se connaissait en hommes, lui donna le *méchouar* (citadelle) de Tlemcen à garder contre toutes les forces d'Abd-el-Kader. Cinq cents soldats volontaires s'engagèrent sous un tel capitaine, et la colonne du maréchal Clausel s'éloigna et disparut.

Pour la garnison du méchouar, c'était la patrie que la colonne emportait dans les plis de son drapeau s'effaçant à l'horizon. Il ne lui restait que les privations et les dangers d'un siége sans espoir de secours, la nostalgie et le vide affreux que fait dans le cœur du soldat l'absence de communications et de nouvelles de la patrie; en un mot, l'isolement avec toutes les horreurs de la séquestration. Des soldats ordinaires et un chef vulgaire se seraient découragés bien vite. Pour une pareille épreuve, il fallait des hommes qui eussent l'héroïsme le plus difficile à des soldats français, l'héroïsme de la patience.

Cependant, lorsque six mois après le maréchal Bugeaud, par un coup d'audace heureuse, vint délivrer ou plutôt ravitailler cette garnison bloquée, ces braves soldats du méchouar dirent en regardant leur capitaine : « Nous resterons bien encore ici six mois de plus. » Ils y restèrent dix mois et non pas six. La récompense qu'on leur avait promise n'était pas arrivée, et le capitaine Cavaignac ayant refusé une promotion que ses frères d'armes avaient méritée comme lui, ces sentinelles perdues attendirent patiemment la reconnaissance de la patrie à leur poste de danger jusqu'en mai 1837. Combien de trésors d'énergie morale ne fallut-il pas dépenser durant cette séquestration militaire de quinze mois! Le capitaine Cavaignac ne quitta le méchouar que chef d'escadron. C'est-à-dire qu'un avancement correspondant arrivait en même temps à ses compagnons d'armes.

Cependant sa santé, affaiblie dans cette épreuve si longue et si rude, nécessitait du repos. Le héros du méchouar obtint un congé et revint en France. Il employa les loisirs que lui laissait l'interruption momentanée de son service à écrire une brochure, *la Régence d'Alger*, qui obtint un retentissement mérité : c'est un volume d'un style prudent et ferme comme le caractère de l'homme.

Au commencement de 1840, nous le retrouvons encore à la tête d'une garnison bloquée à Cherchell. Depuis douze jours l'énergique commandant de Cherchell résiste aux efforts des Kabyles du Dahara, des Hadjoutes de la plaine, qui l'assiégent de toutes parts, et jusque dans l'intérieur même de ses retranchements. Déjà les vivres manquent et aussi les munitions, ces vivres de la bataille ; lui-même, il est blessé à la cuisse, lorsque, enfin, une colonne de secours arrive jusqu'à lui à travers les ravins et les rochers, ensanglantés par des combats furieux et par une lutte à outrance. La figure honnête et patiente du commandant Cavaignac apparaît en tête de la garnison délivrée. Cette garnison n'était composée que de disciplinaires et d'impénitents, ce qu'on nomme bataillons d'infanterie légère d'Afrique. Ces soldats rebelles au devoir, M. Cavaignac les avait assouplis à la discipline, et réhabilités par l'obéissance ennoblie dans le sacrifice et élevée jusqu'au sentiment de la patrie et jusqu'à la religion du drapeau.

X.

Mais voici un régiment héroïque dont le rang et le nom se mêlent à toutes les actions éclatantes de la guerre d'Afrique : ce sont les zouaves ! Le premier colonel, M. de Lamoricière, leur avait communiqué son tempérament militaire, l'élan impétueux, l'ardeur infatigable, une prestesse de mouvements presque miraculeuse. Nommé colonel des zouaves en 1841, après M. de Lamoricière, M. Cavaignac s'inocule, pour ainsi dire, la nature du corps qu'il commande. Il participe de l'impétuosité ardente de ses soldats ; mais il leur donne une qualité de plus, la fermeté et la constance du moral dans toutes les circonstances difficiles où le soldat ne trouvant plus à aller vers le danger, le danger vient au-devant de lui.

Les zouaves s'assimilent admirablement les habitudes et le caractère des chefs appelés à les commander, et leur communiquent en échange les qualités qu'ils ont reçues par une glorieuse tradition. Si les colonels des zouaves, MM. de Lamoricière, Cavaignac, Ladmirault, Canrobert, ont beaucoup fait pour la réputation retentissante de ce corps, ce corps a beaucoup contribué aussi à leur illustration, tout en rendant mutuels et solidaires, pour ainsi dire, leurs intérêts de gloire.

Dire que M. Cavaignac commanda les zouaves jusqu'en 1844, c'est dire qu'il prit part, une part considérable à tous les succès et à tous les résultats de domination qui illustrèrent nos armes durant ces trois années, où nos colonnes, mises en mouvement par l'infatigable activité du général Bugeaud, ne se reposèrent pas un instant. Éclairer la marche d'une expédition lancée en plein désert, dégager un convoi menacé ou compromis dans les gorges de montagne, briser par une charge décisive une résistance opiniâtre de Kabyles, écarter par des retours offensifs, soudains, les cavaliers arabes inquiétant une de nos retraites, surprendre par une rapide marche de nuit des tribus lointaines se croyant à l'abri de nos atteintes, escalader les monts escarpés, franchir les ravins, voltiger incessamment sur les flancs de la colonne, c'était la tâche des zouaves.

Ils rattachent le nom de Cavaignac à tous les succès de ces trois années. En récompense de la gloire qu'ils donnaient à son nom, M. Cavaignac, âme forte dans une santé délabrée, leur apprenait à affronter la soif et la faim, le froid et le chaud, la fatigue et l'insomnie, comme un danger plus glorieux à surmonter que le danger des combats.

Aussi, lorsque, de 1843 à 1844, le colonel Cavaignac fut chargé de fonder le poste d'Orléansville, qui devait commander toute la vallée du Chélif, habitua-t-il ses soldats à trouver dans un combat contre les Arabes un dédommagement et une récompense de leurs fatigues et de leurs travaux comme pionniers et ouvriers du génie. Aussi, au bout d'un an, la vallée du Chélif, purgée d'incursions et d'hostilités, voyait s'élever dans son sein un centre de population européenne parfaitement abrité et déjà florissant.

XI.

Tant de services méritaient une récompense; et il faut bien reconnaître que le gouvernement de juillet ne la fit pas attendre à son adversaire politique

24

qui se montrait soldat si dévoué et si utile. M. Cavaignac fut nommé maréchal de camp en septembre 1844.

Ce fut en cette qualité qu'il obtint le commandement de la subdivision de Tlemcen. Il reconnut à peine
cette ville, qu'il avait si énergiquement défendue en
1836 contre Abd-el-Kader, tant son prédécesseur, le
général Bedeau, l'avait heureusement transformée.
M. Cavaignac continua à Tlemcen l'œuvre d'édification
entreprise par son prédécesseur, et que lui-même avait
si bien commencée à Orléansville. Dans toute la carrière militaire de M. Cavaignac, l'officier du génie
reparaît à chaque instant et rivalise de services avec le
commandant de zouaves. Canaux d'irrigation creusés,
routes ouvertes, ponts jetés sur les torrents, établissements coloniaux fondés, terres appropriées à la cul-
ture, travaux de défense exécutés, rappelèrent bientôt
aux Arabes étonnés la splendeur dont avait joui, quelques siècles auparavant, la patrie de Barberousse. Le
défenseur du méchouar amenait en 1845 la prospérité dans une ville dont il avait sauvé les débris
en 1836.

Cependant la levée de boucliers qui, vers la fin de
1845, s'ouvrit par le combat de Sidi-Brahim, de sinis-
tre et glorieuse mémoire, pour aboutir, dans les derniers jours de 1847, à la capture d'Abd-el-Kader, cette
formidable insurrection vint surprendre le général Cavaignac au sein de ces travaux féconds de l'adminis-
trateur et du colon.

Il fallut remonter en selle et bivouaquer sans repos

de la mer au désert, de la montagne à la plaine ; recommencer, en un mot, cette chasse ardente et terrible de 1842 et 1843, où l'ennemi fuyait de retraite en retraite pour reparaître partout à la fois.

Suivez le général Cavaignac dans les solitudes du désert où un chérif fanatique lui a donné rendez-vous, comme pour un combat de croisés ; parcourez avec lui les bords de la M'louia, d'où il rabat sur notre territoire les tribus fugitives qui émigrent vers le Maroc ; voyez-le dans Djemma-Ghazaouat qu'il délivre, dans les monts Traras, où il traque les fanatiques réfugiés au sein des guet-apens et des embuscades, sur la frontière marocaine, où il reste en observation des mois entiers, dans l'espoir de s'emparer de la deïra de l'émir, ou du moins de recueillir nos prisonniers qui s'y trouvent : partout vous trouverez l'homme énergique et résolu plutôt que le soldat brillant et enclin aux aventures ; l'homme qui met le respect de la discipline bien avant l'émulation de la gloire, et qui s'inquiète plus du moral des soldats pendant l'expédition que de leur ardeur au moment de la lutte. Après onze mois de courses incessantes et de combats sans fin, la colonne du général Cavaignac rentre dans ses quartiers ; les hommes arrivent déguenillés, hâves, exténués ; mais ils se tiennent en ordre et en rang, et ils recommencent le lendemain leurs prodiges de patience, de privations et de fatigues.

Le général Cavaignac succéda à M. de Lamoricière dans le commandement de la province d'Oran, comme il lui avait succédé dans le commandement des zoua-

24.

ves. Après la prise d'Abd-el-Kader, la guerre était finie, et le général Cavaignac, fidèle à ses antécédents et à son esprit d'organisation et de méthode, s'occupait déjà de trouver des voies à la colonisation attardée, lorsque la révolution de février vint lui ouvrir la carrière politique, à laquelle l'homme de parti n'avait jamais cessé d'aspirer. Les premières dépêches de la révolution lui apportèrent son brevet de gouverneur général de l'Algérie, avec le grade de général de division. Toujours fidèle au devoir tracé, il fit taire en lui les impatiences qui l'appelaient à Paris, où il arriva juste à temps pour sauver la patrie et la société de l'assaut de la barbarie, reparaissant en plein dix-neuvième siècle sous le drapeau de la démagogie.

XII.

De la carrière militaire que je viens d'esquisser, il résulte que M. Cavaignac a toutes les qualités du commandement, moins celle qui rayonne sur toutes les autres : l'initiative. Il manque d'inspiration sur le champ de bataille. Il combat à sa place et à son rang, jamais en deçà, jamais au delà. S'il reçoit un ordre, quelque péril qu'il y ait, il l'exécute ; s'il trouve une difficulté, quelle qu'elle soit, il la surmonte, quand il ne peut la tourner. Le plus beau poste que je rêverais pour M. Cavaignac, c'est une redoute à défendre au sein des batteries démontées ; il commanderait froidement, inébranlablement, la résistance à ses soldats décimés par la mitraille et les boulets. Ce n'est pas lui

qui brûlerait ses vaisseaux comme Fernand Cortez ;
mais il atteindrait peut-être au même héroïsme, s'il
trouvait la mer fermée derrière lui et sa flotte détruite.
Patient et tenace, dans l'occasion il mènerait peut-être
à bien une retraite de Sambre-et-Meuse comme Moreau ; mais il ne reprendrait jamais les lignes de Wis-
sembourg comme Hoche ; en un mot, il manque
d'élan, de verve, d'audace et d'entrain.

A ce point de vue, c'est le général le moins révolutionnaire et le moins républicain de tous ceux qui ont
porté le drapeau de la révolution et invoqué le droit
de la république. Si je l'ai rêvé si beau défendant une
redoute, je ne le vois pas bien distinctement l'atta-
quant et l'emportant. Nul ne maintiendra plus ferme-
ment sous le feu un régiment engagé dans le combat ;
mais ne lui demandez pas de l'enlever par l'attaque. Il
commande, il n'électrise pas.

Ah ! si les zouaves s'emportent et s'élancent, s'il ne
peut les contenir, il dirigera fort bien l'élan qu'ils lui
imprimeront ; mais pour hasarder son bâton de commandement par delà le fossé, n'y comptez pas trop !

Le voici à la tête d'une division, d'un corps d'opé-
ration. Ses positions seront bien prises, bien gardées ;
tout sera en ordre et en règle ; la discipline affermira
le moral dans les rangs. Nous serons à peu près à
l'abri d'un échec ; mais quand irons-nous au-devant du
triomphe ?

Le péril ne trouvera jamais le général Cavaignac en
défaut. Mais n'attendez pas de lui l'élan de la témérité
bien inspirée ! Il calculera toutes les chances ; bonnes

ou mauvaises, il leur fera bon visage; mais il ne hasardera rien : il ne compromettra jamais quelque chose pour tout gagner.

En guerre comme en politique, si le devoir le pousse en avant, les scrupules le retiendront en chemin. Quand le devoir lui est tracé, rien ne l'arrête; mais s'il faut qu'il le trace, il hésite. En face d'une responsabilité à prendre, ses scrupules auront raison. Il finira bien par agir, parce que la décision ne lui manque pas, quoique l'esprit d'initiative lui manque complétement; mais il reprendra sa volonté d'action mal à propos ou trop tard.

Voyez-le dans ces effroyables journées de juin! A Dieu ne plaise que je me fasse jamais complice de ses accusateurs! Tout ce qui porte une âme française et reconnaissante réservera un souvenir pieux pour l'immense service rendu à la patrie par le général Cavaignac dans ces journées sombres et désespérées comme une fin de monde. Mais enfin, cette gigantesque insurrection qu'il a si énergiquement étouffée, n'était-il pas possible de la prévenir au lieu de l'attendre? Qui peut dire que la société eût couru cet immense danger, si l'on avait pris en son nom l'initiative de la lutte? Condé recula bien lui-même devant le camp mal défendu, mais tout ouvert, de Turenne. Ah! si Turenne eût été là!

Quoi qu'il en soit, cette physionomie du général Cavaignac, imposante comme un devoir, mais froide comme une règle, sans défaut, mais sans rayonnement aussi, sans écart, mais sans élan, sans vulgarité,

mais sans éclat, cette physionomie austère et honnête
est sans contredit le type le plus beau et le plus pur
du protestantisme politique et militaire. Qu'on mette
la statue sur le piédestal, le parti républicain applau-
dira sans doute : mais la France passera respectueuse
et indifférente.

L'homme d'État, l'homme de parole et l'homme de
guerre, ainsi jugé avec la plus complète impartialité,
il me reste encore à caractériser le général Cavaignac
par l'étude plus spéciale des événements politiques
auxquels il a pris part, et des actes du pouvoir dont il
a exercé la dictature.

XIII.

L'empereur Napoléon, qui fut un grand penseur en
même temps qu'un grand législateur et un héros immortel, nous a laissé un admirable parallèle entre le
pouvoir civil et le pouvoir militaire. Je le copie, comme
la meilleure préface de la dernière partie de l'étude
que j'ai entreprise sur le général Cavaignac :

« Depuis l'invention de la poudre, qu'est-ce qui fait
la force d'un général ? Ses qualités civiles, le calcul,
l'esprit, le coup d'œil, les connaissances administra-
tives, l'éloquence, non pas celle du jurisconsulte,
mais celle qui convient à la tête des armées, et enfin
la connaissance des hommes. Tout cela est civil. S'il
suffisait, pour être général, d'avoir de la force et de
la bravoure, chaque soldat pourrait prétendre au commandement. Le général qui fait de grandes choses est
celui qui réunit les qualités civiles. C'est parce qu'il

passe pour avoir le plus d'esprit que le soldat lui obéit et le respecte... Dans tous les pays la force cède à l'intelligence. Les baïonnettes s'abaissent devant le prêtre, qui parle au nom du ciel, et devant l'homme qui s'impose par sa science.

» J'ai prédit à des officiers qui avaient quelques scrupules que jamais le gouvernement militaire ne prendrait en France. Ce n'est pas comme général que je gouverne, mais parce que la nation croit que j'ai les qualités civiles propres au gouvernement. Si elle n'avait pas cette opinion, le gouvernement ne se soutiendrait pas. Je savais bien ce que je faisais, lorsque, général d'armée, je prenais la qualité de membre de l'Institut : j'étais sûr d'être compris, même par le dernier tambour.

» Il ne faut pas raisonner des siècles de barbarie aux temps actuels. Nous sommes trente millions d'hommes réunis par le travail, par la propriété, par le commerce, par la civilisation et par la religion. Une armée de quatre cent mille soldats n'est qu'une partie de ce tout. Il faut remarquer en outre que dès que le général ne commande plus, il rentre dans l'ordre civil. Les soldats eux-mêmes ne sont que les enfants des citoyens; en un mot, l'armée, c'est la nation. »

Pour juger si un homme de guerre est en même temps un homme d'État, il suffit de le mettre en face de ces définitions nettes et concluantes comme la vérité. Devant ce miroir, les supériorités complètes se reconnaîtront sans peine. Alexandre n'aurait pas été aussi grand peut-être, s'il n'avait été déjà le disciple d'Aristote quand l'oracle d'Ammon le proclama fils de Jupiter. César écrivait dans ses *Commentaires* des pages immortelles de la même main qui tenait l'épée du conquérant des Gaules et du maître du monde. Charlemagne rédigeait dans ses *Capitulaires* les constitutions civiles de la monarchie, tout en fondant l'empire d'Occident dont il porta le sceptre. Henri IV donnait l'édit de Nantes en revenant de chasser les Espagnols de la Flandre et de soumettre la Bretagne, et révélait ainsi le génie du législateur après avoir montré l'héroïsme du soldat. Frédéric le Grand, vainqueur de l'impératrice Marie-Thérèse, protégeait l'agriculture, honorait la charrue, encourageait le commerce et complétait l'œuvre de Frédéric-Guillaume en perfectionnant l'organisation administrative et financière de son royaume. Napoléon, aussi incomparable dans le conseil que dans le combat, édifiait la France nouvelle après avoir étonné et subjugué la vieille Europe, et en inscrivant dans l'histoire, comme les titres de la souveraineté française, tant de noms impérissables de batailles fameuses, il laissait dans nos institutions le Code civil et le Concordat, comme des monuments indestructibles de justice, de droit et de civilisation.

Le général Cavaignac n'a pas montré dans le gouvernement de son pays cette puissance de l'esprit civil qui seule peut rendre dignes de gouverner ceux que leur courage et leurs qualités personnelles ont déjà rendus dignes de commander. Il n'a guère montré que l'esprit républicain, dans le sens étroit et exclusif du principe dont il découle. Il a été un vaillant et honnête soldat porté par les circonstances à une dictature qu'il a exercée avec plus de patriotisme que de génie... La république, telle qu'il la comprenait et telle qu'il l'avait apprise dans les traditions de son parti et dans les impressions de sa famille, était bien plutôt un instrument de force qu'une doctrine de liberté. C'était le despotisme d'un dogme et d'une secte. Le général Cavaignac ne doit pas être considéré comme un ambitieux vulgaire, désirant le pouvoir pour ses satisfactions et ses vanités. L'ambition pour lui ne fut qu'un devoir. Il voulait fonder la domination de l'esprit républicain, dont il était la personnification, dans une république qui, à son insu et malgré lui, eût été l'anéantissement de l'esprit civil, car, ne reposant ni sur l'autorité ni sur la liberté, elle n'aurait pu se maintenir que par une dictature militaire ou par une dictature révolutionnaire. Pour tout dire en un mot, il n'eût été qu'un Cromwell de bonne foi, puritain comme lui, héroïque comme lui, mais sans la grandeur du génie qui éleva si haut la fortune du redoutable Protecteur.

XIV.

Le général Cavaignac répugnait, par probité, par patriotisme, par raison, par habitude et par tous les sentiments de soldat, à la dictature révolutionnaire. Il n'aimait de la révolution que sa force organisée, légale, collective, et non sa force déréglée, confuse, anarchique, violente. Il ne la comprenait que dans une caserne ou dans un camp, mais il la détestait et la méprisait dans un club. Sous le gouvernement provisoire, le portefeuille de la guerre était destiné au général Cavaignac, qui le refusa. Ce refus n'était de sa part que l'instinct de la discipline et du commandement qui se révoltait contre toute solidarité dans un pouvoir qu'il considérait comme asservi aux caprices de la rue. Il fallut de grands efforts pour décider le gouverneur de l'Algérie à devenir le ministre de la commission exécutive. Le membre le plus éminent de cette commission intervint personnellement pour triompher des résistances qu'il opposait. M. de Lamartine, confiant dans la popularité si unanime et si éclatante qui entourait alors son nom, ne soupçonnait pas un rival dans le jeune général dont il admirait la gloire. Son patriotisme n'y voyait qu'un auxiliaire.

Lorsque le nouveau ministre de la guerre vint s'asseoir sur le banc de l'assemblée constituante à côté de MM. Flocon, Bastide, Recurt et Trélat, il apparut déjà plutôt en dominateur qu'en agent du pouvoir exécutif qui gouvernait au Luxembourg. C'était peu de jours après le 15 mai. Le gouvernement du Luxembourg, sorti d'un vote de concession dicté par la contrainte, ne pouvait plus marcher. Composé d'éléments inconciliables, tiraillé par des influences hostiles, en proie à toutes les divisions intestines, il était l'image de l'anarchie au lieu d'être la garantie de l'ordre et la force dirigeante de la société en péril. Sans autorité dans le pays qui l'avait vu surgir avec autant de surprise que de douleur, il n'avait la confiance de l'assemblée que dans le scrutin ; il ne l'avait jamais eue

dans la conscience des représentants. Aussi suffisait-il
au général Cavaignac d'apparaître pour attirer à lui
toutes les espérances. Il était évident pour tous qu'il
ne revenait pas d'Afrique pour servir la commission
exécutive, mais pour la remplacer. A peine avait-il
franchi le seuil de la représentation nationale, que déjà
la majorité était pour lui. Le ministre allait bientôt
rejeter son rôle secondaire, et laisser voir le dictateur.

XV.

Quelques jours avant les événements de juin, M. le
général Cavaignac causait avec un homme d'État éminent devant quelques témoins. La conversation tomba
sur M. Thiers. Je puis donner aujourd'hui ce souvenir
sans manquer à aucune convenance, car les témoins
étaient nombreux, et d'ailleurs rien de ce qui se disait
entre les deux interlocuteurs n'était secret, et n'imposait à leurs auditeurs le devoir d'être discrets.

« Que le gouvernement y prenne garde, dit le
général Cavaignac, M. Thiers a de grandes chances
d'être élu en Algérie. Je regarderai cette élection
comme un sérieux péril pour la république.

— Général, je ne puis partager vos craintes, répondit l'homme d'État. Sans doute M. Thiers est un
grand esprit, et les ressources de son talent sont
infinies. Il fera sa place large dans toutes les assemblées où il siégera. Mais si la république était si faible
et si petite que M. Thiers n'ait qu'à se montrer pour
l'effrayer et la dominer, il ne faudrait pas nous enor-

gueillir de la servir après l'avoir fondée. Il ne nous
resterait plus qu'à la plaindre.

— J'admire votre magnanimité, reprit le général
Cavaignac ; mais permettez-moi de garder ma prudence.
La république ne doit accepter que des républicains.
Ce n'est qu'en relevant l'enceinte de son camp qu'elle
pourra se défendre contre ses ennemis. Elle est attaquée de plusieurs côtés à la fois. Sa politique ne doit
pas être une théorie, mais une lutte. Laisser monter
M. Thiers à la tribune, c'est donner un cheval de bataille à un ennemi tombé. C'est une haute imprudence. On la regrettera.

— La république ne gouvernera pas avec un parti,
répliqua à son tour son interlocuteur, mais avec la
France. Ce n'est pas sa défiance qui la sauvera, mais
sa confiance. La politique d'exclusion serait la plus mauvaise de toutes les politiques. Sans doute je n'ouvrirais
pas les portes de l'assemblée aux hommes comme
M. Thiers ; mais je ne les fermerais pas non plus, s'ils
y viennent par la volonté du pays, avec la résignation
du patriotisme. La république telle que je l'ai comprise ne redoute personne, parce qu'elle protége tout
le monde. Elle a vaincu les anciens partis ; elle ne les
a pas humiliés ni persécutés ; elle ne proscrit que leurs
principes ; elle ouvre ses bras à tous les hommes de
talent et d'expérience qu'ils renferment pour en faire
les serviteurs de la patrie.

— Ah ! s'écria le général Cavaignac, cela est très-
beau ; mais cela est impossible. Quant à moi, je reste
avec les républicains.

— Restons plutôt avec la France, dit en terminant l'homme d'État. »

La république est restée avec les républicains. Qu'est-il arrivé? La France n'est pas restée avec la république.

XVI.

On a beaucoup reproché au général Cavaignac d'avoir travaillé au renversement de la commission exécutive lorsqu'il était ministre de la guerre par elle et pour elle. Ce reproche n'est pas fondé. Il n'y a dans tous les documents publics ou secrets de cette époque, encore si près de nous, aucune trace de ce fait. Ce qui est vrai, c'est que la commission exécutive n'était plus qu'une ombre de pouvoir lorsque le général Cavaignac est entré sur la scène politique. Que son nom soit devenu un point de ralliement pour l'assemblée dans cette situation critique; qu'une majorité se soit groupée autour de lui au moment même où le vide se faisait autour du gouvernement, cela est hors de doute. Mais quant à une trahison, elle n'eût pas été seulement déloyale, elle eût été inutile. Le général Cavaignac était porté aux affaires, en 1848, par la force de la nécessité. A l'heure où sa mission a commencé, celle de ses prédécesseurs était finie. Il a été un instrument nécessaire du salut social, accompli au milieu de tant de surprises et d'événements contradictoires en apparence, et qui se rattachent cependant au même but, par ce lien mystérieux que Dieu seul noue et dénoue, dans l'ordre éternel des combinaisons qu'il dirige et des événements qu'il permet.

La dictature du général Cavaignac n'était pas écrite seulement dans son nom, dans son ambition et dans les vues du parti dont il était le chef. Elle était écrite aussi dans la situation même qu'il trouvait à son retour d'Afrique. Un gouvernement sans autorité, une assemblée sans direction, une armée sans discipline, un pays sans stabilité, un présent sans lendemain, une politique sans but; les ateliers nationaux qui s'armaient; les clubs qui débordaient de haines et de colères; la montagne qui se formait déjà au sommet de la représentation nationale, comme un nuage chargé de tempêtes et de foudres; le socialisme qui, par la voix de ses apôtres et de ses prophètes, conviait les masses égarées au banquet de toutes les jouissances matérielles et de tous les biens impossibles, tout, en un mot, faisait de la dictature une nécessité à cette heure suprême, où la société, à demi renversée sur l'abîme, était inévitablement perdue, si un effort énergique ne l'avait pas redressée et remise d'aplomb sur elle-même.

Malheureusement l'assemblée constituante manqua de prévoyance et d'initiative. Au lieu de prévenir les événements, elle se laissa devancer par eux. La dictature du général Cavaignac, proclamée à temps, aurait pu empêcher la bataille de juin. Elle ne servit qu'à mieux assurer une victoire sanglante et terrible.

XVII.

Le 24 juin 1848, celui qui écrit ces lignes était sur le boulevard des Capucines, donnant le bras à M. le vicomte Félix de Conny, l'un des plus nobles cœurs qu'il soit possible de rencontrer, et qui depuis a été enlevé par la mort à l'affection de ses nombreux amis, mais non à leur souvenir respectueux et fidèle. M. de Conny avait vu déjà plusieurs révolutions. Il avait écrit l'histoire de la plus grande et de la plus terrible de toutes. Il prêtait l'oreille, comme tout le monde, avec une douloureuse émotion, au bruit de la fusillade qui se faisait entendre dans la direction du faubourg. Tout à coup nous vîmes arriver du côté de la Madeleine un groupe nombreux, précédé de gardes nationaux, et au milieu duquel se trouvaient des représentants du peuple revêtus de leurs écharpes. Le groupe s'arrêta devant le poste du ministère des affaires étrangères; un roulement de tambour retentit, et un représentant, élevant la voix, annonça à la foule que la commission exécutive venait d'être renversée, et que le général Cavaignac, investi de pouvoirs extraordinaires, *était nommé dictateur.*

Une acclamation immense répondit de toutes parts à cette communication.

M. de Conny se tourna vers moi et me dit : « Les jeunes hommes comme vous ont cru que la liberté pourrait tuer les révolutions. Voyez et entendez! C'est la révolution qui tue la liberté. Mais rappelez-vous bien de ma prophétie : elle tuera aussi la république ! »

La prophétie était vraie. Le général Cavaignac, montant au pouvoir le 24 juin 1848 pour sauver la société en sacrifiant la liberté, n'était que l'instrument de la perte fatale de la république. Il allait gouverner par la force, et préparer ainsi les voies à celui qui plus tard devait gouverner par l'autorité.

XVIII.

La bataille de juin ne doit pas être racontée ici. Je fais une étude sur un homme d'État, et je n'écris pas l'histoire. Mais cette étude serait incomplète si je n'appréciais pas le rôle du général Cavaignac dans ces douloureux événements. Beaucoup d'accusations se sont élevées contre lui; il en est resté quelque chose sur sa vie et sur son nom. Il me sera facile d'être juste; pour cela je n'aurai besoin que d'être vrai.

Pour apprécier exactement le rôle du général Cavaignac dans la bataille de juin, il faut d'abord se reporter à l'homme lui-même, et se demander si sa nature lui permettait d'agir autrement qu'il ne l'a fait. Je l'ai dit déjà; ses qualités militaires le rendent beaucoup moins apte à l'attaque qu'à la défense. Je l'ai montré sublime de patience et d'impassibilité dans les redoutes qu'il avait à disputer à l'ennemi. Mais j'ai ajouté que son courage calme et froid ne comportait ni les coups d'audace, ni ces initiatives souvent imprudentes, quelquefois heureuses, qui peuvent sauver une armée ou la perdre.

Il y a un mot assez connu, mais qui est bon à rap-

25

peler à ceux qui l'ont oublié ou qui ne l'ont pas recueilli, parce qu'il est caractéristique. Le général
Changarnier n'a pas toujours été l'adversaire des coups
d'État. Naguère il se montrait moins rebelle que depuis à cette nature de solution, et il croyait même
pouvoir répondre du succès. Et comme on lui parlait
des probabilités de résistance qu'un coup d'État soulè-
verait de la part de ses deux braves camarades, les
généraux de Lamoricière et Cavaignac, il répondit :
« Oh ! ne craignez rien ; Lamoricière partira trop tôt,
et Cavaignac partira trop tard. »

Le mot peut être reproduit parce qu'il n'a rien d'of-
fensant, et parce qu'il peint très-bien les deux hommes :
l'héroïsme d'impétuosité de l'un et l'héroïsme d'impassibilité de l'autre.

Sans qu'il y ait eu de sa part ni arrière-pensée, ni
ambition, ni calcul, le général Cavaignac a donc pu
très-bien laisser se développer l'insurrection de juin
avant de la réprimer. En cela, il n'a fait qu'obéir à sa
nature.

Mais il n'a pas seulement obéi à sa nature, il a obéi
de plus à un système.

Il y avait à choisir entre deux systèmes pour combattre l'insurrection formidable qui venait de s'élever :
l'éparpillement des troupes ou leur concentration.

M. Ledru-Rollin était pour l'éparpillement des troupes. Mais, en admettant la sincérité de cette opinion, il
est au moins permis d'en contester la compétence. Parce
qu'on est un éloquent tribun, il ne s'ensuit pas que
l'on soit nécessairement un grand général. M. Thiers,

qui raconte si bien une bataille, serait très-certainement incapable d'en gagner une, même la plus facile.

La division des troupes avait mal réussi jusqu'alors. En 1830, elle avait eu pour résultat de rendre l'insurrection maîtresse de Paris, après trois jours de combat, contre d'excellentes troupes d'élite, et malgré la résistance héroïque de la garde royale et des régiments suisses. En 1832 et en 1839, elle avait amené des luttes acharnées et laissé la victoire incertaine entre le gouvernement et l'émeute. En 1848, elle avait réduit à l'état d'impuissance une royauté qui la veille semblait invincible. Convenons-en, après de tels précédents, le général Cavaignac, chargé de la responsabilité immense du salut de la civilisation, ayant à lutter non plus contre la guerre civile, mais contre la guerre sociale, ne devait pas, en effet, se sentir beaucoup de foi dans un système si souvent condamné par l'expérience. Dans de telles situations, il n'est pas permis de compter sur sa fortune ou sur le hasard. Il y a des batailles qu'un général ne doit livrer qu'avec la certitude absolue de les gagner, quel que soit d'ailleurs le prix de la victoire.

Par la concentration des troupes, la victoire était plus sanglante, sans doute, mais elle était immanquable. Il n'y avait plus à redouter de ces surprises et de ces imprévus qui ont si souvent dérangé les combinaisons les plus savantes. Les régiments conservaient la force de leur moral, et ni le découragement ni la trahison ne pouvaient s'introduire à travers leurs rangs serrés, dans l'unité de commandement et d'action qui en faisait le faisceau vivant de l'ordre social.

Dans un jour d'émeute, il suffit qu'une compagnie soit désarmée dans une rue étroite, ou qu'un drapeau soit enlevé à un régiment et planté sur une barricade, pour entraîner une déroute. Le général Cavaignac le savait, et il ne voulut opposer au choc de la guerre civile que la résistance d'une armée invincible.

L'histoire qui verra les choses avec sang-froid dira qu'il a bien fait; elle le vengera des attaques qui ont essayé de ternir sa gloire. Elle reconnaîtra que, dans ce jour de deuil éternel, sur lequel est étendu un voile de sang, il a su allier l'héroïsme d'un soldat qui ne craint pas de mourir, à la prudence d'un chef qui ne peut pas s'exposer à voir périr la société dont il a répondu devant la postérité et devant Dieu.

XIX.

La victoire de juin rendait le général Cavaignac maître absolu de la situation. Il avait toutes les forces dans sa main; il avait tout à la fois le gouvernement dont il était le chef, l'assemblée dont il était l'élu, la popularité dont il était le favori, l'armée dont il était le fils. A cette heure, il faut le dire, il ne manqua ni de vertu, ni de patriotisme, mais il manqua de clairvoyance et de décision. Si la république avait pu être fondée en France, c'était dans les circonstances où elle se trouvait alors. L'assemblée n'aurait rien refusé. Le pays aurait tout accordé et tout approuvé. L'armée, relevée des humiliations de février, aurait tout soutenu. L'Europe tremblante, effrayée, menacée d'une secousse profonde, n'aurait rien empêché. Le terrain était libre. Le général Cavaignac n'avait qu'à vouloir pour pouvoir. Fondateur de la liberté comme Washington, ou fondateur de l'autorité comme Napoléon, il pouvait tout entreprendre. Il n'entreprit rien. Il ne constitua que la force d'une dictature personnelle. Une tribune surmontée d'une épée nue : tel fut son gouvernement.

La république était donc perdue; car, au lieu de se faire la force dirigeante de la nation dans les voies de l'ordre, de la conciliation et du progrès, elle se fit l'instrument passif d'un parti, de ses préjugés, de ses jalousies, de ses passions, de ses défiances. Toute la politique du général Cavaignac, pendant son gouvernement de quelques mois, a été dominée par cet esprit exclusivement républicain, si différent de l'esprit civil. C'est ce qui l'a rendue si petite quand elle pouvait être si grande. C'est ce qui a usé en quelques mois l'une des popularités les plus unanimes et les plus honnêtes que la révolution de février ait fait surgir.

L'assemblée constituante avait à faire la constitution de la république française. Au lieu de cela, elle fait la constitution du parti républicain. Elle écrit une loi, non pour un pays, mais pour une secte; et parce qu'elle grave cette loi sur le marbre ou sur l'airain, elle s'imagine qu'elle est immuable et éternelle... O vanité des législateurs!

La constitution de 1848, préparée par M. Armand

Marrast, n'avait qu'un but : rendre le gouvernement impossible dans toute autre main que celle du parti républicain. Aussi qu'est-il arrivé ? Ce n'est pas le gouvernement qui a été impossible ; un gouvernement marche toujours, et quand les entraves le gênent, il les brise : c'est la constitution qui est morte.

Toutefois, il est juste de remarquer qu'en dehors de cette fausse direction de la politique, des résultats importants avaient été obtenus pour l'intérêt général du pays et de la société. Le gouvernement échappait à la révolution qui était rejetée de la république, avec M. Ledru-Rollin et ses amis, comme une faction. Les journées de juin avaient amené la liquidation du socialisme. La France opprimée, humiliée, ruinée, rançonnée, se redressait enfin et demandait des comptes. Une commission d'enquête avait été nommée par l'assemblée pour rechercher et signaler les causes d'une situation si troublée. Composée d'hommes d'ordre de toutes les opinions, elle avait accompli sa tâche difficile avec autant de courage que d'équité. Un rapport complet, véritable réquisitoire de patriotisme, était sorti de ses délibérations et jetait la lumière sur tous les mystères sinistres de ce drame dont les journées du 17 mars, du 16 avril et du 15 mai avaient été les actes principaux. Ce réquisitoire, qui restera comme une des pages les plus curieuses de l'histoire de ce temps, était l'œuvre de M. Quentin Bauchard, qui ne craignit pas d'engager directement sa responsabilité dans une accusation sévère, mais juste en plus d'un point, contre la révolution, et de se vouer ainsi à ses haines, à une époque où elles n'étaient pas encore complétement désarmées.

XX.

La révolution venait de subir une défaite ; mais ce n'était pas la France qui triomphait. La victoire restait tout entière aux républicains exclusifs. Ces derniers gouvernaient sans obstacle. Le général Cavaignac était leur tête et leur bras. M. Armand Marrast était leur inspiration. Ils avaient dans l'assemblée une majorité presque unanime. C'est ce qui les perdit. L'illusion de leur force fit l'erreur de leur conduite. Au lieu de profiter de cette situation pour rallier le pays, ils ne s'en servirent que pour l'irriter, l'humilier et le froisser. La politique leur conseillait de se retremper dans l'opinion, de se fondre dans la nation, et de faire un gouvernement à son image, selon ses intérêts, ses mœurs, ses habitudes. Leur ambition leur conseillait de rester un parti, et de ne rien sacrifier de leur individualité égoïste aux nécessités du patriotisme et à la souveraineté de l'opinion.

Une grande question, celle de la présidence, allait se poser. Comment serait-elle résolue ? Que serait le président ? d'où sortirait-il ? serait-il l'élu d'un parti ou l'élu d'un peuple ? Sur cette question fondamentale, trois partis étaient en présence et se classaient ainsi :

Les républicains de principes et de théories, qui faisaient sortir le président de la république du suffrage universel et direct, en l'assujettissant à la souveraineté du pouvoir législatif ;

Les républicains exclusifs, qui voulaient que l'assemblée constituante, dépassant son mandat et usurpant la souveraineté nationale, nommât directement le chef du pouvoir exécutif, par défiance du choix du peuple ;

Enfin, les républicains révolutionnaires, qui voulaient le despotisme irresponsable multiple d'une assemblée dans une parodie ridicule ou terrible de la convention.

Ce qu'il y avait au fond de tous ces systèmes, c'était la dictature plus ou moins adoucie du pouvoir législatif. M. de Lamartine lui-même, pourtant si libéral et si honnête, l'avouait dans la discussion de la constitution. En relisant ses paroles, j'ai retrouvé aussi le souvenir d'un incident qui leur donnait un sens étrange et presque prophétique. Ce souvenir, le voici :

Le débat portait sur cet article de la constitution de 1848 ainsi conçu : « Le peuple français délègue le pouvoir législatif à une assemblée unique. » Cet article donna lieu à un magnifique tournoi d'éloquence. M. Odilon Barrot le combattit avec une haute raison ; M. Dupin le soutint avec plus de verve que de logique. Intervint M. de Lamartine. « Et à qui remettriez-vous, s'écria l'illustre orateur, ce pouvoir formidable de l'exercice de la souveraineté d'un peuple ? Si ce n'est pas à une assemblée, ce sera donc à un homme. Où trouverez-vous cet homme ? Prenez-y garde ! Si je regarde en arrière, je vois d'un côté Monk, et de l'autre Bonaparte. »

M. de Lamartine n'avait pas besoin de regarder en

arrière. Il lui suffisait de jeter les yeux à quelques pas de lui, car au moment même où il parlait ainsi, Louis-Napoléon Bonaparte, élu par quatre départements, venait de prendre possession de sa banquette de représentant du peuple.

Cette banquette était le premier degré d'un trône!

XXI.

Ce n'était pas l'esprit civil, mais l'esprit républicain qui avait inspiré l'amendement qui proposait de déléguer à l'assemblée constituante le droit de choisir le président de la république. M. de Lamartine demandait la dictature de la France dans une assemblée unique. Le général Cavaignac demandait la dictature d'un parti dans l'élection d'un favori du parlement.

De sa part ce fut moins un tort de sa conscience qu'un préjugé de son esprit. En excluant la France au profit d'un parti, en substituant une république de coterie ou de caserne à une république de suffrage universel et de libre acceptation, le général Cavaignac était dans la vérité de ses principes et dans la logique de sa situation. Il ne trahissait personne. Il prouvait, comme il l'avait dit dans la conversation citée plus haut, qu'il voulait avant tout rester avec les républicains.

Il arriva, comme tout le monde sait, que les républicains exclusifs, qui n'étaient qu'une minorité infime dans le pays, ne purent même réussir à rester une majorité compacte et unie dans le parlement. Devant

le sentiment unanime de l'opinion, le bataillon sacré
se désorganisa, et il fut décidé que le président serait
élu directement par le suffrage universel.

Le général Cavaignac devait lire dans ce vote le résultat de l'élection du 10 décembre. Il semble aussi
qu'à dater de cette époque il eût déjà le pressentiment
de son sort. Peu de jours après le rejet de l'amendement, ayant l'occasion de s'expliquer sur son vote, il
prononçait ces paroles pleines de découragement : « Si
je suis resté avec la minorité, ce n'est pas que, comme
Caton, j'aie voulu me placer dans le camp des vaincus. Je me rappelle trop bien qu'il est allé mourir à
Utique. »

Ce vote ne changeait rien cependant à la situation
du général Cavaignac. Il éclairait l'avenir, mais il ne
le faisait pas. On peut se demander en effet ce qui serait arrivé, si l'assemblée constituante, au lieu de remettre au peuple la nomination du président de la
république, l'avait nommé elle-même. La république
eût-elle été sauvée? Non! elle n'eût été que plus sûrement perdue. Quelle autorité aurait eue le général
Cavaignac pour la gouverner, s'il n'avait été que l'élu
du scrutin législatif? Cela eût été petit, mesquin comme
une intrigue. Dans chaque vote qui l'aurait choisi, le
chef du gouvernement aurait trouvé une prétention
pour le dominer. Ce n'est pas le pouvoir, mais la servitude qu'il aurait reçue ; flottant à tous les caprices
d'une majorité mobile, ballotté par toutes les oscilla-
tions des partis, il eût été nécessairement un esclave,
à moins qu'il ne se fût senti assez d'audace pour devenir

un maître. L'esclavage sans abnégation, ou la dictature sans autorité, telle était l'alternative. La république aurait nécessairement péri dans l'orage d'une convention ou dans la honte d'un parlement croupion.

XXII.

Il faut distinguer entre les doctrines et la conduite du général Cavaignac. Ses doctrines m'ont paru celles qui découlaient du faux esprit républicain. Sa conduite a toujours été celle d'un chef de gouvernement qui se respecte. Il a exercé le pouvoir, du 24 juin au 10 décembre, avec une irréprochable probité, avec un noble patriotisme. Il l'a quitté avec une dignité simple et grandiose, et on peut dire de lui, qu'après avoir été homme d'honneur dans sa puissance, il fut homme d'État un jour, celui de sa chute. Il était trop tard pour sa fortune, mais il était temps pour sa renommée et pour sa gloire.

Livré à ses inspirations personnelles, le général Cavaignac était très au-dessus de la politique dont les circonstances l'avaient fait l'instrument. Son caractère était plus noble que son parti. Sa parole était plus généreuse que ses actes. À la tribune, il n'était plus le même qu'au conseil. Quand il délibérait au milieu de ses ministres, il était un homme de parti. Quand il parlait devant la France qui l'écoutait, il était un homme de cœur. Aussi a-t-il commis peu de fautes oratoires. La plupart des discours qu'il a prononcés comme chef de gouvernement sont très-remarquables. Son éloquence fut l'idéal de sa politique.

Cette éloquence ordinairement calme, froide, réservée, précise, comme celle qui convient à la parole officielle du chef de l'État, s'éleva parfois à ce que la raison peut inspirer de plus beau. Je me souviens d'une séance solennelle dans laquelle le général Cavaignac avait à s'expliquer sur la question italienne, à propos d'une pétition de la garde nationale de Milan, dont M. Drouyn de Lhuys était le rapporteur. Le républicain et le soldat souriaient sans doute à la pensée d'une guerre de principes de l'autre côté des Alpes; mais l'homme de raison et le chef de gouvernement en apercevaient les périls et les désastres. Le général Cavaignac trouva le moyen d'ennoblir sa prudence par son abnégation personnelle. « Dans un pays comme le nôtre, s'écria-t-il, dans un pays aussi susceptible et aussi prompt à s'animer sur toutes les questions qui touchent à son honneur, il faut souvent plus de courage pour plaider la cause de la paix que pour conseiller les témérités de la guerre. Ce courage, je l'aurai, quoi qu'il m'en coûte. Dans l'histoire de ce pays je vois beaucoup d'hommes, un surtout, qui ont été grands par la guerre. J'en vois beaucoup qui sont morts dans l'obscurité pour avoir voulu servir les intérêts pacifiques. »

Noble et belle glorification de la paix par un homme qui a tiré tout son éclat de la guerre! Ces paroles méritaient d'être rappelées, au moment où la reconnaissance publique répète encore ces autres paroles d'un prince qui s'appelle Bonaparte, et qui a eu le courage de dire à son tour : « L'empire, c'est la paix! »

La paix, c'est l'avenir !

XXIII.

Qui ne se souvient encore de cette fameuse séance du 26 novembre, séance solennelle dans laquelle un chef de gouvernement, un général d'armée, allait plaider pour son honneur! Jamais accusation plus grave ne s'était élevée contre un homme public. Le général Cavaignac était accusé par plusieurs de ses anciens collègues d'avoir ensanglanté Paris pour le succès de son ambition; il était accusé d'avoir laissé la capitale sans défense, afin de permettre à l'insurrection de se développer sans obstacles, et de dresser plus facilement le pavois de sa dictature sur des monceaux de morts. En face de l'urne qui se dressait et de l'histoire qui préparait ses jugements, une explication éclatante devenait indispensable. Le général Cavaignac la provoqua lui-même avec le calme d'une conscience irréprochable.

La tribune française a vu rarement de plus beaux triomphes que celui du général Cavaignac dans cette journée. Plaider sa cause soi-même est chose difficile. Les paroles les plus habiles y ont souvent échoué. La personnalité est toujours mesquine et égoïste. Le général Cavaignac, s'élevant plus haut que ses susceptibilités et ses indignations, sut admirablement éviter cet écueil. Il s'éleva immédiatement à toute la hauteur de la cause. Écoutons ce magnifique langage d'un soldat! Ce n'est pas la passion qu'il répand, mais la lumière. A chaque allégation il oppose une démonstration. Derrière chaque fait qu'il avance il pose une preuve pour

l'étayer. Son argumentation formidable, toute hérissée
de détails et de chiffres, se déroule sous sa main et enveloppe ses adversaires, qui reculent pied à pied,
comme pour échapper à cette puissante étreinte. Il répond à tout; il démontre tout; il éclaire tout; puis,
quand il ne reste plus rien à réfuter ni plus rien à
prouver; quand le soldat a parlé pendant deux heures
en avocat irréfutable, il se redresse tout à coup, et,
dans un magnifique mouvement de dignité, il jette à ses
accusateurs ce défi, qui entraîne et électrise ses auditeurs : « Je voudrais savoir enfin quelle signification vous
donnez à vos allégations. Dites-le; alors ce ne sera plus
l'avocat qui plaidera, ce sera le soldat qui vous répon-
dra, et vous l'entendrez. »

Si l'élection du 10 décembre avait été suspendue à
un triomphe de tribune, le général Cavaignac aurait
eu sa destinée assurée après cette victorieuse défense.
Il sortait de ce débat irréprochable comme soldat et
grand comme orateur. L'assemblée l'avait applaudi avec
enthousiasme. Elle avait renouvelé par une acclamation
presque unanime son vote de reconnaissance pour l'héroïsme de sa conduite dans les journées de juin. Il était
vengé. Mais il n'était pas relevé de l'impuissance de la
politique dont il avait été la personnification. Le pays
l'estimait, l'honorait, et s'éloignait de lui par le mouvement d'opinion de plus en plus irrésistible qui l'entraînait à un nom dans lequel il reconnaissait l'image
de sa grandeur passée et le présage de tout un avenir
d'ordre, de gloire et de progrès.

XXIV.

Le 20 décembre 1848, l'assemblée constituante présentait une physionomie étrange et nouvelle. Le général Cavaignac occupait seul le banc ministériel, devenu tout à coup désert comme une forteresse dont la garnison vient de sortir et dans laquelle les assiégeants n'ont pas encore pénétré. Les ministres de la veille, devenus simples citoyens, avaient repris leurs places au milieu des rangs serrés des représentants. La gauche, composée de républicains de toutes les nuances, paraissait accablée et découragée. La droite, formée de conservateurs de toutes les opinions, était inquiète et réservée. Quelques ombres d'orateurs passaient à la tribune sans qu'on y prît garde. On se parlait tout bas à l'oreille. On se disait ses impressions, ses espérances, ses craintes. Tout l'intérêt et toute la passion de la séance étaient dans ces chuchotements, qui ne permettaient ni d'entendre ni d'écouter les orateurs, et qui s'élevaient de tous les points de la salle comme la rumeur de quelque préoccupation profonde des esprits. Tout à coup l'assemblée tressaille et s'agite. M. Waldeck-Rousseau se présente à la tribune pour faire le rapport sur l'élection du président de la république. L'élu du peuple français va être proclamé. Il va se passer quelque chose de grand et de mémorable.

À ce moment un jeune homme vêtu de noir, portant la plaque et le grand cordon de la Légion d'honneur, entre par la porte latérale de gauche, traverse l'hémicycle, et vient s'asseoir sur une travée droite aux côtés

de M. Odilon Barrot. Ce jeune homme, c'était Louis-
Napoléon Bonaparte, président de la république française.

Le rapport terminé, le général Cavaignac monte à
la tribune et prononce ces simples et nobles paroles :
« Je viens remettre dans les mains de l'assemblée les
pouvoirs qu'elle m'avait confiés. L'assemblée com-
prendra mieux que je ne pourrais l'exprimer les sentiments de reconnaissance que laissera en moi le souvenir de ses bontés. »

Ce fut son adieu au pouvoir, qui échappait à ses
espérances.

Louis-Napoléon rendit un hommage public au caractère et aux services du général Cavaignac. Avant de
quitter la salle de l'assemblée pour se rendre à l'Élysée, le nouveau président de la république se dirigea
vers le banc qu'occupait l'ancien chef du pouvoir exécutif et lui tendit noblement la main.

XXV.

La république de parti était tombée, sans doute pour
ne se relever jamais. C'est en vain qu'elle avait ren-
contré pour la personnifier un homme qui avait jeté sur
elle le reflet de ses qualités personnelles, de sa renommée militaire et de sa probité. Elle avait pris à cet
homme tout ce qu'il pouvait donner : son patriotisme,
son talent, sa popularité ; et après avoir usé tout cela
en quelques jours, elle le laissait impuissant et isolé
sur cette plage de la mauvaise fortune et de l'ingrati-

tude publique, où tant de grandeurs viennent échouer
en croyant aborder au but des espérances impossibles
et des ambitions chimériques.

Le général Cavaignac n'avait touché à la vie politique
que pour en mesurer les difficultés en mesurant sa
propre impuissance. S'il resta souvent au-dessous du
rôle que lui avait fait la Providence dans le grand drame
d'une révolution, il eut au moins un mérite assez rare
et qui manque souvent aux meilleurs acteurs : il fit ce
que l'on appelle une bonne sortie, et, comme les gla-
diateurs du cirque romain, il tomba avec dignité devant
César.

Quelques républicains plus téméraires que résolus
avaient conseillé au général Cavaignac de ne pas se
retirer devant Louis-Napoléon, de déchirer avec la
pointe de son épée l'arrêt de la souveraineté nationale
et de proclamer sa dictature pour le salut de la république. La démence seule pouvait souffler de pareilles
inspirations. Sur quelles forces se serait donc appuyé
le parti républicain pour ce coup d'État de folie? Il
n'avait pas le pays, qui venait de le répudier. Il n'avait
pas l'armée, qui marchait avec le pays et qui voyait
déjà dans le nom de Bonaparte sa force, sa grandeur
et sa gloire. A peine aurait-il eu quelques aventureux
pour soulever quelques pavés. . . . mais il n'y a pas
de barricade qui puisse arrêter les destinées d'un
grand peuple comme la France.

Si le général Cavaignac avait eu le malheur d'ouvrir
l'oreille à de tels conseils, il eût été le dernier des
hommes; il fût tombé de l'une de ces chutes qui dé-

26

gradent à jamais les plus belles réputations; il eût été
chassé du pouvoir comme un aventurier au lieu de s'en
aller comme un vaincu, en se réservant le droit de
répondre ce qu'il répondit un jour à M. Pierre Leroux
qui l'accusait : « Vous dites, monsieur, que je suis
tombé du pouvoir; vous vous trompez : j'en suis descendu. »

XXVI.

La constitution de 1848 a disparu. La république va
bientôt disparaitre aussi; il ne reste plus rien ou presque rien de ce gouvernement que le général Cavaignac
et ses amis croyaient immortel, lorsqu'ils vouaient à
l'exécration ceux qui attenteraient à son inviolabilité.
Mais il reste ce qu'il y a de plus inviolable dans l'âme
d'un soldat, il reste la patrie, pour laquelle les soldats
doment leur sang, et dont ils suivent le drapeau à travers les mers, dans les déserts de l'Égypte, dans les
montagnes de l'Afrique, dans les neiges de la Russie,
et partout jusqu'au bout du monde.

Le général Cavaignac a vu tomber avec douleur le
gouvernement de ses préférences; il croyait à la constitution qu'il avait promulguée un jour, sur la place de la
Concorde, à la face du ciel et devant le peuple triste
et indifférent. Il croyait à la république de son parti,
qui avait été celle de son frère et de sa mère. Qu'il
porte son deuil comme il convient à ses sentiments!
Qu'il se tienne à l'écart de ce grand mouvement qui en-
traine tout un peuple! qu'il se recueille dans ses souvenirs et dans ses espérances trompées! Nous n'offen-

serons pas ses sentiments. Nous ne demanderons pas
de comptes à sa conscience, qui n'en doit à personne
qu'à Dieu. Nous ne le blâmerons pas de ce que lui,
républicain, refuse à un gouvernement issu de la souveraineté du peuple le serment qu'il a prêté à la restauration et à la monarchie de juillet. Cela ne se discute pas. Cela se respecte.

Mais, quels que soient les impressions et les sentiments du général Cavaignac, qu'il me permette de
terminer cette étude par un exemple qui me paraît
digne de lui, de son nom, de sa situation, de son patriotisme, de sa gloire. Il y a dans la première république un homme plus grand que lui, je puis le dire
sans l'humilier : c'est Carnot, mélange de citoyen et
de soldat; citoyen par l'esprit civil qu'il avait au plus
haut degré, soldat par le courage, chef par la science
et par le génie. Carnot était républicain sincère, honnête, convaincu comme le général Cavaignac : il vit
tomber la république avec chagrin. Il admirait Bonaparte; il l'aimait peut-être, et il ne l'approuvait pas.
Quand vint l'empire, il vota contre l'empire, tout en
ressentant l'orgueil intérieur de la souveraineté de la
patrie dont l'empereur fondait la puissance.

Qu'arriva-t-il? Plus tard, quand vinrent les jours de
péril pour Napoléon, l'homme qu'il trouva à ses côtés,
le plus dévoué, le plus ardent et le plus fidèle, ce fut
Carnot!

Quelque temps avant, un autre général républicain,
également illustre, Moreau, tombait mortellement
frappé dans les rangs d'une armée étrangère.

L'exemple de Moreau fait justement horreur au général Cavaignac, qui ne sera jamais le complice direct ou indirect de l'étranger. La glorieuse vie de Carnot lui apprendra de plus qu'il y a quelque chose au-dessus de la fidélité à un parti, c'est le dévouement à la patrie.

Le général Cavaignac est tombé par la république, qui l'a entraîné dans sa chute. Il peut encore se relever un jour par la France, qui honore son nom, qui se souvient de ses services, et qui ne ferait pas vainement appel à l'héroïsme du soldat et au patriotisme du citoyen.

FIN.

www.ingramcontent.com/pod-product-compliance
Lightning Source LLC
Chambersburg PA
CBHW072001270326
41928CB00009B/1511